D1726062

BIBLIA

DLA DZIECI

Przynosili Mu również dzieci, żeby ich dotknął;
lecz uczniowie szorstko zabraniali im tego.
A Jezus, widząc to, oburzył się i rzekł do nich:

„Pozwólcie dzieciom przychodzić do Mnie,
nie przeszkadzajcie im; do takich bowiem należy
królestwo Boże. Zaprawdę, powiadam wam:
Kto nie przyjmie królestwa Bożego jak dziecko,
ten nie wejdzie do niego."

I biorąc je w objęcia, kładł na nie ręce
i błogosławił je.

Mk 10,13-16

Tytuł oryginału
The Children's Bible

Imprimatur:
Kuria Metropolitalna Warszawska
Nr 4275/NK/99
Warszawa, dnia 22 października 1999 r.

Przekład Starego Testamentu:
Michał Beszczyński

Przekład Nowego Testamentu:
Ewa Czerwińska

Redakcja techniczna:
Urszula Cholewińska, Wojciech Kozioł

Korekta:
Anna Palusińska

Wydanie jedenaste (2006)

Oficyna Wydawnicza „Vocatio"
ul. Polnej Róży 1, 02-798 Warszawa
e-mail: vocatio@vocatio.com.pl
Redakcja: tel. (22) 648 54 50, fax (22) 648 63 82
Dział handlowy: tel. (22) 648 03 78, fax (22) 648 03 79

Księgarnia Wysyłkowa „Vocatio"
02-798 Warszawa 78, skr. poczt. 54
tel. (603) 861 952
e-mail: ksiegarnia@vocatio.com.pl
www.vocatio.com.pl

ISBN 83-85435-61-1

Printed in Poland

Podarunek dla:

Oskanka Biegańskiego

od:

Taty-Adama Biegańskiego

z okazji:

7-mych urodzinek

PRYMAS POLSKI

Słowo wstępne

Biblia jest zbiorem ksiąg, które opowiadają o tym, jak Bóg kocha człowieka i co dla człowieka uczynił przez wiele tysięcy lat. Ale Biblię nazywamy też Pismem Świętym, bo jest w nim żywe słowo Jedynego Boga, który jeden jest w pełni święty. Słowo to, po trzykroć Święty Bóg kieruje do człowieka, do każdego człowieka, także najmniejszego, bo pragnie, abyśmy wszyscy byli świętymi.

Cieszę się więc, że z myślą o najmłodszych uczniach Chrystusa, którzy chodzą jeszcze do przedszkola czy szkoły, wydano „Biblię dla dzieci". Ufam, że z jej pomocą poznają one lepiej swojego Stwórcę i Zbawcę, i nie tylko poznają, ale ukochają Go całym sercem, całą duszą, ze wszystkich swoich sił.

To wydanie Biblii polecam też uwadze rodziców, katechetów i nauczycieli jako pomoc w wychowaniu, by dzieci otoczone ich troską, na wzór Jezusa Chrystusa wzrastały „w mądrości... i w łasce u Boga i u ludzi" (Łk 2,52).

Niech lekturze Biblii towarzyszy modlitwa – szczera rozmowa z Bogiem, podejmowana w rodzinie, kościele, szkole... i na wakacjach, kiedy to Bóg otwiera przed człowiekiem swą Biblię Stworzenia: góry i morze, jeziora i lasy. W tę modlitwę i ja się włączam, i z serca błogosławię wszystkim, którzy wezmą do rąk „Biblię dla dzieci", by słuchać słów samego Boga.

† Józef Kardynał Glemp
PRYMAS POLSKI

Z BIBLIĄ PRZEZ ŻYCIE

POD
— PATRONATEM —
Prymasa Polski

BIBLIA
DLA DZIECI

Tekst:
Anne de Graaf

Ilustracje:
José Pérez Montero

Opracowanie
nowego wydania polskiego:
ks. Waldemar Chrostowski

Oficyna Wydawnicza „VOCATIO"
Warszawa

SPIS TREŚCI

Stary Testament

Nowy Testament

Stary Testament

Bóg stwarza świat

(Rdz 1,1-19)

Dawno temu nie istniało nic prócz ciemności. Trudno wyobrazić sobie nicość, ale po prostu nie było niczego... niczego z wyjątkiem Boga.

Wtedy Bóg uczynił światłość. W ten sposób mogły zaistnieć dzień i noc, zamiast wyłącznie ciemności.

Następnie Bóg stworzył ziemię i podzielił ją: część stanowiły oceany i morza, zaś pozostałą część połacie lądu. Bóg stworzył też wszystkie rośliny i drzewa, oraz sprawił, aby rosły na lądzie.

Na niebie Bóg stworzył gwiazdy i planety. Stworzył też słońce i księżyc. Dlatego po każdej nocy zawsze następuje dzień.

Wszystko było dobre

(Rdz 1,20-25; 2,3-6)

Gdy Bóg spojrzał na pokrywające ziemię wody, postanowił stworzyć duże i małe ryby. Niektóre nawet tak małe, że trudno je było zobaczyć.

Powietrze zapełnił dużymi ptakami i małymi ptaszkami o wielu barwach. Były one jasnoniebieskie, ciemnozielone, brązowe, purpurowe, czerwone, czarne i białe.

Kiedy Bóg przyglądał się lądom, odczuwał radość z traw falujących na wietrze oraz wiszących na drzewach dojrzałych owoców. Wiedział, że są to sprzyjające miejsca dla zwierząt. Stworzył więc małe pszczółki oraz potężne słonie, krokodyle, lwy i owce — wszystkie gatunki zwierząt. Ale nie miały one jeszcze własnych nazw. Były to po prostu zwierzęta, żyjące we właściwych sobie miejscach, jednak nie było ich zbyt wiele. Wszystkie cieszyły się obfitością pokarmu i wody!

Bóg stwarza mężczyznę i kobietę

(Rdz 1,26-31; 2,1-7; 18-23)

W tym czasie na ziemi nie było jeszcze ludzi. Bóg pragnął stworzyć kogoś, kto byłby do Niego podobny. Nabrał pełną garść prochu ziemi, ulepił człowieka i ożywił go. Tak powstał pierwszy człowiek — Adam.

Bóg przyprowadził do Adama wszystkie zwierzęta. — Nazwij je, jak chcesz — powiedział. Adam nazwał więc jedno hipopotamem, inne motylem, słoniem, pszczołą i tak dalej. Wreszcie skończył swoje dzieło. Lecz Bóg wiedział, że żadne ze zwierząt nie było odpowiednią dla Adama pomocą.

Gdy więc Adam zasnął, Bóg wziął część jego ciała i stworzył kogoś, kto był jak Adam, chociaż równocześnie był inny. Tak powstała pierwsza kobieta. Gdy Adam się obudził, był bardzo szczęśliwy. — Oto ktoś, kto może być moim przyjacielem — stwierdził. Lecz nie miała ona jeszcze własnego imienia.

Kiedy Bóg uczynił Adama i kobietę, był zadowolony. Postanowił, że przez jeden dzień odpocznie. Pobłogosławił wszystko, co stworzył.

Ogród Eden

(Rdz 2,8-17; 24-25)

Bóg wybrał najpiękniejszą część ziemi i dał ją Adamowi i kobiecie. Był to ogród o nazwie Eden. W Edenie wszystkie zwierzęta żyły ze sobą w zgodzie. Nikt nie znał lęku.

Adam i kobieta bardzo kochali Boga. Chodzili po swym ogrodzie bez ubrań, ponieważ nie znali uczucia wstydu. Było coś, czym cieszyli się bardziej niż kolorowymi kwiatami, wysokimi drzewami i wspaniałymi zapachami Edenu: pewność, że Bóg bardzo ich miłuje.

Bóg powiedział Adamowi i kobiecie, iż mogą robić to, na co mają ochotę. Powiedział także: — Możecie spożywać owoce ze wszystkich drzew, oprócz jednego. A było to drzewo poznania dobra i zła. Oboje zrozumieli Boże polecenie.

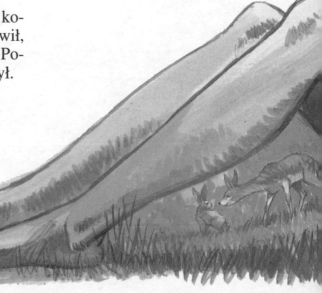

Upadek pierwszych ludzi

(Rdz 3,1-19)

Ze wszystkich zwierząt żyjących w Edenie wąż był najprzebieglejszy. Pewnego dnia odezwał się do kobiety: — Nie musicie być posłuszni Bogu! Skosztujcie owocu z drzewa rosnącego w środku ogrodu. Na pewno nie umrzecie! — kłamał.

Kobieta nie była pewna, jak powinna postąpić. W końcu zerwała jednak owoc i skosztowała. Zaniosła go Adamowi i zachęciła, aby też jadł. Kiedy oboje spożyli po kawałku, poczuli się nagle tak, jakby zawisła nad nimi ciemna chmura. Blask słońca przestał ich cieszyć. Po raz pierwszy zaczęli się lękać.

Zrozumieli, że postąpili źle. Bóg był bardzo smutny, ponieważ Jego dzieci musiały teraz doświadczyć skutków nieposłuszeństwa. To właśnie On musiał je ukarać, bo troszczył się o nie. Chciał, by ludzie wiedzieli, że każdy osobiście ponosi konsekwencje własnego wyboru. Niektóre decyzje wywołują dobre skutki, inne zaś sprawiają cierpienie.

Wypędzenie z Edenu

(Rdz 3,20-24)

Bóg nakazał Adamowi i kobiecie, by opuścili ogród Eden. Pomyślał bowiem: „Gdyby spożyli teraz owoc z drzewa życia, żyliby w grzechu już na wieki".

Adam i kobieta popatrzyli nawzajem na siebie. Wprawdzie byli razem, ale lękali się tego, co ich czekało. Po opuszczeniu Edenu musieli ciężko pracować, by zdobywać pożywienie.

Następnie Adam nadał kobiecie imię. Nazwał ją Ewa, to znaczy „Matka Żyjących".

Adam i Ewa byli zawstydzeni. Wiedzieli, że Bóg nie przestanie okazywać im Swej miłości. Jednak najgorsze było to, że już nigdy nie będą tak blisko Boga, jak przedtem, zanim wybrali nieposłuszeństwo wobec Niego.

9

Kain i Abel

(Rdz 4,1-2)

Kiedy Adam i Ewa opuścili Eden, troszczyli się o siebie nawzajem. Wkrótce urodziło się im pierwsze dziecko. Nazwali je Kain. Potem mieli jeszcze jednego syna. Dali mu imię Abel.

Kain i Abel pomagali swym rodzicom w życiu na zewnątrz Edenu. Musieli ciężko pracować, by zapewnić sobie pożywienie.

Kain zajmował się uprawą ziemi. Czekał na deszcz, który zraszał zasiane ziarna. Zboże, jakie z nich wyrastało, można było zemleć na mąkę, z której wyrabiano chleb. Uprawiał również warzywa i owoce.

Abel hodował owce i kozy. Pasł i doił je, a czasem także zabijał na mięso.

Zbrodnia Kaina

(Rdz 4,3-16)

Pewnego dnia Kain zebrał trochę uprawianych przez siebie płodów ziemi i ofiarował je Bogu w podzięce. Natomiast Abel na ofiarę wybrał najlepsze, najtłuściejsze jagnięta.

Bóg spojrzał na dary, jakie ofiarowali Mu młodzieńcy. Dar Abla spodobał Mu się bardziej, aniżeli dar Kaina.

To rozgniewało Kaina. Pomyślał, że Bóg postąpił niesprawiedliwie. Bóg ostrzegł go, że oto właśnie stanął przed wyborem dobra lub zła. Kain wybrał zło.

Ułożył sobie okrutny plan. Wyprowadził Abla na pole i tam zabił własnego brata. Postąpił bardzo źle.

Bóg spytał Kaina: — Gdzie jest twój brat, Abel? — Kain wzruszył ramionami.

Zasmucony Bóg stwierdził: — Postąpiłeś źle. Za karę nie będziesz już mógł uprawiać roli. Od dziś będziesz tułaczem. — I tak Kain musiał żyć w dalekim kraju Nod, którego nazwa znaczy „Tułaczka".

Noe buduje arkę

(Rdz 6,5-22)

Upłynęło wiele, wiele lat. Po tak długim czasie większość żyjących na ziemi ludzi zapomniała o potrzebie pełnienia woli Boga. Nie uczyli już swych dzieci, że trzeba być Mu wdzięcznym. Wciąż krzywdzili innych, kłamali i w rozmaity sposób popełniali zło.

Patrząc na ludzi, Bóg stawał się coraz bardziej smutny. Widział ból, jaki sobie nawzajem zadają. Żałował, że stworzył ludzi i zwierzęta. Postanowił więc usunąć istoty żyjące z ziemi, którą stworzył.

W tym czasie między wielu złymi ludźmi był jednak jeden człowiek sprawiedliwy. Miał na imię Noe. Noe często prosił Boga o pomoc. Słuchał Jego głosu i był Mu posłuszny. Podobało się to Bogu.

Bóg powiedział Noemu: — Zamierzam zgładzić całą ludzkość. Sprowadzę ogromny potop, który zaleje lądy i wszystkich pogrąży. Ale oszczędzę ciebie i tych, których kochasz. Zbuduj wielką łódź, a ma ona wyglądać dokładnie tak, jak ci wskażę. Wprowadź do niej zwierzęta, po dwoje z każdego gatunku. Napełnij ją też żywnością. Tym sposobem ocalejecie.

Noe zaufał Bogu. Bóg opisał mu, jak ma zbudować łódź zwaną arką.

Wejście do arki

(Rdz 7,1-16)

Kiedy budowa arki została ukończona, rodzina Noego weszła do niej, pozostawiając za sobą otwarte drzwi. Wkrótce do arki Noego zaczęły przybywać zwierzęta, ptaki i stworzenia pełzające. Cóż to był za widok! Powstał przy tym taki hałas, że sąsiedzi Noego wyszli zobaczyć, co się dzieje i ze zdumienia kręcili głowami.

Lwy ryczały, osły rżały, psy szczekały, ptaki śpiewały, a owce beczały. Para za parą wchodziły do arki najrozmaitsze gatunki zwierząt. Maleńkie robaczki pełzały, konie galopowały, a króliki kicały...

Kiedy już wszystkie zwierzęta znalazły się w arce, Bóg sam zamknął drzwi tak, żeby nikt nie wypadł. Wtedy rozpoczął się deszcz. Padało, padało i padało...

13

Nadzieja na ocalenie

(Rdz 7,17-8,1)

Deszcz padał, padał i padał. Wody lały się z nieba. Trwało to czterdzieści dni i czterdzieści nocy. Arka Noego podnosiła się coraz wyżej i wyżej, aż woda uniosła ją ponad szczyty gór.

Gdy powódź zalała lądy, wszystkie stworzenia na ziemi utonęły. Zginęli wszyscy ludzie, zwierzęta i ptaki. Nie pozostało ani jedno suche miejsce, na którym można było przeżyć. Woda była wszędzie.

Dni przedłużały się w tygodnie. Noe i jego rodzina pozostawali wewnątrz arki. Nie było widać słońca, zasłoniętego ciemnymi deszczowymi chmurami.

Ale Bóg nie zapomniał o obietnicy danej Noemu. Kiedy upłynęło czterdzieści dni, Bóg zesłał na ziemię wiatr.

Koniec potopu

(Rdz 8,2-9,17)

Noe obudził się w ciemnościach. Czy coś się zmieniło? Po chwili już

wiedział. Słyszał fale bijące o jego arkę. Dotąd zawsze odgłos fal był zagłuszany przez deszcz. A teraz deszcz nareszcie ustał!

Noe przebiegł przez całą arkę, budząc wszystkich. — Koniec deszczu! Potop się skończył! Podziękujmy Bogu!

Upłynęło jednak jeszcze kilka miesięcy, zanim woda opadła na tyle, by można było wypuścić zwierzęta. Potrząsały głowami, skakały i czyniły jeszcze większy hałas niż przy wchodzeniu. Piszcząc, pochrząkując, becząc i mrucząc, para za parą schodziły na ziemię.

Noe i jego rodzina dziękowali Bogu za to, że ich ocalił.

Kiedy Bóg usłyszał te dziękczynne okrzyki, obiecał więcej już nie niszczyć żyjących stworzeń. Wtedy Bóg rozejrzał się po rozmaitych barwach i uczynił z nich tęczę. — Jako znak Mojej obietnicy, że nigdy więcej nie ześlę potopu, umieszczam tę tęczę na obłokach — powiedział.

Wieża Babel

(Rdz 10,1-11,4)

Synowie Noego mieli wielu potomków — dzieci, wnuków i prawnuków. Ich rodziny rozprzestrzeniły się po całej ziemi. Ludzie uczyli się uprawiać rolę, hodować zwierzęta i budować wielkie miasta.

Ponieważ wszyscy wywodzili się z tej samej rodziny, mówili więc jednym językiem. Gdy ktoś obcy przybywał z daleka, każdy rozumiał, co do niego mówi.

Niektórzy z nich umówili się: — Zbudujmy największe, najwspanial-sze miasto, dzięki któremu staniemy się sławni. A wtedy nie będziemy się bali, że się pogubimy. W końcu będziemy mieli własny dom.

Byli pomysłowi. Zamiast używać do budowy kamieni, wyrabiali cegły. Spajali je ze sobą za pomocą smoły. Budowane z nich ściany były wysokie i mocne jak nigdy dotąd. Budowniczowie byli z siebie bardzo dumni. Postanowili nie dziękować Bogu za rzeczy, których użyli przy budowie.

— To my wymyśliliśmy to wszystko — mówili.

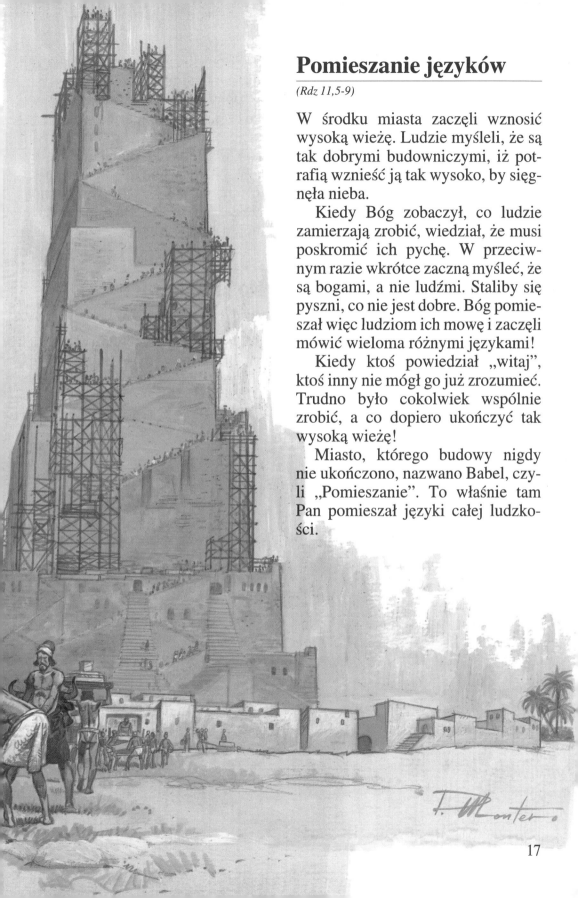

Pomieszanie języków

(Rdz 11,5-9)

W środku miasta zaczęli wznosić wysoką wieżę. Ludzie myśleli, że są tak dobrymi budowniczymi, iż potrafią wznieść ją tak wysoko, by sięgnęła nieba.

Kiedy Bóg zobaczył, co ludzie zamierzają zrobić, wiedział, że musi poskromić ich pychę. W przeciwnym razie wkrótce zaczną myśleć, że są bogami, a nie ludźmi. Staliby się pyszni, co nie jest dobre. Bóg pomieszał więc ludziom ich mowę i zaczęli mówić wieloma różnymi językami!

Kiedy ktoś powiedział „witaj", ktoś inny nie mógł go już zrozumieć. Trudno było cokolwiek wspólnie zrobić, a co dopiero ukończyć tak wysoką wieżę!

Miasto, którego budowy nigdy nie ukończono, nazwano Babel, czyli „Pomieszanie". To właśnie tam Pan pomieszał języki całej ludzkości.

Powołanie Abrama

(Rdz 12,1-9)

Wiele, wiele lat później żył człowiek imieniem Abram wraz z Saraj, swoją żoną. Byli szczęśliwi, ale nie do końca: bardzo, bardzo chcieli mieć dziecko. Jednak czas płynął, a oni wciąż nie mieli potomka.

Pewnej nocy Abram usłyszał, jak Bóg powiedział do niego: — Abramie, uczynię z twojej rodziny wielki naród. Przez ciebie będą otrzymywały błogosławieństwo narody całej ziemi.

Pan polecił Abramowi, by opuścił swój dom. Abram nie wiedział, dokąd Bóg go zaprowadzi, ale uczynił tak, jak On mu nakazał.

Opowiedział Saraj to, co się wydarzyło, a ona rozkazała sługom, by załadowali namioty na wielbłądy.

— Ale dokąd się udajemy? — pytali. — Nie wiem — odrzekła i uśmiechnęła się. Jeżeli Abram mógł czekać na to, co Bóg im wskaże, mogła czekać również i ona.

Boża obietnica

(Rdz 13,14-18; 15,1-21; 17,1-27)

Bóg poprowadził Abrama i Saraj, ich wielbłądy, osły, owce, kozy i służbę do kraju Kanaan. Powiedział Abramo-

wi: — Oto ziemia, którą dam twojemu potomstwu.

Ale Bóg nie chciał, by Abram zatrzymał się w Kanaanie. Jeszcze nie teraz.

Abram i Saraj rozbili swe namioty w miejscu zwanym Mamre pod Hebronem. Rok po roku oczekiwali na dziecko. W końcu Saraj tak się zestarzała, że nie mogła już mieć dzieci.

Pewnej nocy Abram usłyszał, jak Bóg powiedział do niego: „Spójrz na niebo i policz gwiazdy, jeśli zdołasz to uczynić".

Abram podniósł głowę i zobaczył niezliczoną ilość migoczących na niebie gwiazd. Do jego uszu dotarł Boży głos: „Tak liczne będzie twoje potomstwo".

Wtedy Bóg nadał Abramowi i Saraj nowe imiona. Abram od tej chwili nazywał się Abrahamem, czyli „Ojcem Mnóstwa", zaś Saraj — Sarą, czyli „Księżniczką".

W drodze do Sodomy

(Rdz 18,1-33)

Niedługo potem Abrahama odwiedziło trzech niezwykłych gości. Abraham wiedział, że jednym z nich jest Bóg. Udał się z nimi na wzgórze, z którego było widać Sodomę.

Pan powiedział: — Słyszałem, że w Sodomie mieszkają bardzo źli ludzie. Jeżeli to prawda, zniszczę to miasto.

Dwaj mężczyźni, którzy towarzyszyli Panu, byli w rzeczywistości Aniołami. Wyruszyli do Sodomy.

Abraham bardzo chciał zadać jedno pytanie, ale nie miał dość odwagi. Wiedział, że Pan jest jego Przyjacielem, ale równocześnie jego Bogiem. W końcu odważył się zapytać:
— Może w Sodomie jest pięćdziesięciu sprawiedliwych; czy oszczędzisz

to miasto i przebaczysz mu przez wzgląd na owych pięćdziesięciu sprawiedliwych, którzy w nim mieszkają?

— Tak — odparł Bóg.

Wtedy Abraham powtarzał pytanie, wymieniając coraz mniejsze liczby — czy Bóg oszczędzi Sodomę, jeśli znajdzie się w niej czterdziestu, trzydziestu, dwudziestu, wreszcie dziesięciu dobrych ludzi? Za każdym razem Pan odpowiadał, że tak.

Ocalenie Lota

(Rdz 19,1-29)

Jednak w Sodomie nie było nawet dziesięciu dobrych ludzi, jedynie czworo. W tym złym mieście żył wraz z żoną i dwiema swoimi córkami Lot, bratanek Abrahama.

Lot spotkał Aniołów, którzy przybrali postać ludzi. Zaproponował im schronienie przed występnymi mieszkańcami miasta, którzy chcieli zrobić im krzywdę. Lecz Aniołowie powiedzieli Lotowi: — Musisz iść z nami. Pan Bóg nie może znieść tak grzesznego miasta. Zamierza je zniszczyć. Pomożemy ci wydostać się stąd, ale nie wolno ci oglądać się za siebie.

Wkrótce Bóg zesłał na Sodomę ogień. Lot i jego rodzina odeszli już daleko, byli więc bezpieczni. Ale żona Lota, mimo ostrzeżenia, obejrzała się i natychmiast zamieniła się w słup soli.

Bóg dotrzymał obietnicy danej Abrahamowi. Ocalił dobrych ludzi, którzy byli w Sodomie.

Narodziny Izaaka

(Rdz 21,1-6)

Kiedy Bóg odwiedził Abrahama i Sarę obiecał im potomstwo. Powiedział, że za rok będą mieć dziecko. Sara nie powinna się więc dłużej martwić.

Nie upłynął rok, a rzecz po ludzku niemożliwa spełniła się. Sędziwa Sara, zbyt stara, by mieć dzieci, urodziła syna. Abraham miał wtedy sto lat. Byli z Sarą tak bardzo szczęśliwi i wdzięczni Bogu, że nareszcie wysłuchał ich modlitw, że aż płakali z radości.

Ilekroć Abraham patrzył na chłopca, ten uśmiechał się. Natomiast Sara uśmiechała się cały czas. Dziecko tak bardzo ich uszczęśliwiło, że często radowali się razem, Abraham nadał więc chłopcu imię Izaak, co znaczy „On się śmieje". Syn wniósł w jego życie uśmiech i szczęście.

Próba wiary

(Rdz 22,1-2)

Pewnego razu Abraham usłyszał głos Boga: — Abrahamie! Weź swego jedynego syna, którego miłujesz, Izaaka. Idź do kraju Moria i tam złóż go w ofierze na jednym z pagórków, który ci wskażę.

Abraham nic nie odpowiedział. Bóg, którego znał, nigdy nie żądał od niego tak strasznej ofiary. Wcześniej przyrzekł mu, że Izaak będzie miał wiele dzieci. Jak się to spełni, jeżeli Izaak umrze?

Było to tak, jakbyś trzymał przyjaciela za rękę, nie widząc dokąd cię on prowadzi. Przyjaciel mówi ci nagle, że zbliżasz się do przepaści, w którą możesz wpaść.

Wciąż trzymasz go za rękę, ponieważ jest jedynym przewodnikiem, któremu możesz zaufać. On cię nie zawiedzie. Krok za krokiem, idziesz za nim.

Abraham wiedział, że ma wolny wybór. Mógł powiedzieć „nie", próbować uciec czy się ukryć. Ale kto jest w stanie ukryć się przed Bogiem? Mógł też Mu zaufać i właśnie to było zgodne z wolą Boga.

Abraham i Izaak

(Rdz 22,3-8)

Następnego ranka Abraham bardzo wcześnie zbudził swego syna. — Chodź, Izaaku, czeka nas podróż.

Ponieważ Izaak był już dość dużym chłopcem, Abraham kazał mu nieść drwa potrzebne do rozpalenia ognia ofiarnego. Natomiast Abraham niósł ze sobą nóż.

Zdarzało się już, że wspólnie składali ofiary Bogu w podzięce. Tym razem jednak było inaczej. Czegoś brakowało.

Izaak odezwał się do swego ojca Abrahama: — Ojcze mój! — A on odpowiedział: — Tak, mój synu. — Oto drwa, a gdzie jest jagnię na ofiarę? — Abraham odparł: — Bóg upatrzy sobie jagnię na ofiarę, synu mój.

Prawdziwe posłuszeństwo

(Rdz 22,9-18)

Po trzech dniach wędrówki dotarli na miejsce. Abraham zbudował oł-

tarz ofiarny i polecił Izaakowi położyć się na nim.

Izaak spojrzał pytająco na ojca. W jego oczach zobaczył wielką miłość. Postanowił więc mu zaufać. Kładąc się na ołtarzu, prosił Boga o ocalenie.

Abraham płacząc, stanął nad Izaakiem, trzymając w uniesionej wysoko dłoni nóż. Już miał zabić własnego syna, gdy Anioł zawołał: — Abrahamie, Abrahamie! — Ręka zawisła w powietrzu. — Nie czyń chłopcu nic złego! Teraz poznałem, że boisz się Boga, bo nie odmówiłeś Mi nawet twego jedynego syna.

Abraham obejrzał się i zobaczył barana zaplątanego rogami w rosnące w pobliżu krzaki. Była to ofiara, której dostarczył mu Bóg.

Znów dobiegł z nieba głos Anioła: — Abrahamie! Bóg mówi, że wy-

nagrodzi twoje zaufanie i uczyni twój ród tak licznym, jak gwiazdy na niebie. Wszystkie narody ziemi będą cię wspominać i błogosławić.

Izaak i jego ojciec rzucili się sobie w ramiona. Obaj byli szczęśliwi, że pozostaną razem.

Niezwykła misja

(Rdz 24,1-61)

Wiele lat później Abraham rozkazał swemu słudze: — Idź do mojego rodzinnego kraju i znajdź właściwą żonę dla Izaaka.

Było to zadanie prawie niemożliwe do spełnienia. Przecież jest tak wiele kobiet do wyboru. Jak znaleźć tę właściwą? Przez całą podróż sługa modlił się do Boga. W końcu przybył do ojczystego kraju Abrahama i zatrzymał się strudzony przy studni.

Modlił się. — Panie, Boże pana mojego Abrahama, Ty wybierz Izaakowi kobietę, którą uznasz za właściwą. Wskaż mi ją. Jeżeli poproszę ją o wodę, a ona odpowie: „Pij, a i wielbłądy twoje napoję" — będę wiedział, że to ona.

Wkrótce sługa ujrzał idącą w jego stronę grupę dziewcząt. Poprosił jedną z nich: — Daj mi trochę wody ze swego dzbana.

Co za śmiała prośba! Cóż mogła odpowiedzieć?

Rzekła: — Pij, a i wielbłądy twoje napoję.

Sługa był bardzo uradowany. Wyjaśnił jej kim jest i w jakim celu przybywa. Dowiedział się, że kobieta ma na imię Rebeka i pochodzi z tej samej rodziny, co Abraham. Duch Boży przekonał Rebekę, że powinna iść z tym sługą i wkrótce była już w drodze, by poślubić Izaaka.

Rebeka żoną Izaaka

(Rdz 24,62-67)

W dniu, w którym sługa i Rebeka dotarli do domu, Izaak siedział na polu i rozmyślał. Gdy podniósł wzrok, ujrzał zmierzające w jego stronę wielbłądy. „Kim jest ta piękna dziewczyna?", zastanawiał się.

W tej samej chwili Rebeka spojrzała na Izaaka. — Kim jest ten przystojny młodzieniec? — spytała sługę Abrahama.

— To Izaak.

Szybko zakryła twarz chustą. Ale kiedy Izaak zatrzymał wielbłąda, jej oczy lśniły. To była miłość od pierwszego wejrzenia.

Bóg wiedział, kto będzie najlepszą żoną dla Izaaka i najlepszym mężem dla Rebeki.

Narodziny Ezawa i Jakuba

(Rdz 25,22-26)

Izaak i Rebeka pobrali się i żyli szczęśliwie. Jednak lata mijały, a oni nie mieli potomstwa. Czekali długo, aż w końcu Izaak zaczął się bardzo modlić do Boga o to, by Rebeka mogła mieć dziecko.

Wkrótce Bóg wysłuchał tych modlitw, ale nie tak, jak Izaak tego oczekiwał. W łonie Rebeki pojawiło się nie jedno dziecko, lecz dwoje!

Dzieci rozwijały się i już wkrótce Rebeka czuła, jak się poruszają. Pewnej nocy niespodziewanie obudziła się. Dzieci tak kopały i walczyły ze sobą, że aż ją to bolało. Zaczęła się modlić: — Boże, czy z nimi jest wszystko w porządku? Jeżeli mnie to boli, one też muszą odczuwać ból. Dlaczego tak się dzieje?

Bóg jej odpowiedział: — Dwaj chłopcy, których poczęłaś, staną się pewnego dnia ojcami dwóch narodów. Jeden będzie silniejszy od drugiego, starszy będzie sługą młodszego.

Nadszedł czas narodzin dzieci. Chłopiec, który jako pierwszy przyszedł na świat, był rudy. Całe jego ciało było pokryte włosami. Nadano mu imię Ezaw, co znaczy „Włochaty".

Po kilku minutach narodził się jego brat. Jego maleńka rączka trzymała stópkę Ezawa. Rodzice nadali mu więc imię Jakub, co znaczy „Trzymający Piętę".

Kosztowny posiłek

(Rdz 25,27-34)

Minęło kilka lat i chłopcy urośli. Różnili się jednak między sobą. Jakub był spokojny, pomagał w domu i chętnie rozmawiał z rodzicami. Ezaw świetnie polował na dzikie zwierzęta, z ich mięsa potrafił przyrządzić smaczne potrawy.

Pewnego dnia, kiedy Jakub gotował jakąś potrawę, Ezaw wrócił

z polowania. Był bardzo głodny, bo przez cały dzień nic nie jadł.

— Szybko, daj mi jeść — powiedział do Jakuba. Usiadł po drugiej stronie ogniska. Nie mógł się doczekać, kiedy Jakub nałoży mu jedzenie.

Słuchając tych słów, Jakub postanowił skorzystać z okazji, by wprowadzić w życie pewien plan. Wiedział, że Ezaw jest w posiadaniu czegoś, czego on bardzo pragnie. Był to przywilej pierworodztwa, z którym wiązało się szczególne błogosławieństwo. Jakub bardzo pragnął dla siebie tego przywileju, zawarł więc z Ezawem taki układ:

— Jeżeli jesteś taki głodny — powiedział — to sprzedaj mi za posiłek swój przywilej pierworodztwa.

Ezaw nie rozważył tego, co mówił jego brat. Był strasznie głodny, czuł, jak kurczy mu się żołądek. Nie dbał o to, czego żąda Jakub, chciał tylko jedzenia.

— Dobrze, zrobię, co zechcesz. Daj mi jeść! — Ale najpierw przysięgnij — odparł Jakub. Ezaw złożył więc przysięgę, że zrzeka się na rzecz Jakuba swojego przywileju.

Podstęp Rebeki

(Rdz 27,1-40)

Bracia dorastali. Jakub stał się ulubionym synem Rebeki. Ezawa również kochała, ale dla Jakuba pragnęła tego, co najlepsze.

Izaak na starość stracił wzrok. Pewnego dnia rzekł do Ezawa: — Synu, ponieważ jesteś starszy, chcę ci udzielić mojego błogosławieństwa. Najpierw idź na łowy i upoluj coś dla mnie. Potem przyrządź mi smaczną potrawę, jaką lubię i podaj mi ją, abym ci pobłogosławił.

Rebeka podsłuchała tę rozmowę. Gdy Ezaw się oddalił, powiedziała Jakubowi: — Ojciec zamierza udzielić Jakubowi błogosławieństw . Ale ja chcę, abyś to ty je otrzymał. Idź, weź dwa dorodne koźlęta, ja zaś przyrządzę z nich smaczną potrawę twemu ojcu. Potem mu zaniesiesz, a on w zamian cię pobłogosławi.

Jakub uczynił, jak mu kazała. Kiedy jedzenie było gotowe, Rebeka obwiązała go kozimi skórami, żeby Izaakowi zdawało się, że to owłosione ciało Ezawa. Tak odmieniony Jakub wszedł do namiotu ojca.

— Jak ci się udało tak szybko zdobyć mięso? — spytał Izaak. — Pan mi dopomógł. — Ale twój głos brzmi jak głos Jakuba. Podejdź do mnie — powiedział Izaak. Dotknął kozich skór na ramionach Jakuba i poczuł włosy. — Jednak w dotyku jesteś jak Ezaw — stwierdził.

Po posiłku Izaak wezwał syna. — Oto moje błogosławieństwo.

Błogosławieństwo było rzeczą szczególną. Izaak wiedział, że słucha go Bóg. Prosił Go, żeby dał jego synowi bogactwo i żeby inni ludzie, włącznie z bratem, mu służyli. Prosił Boga, by pobłogosławił wszystkich, którzy będą dla jego syna dobrzy, a przeklął tych, któ-

rzy będą dla niego źli. Po ojcowskim błogosławieństwie, Jakub wyszedł z namiotu.

Wkrótce Ezaw wrócił z polowania. Pobiegł do namiotu ojca, ale tu zaskoczyło go pytanie: — Dlaczego przychodzisz jeszcze raz?

— Przychodzę po raz pierwszy — odparł Ezaw. Izaak westchnął. — W takim razie musiał to być Jakub! Ezawie, twój brat skradł ci błogosławieństwo!

Ezaw wpadł w gniew.

Rozłam w rodzinie

(Rdz 27,41-46)

Ezaw nie mógł uwierzyć, że jego młodszy brat po raz drugi zdołał go przechytrzyć. Nie dość, że odebrał mu przywilej pierworództwa, a z nim wszystko, co miał odziedziczyć po

Izaaku, to jeszcze ukradł mu błogosławieństwo ojca, oznaczające Bożą opiekę w przyszłości. Ezaw był tak rozgniewany, że postanowił zabić brata.

Rebeka domyśliła się, co zamierza Ezaw i ostrzegła Jakuba: — Będziesz musiał odejść daleko stąd. Idź i zamieszkaj z moją rodziną — poradziła mu. Jakub spakował się, pożegnał i szybko odszedł na pustynię.

Kiedy Ezaw dowiedział się o tym, Jakub był już daleko. Wiedział, że pogoń za bratem nic nie da. Został więc, by opiekować się starymi rodzicami.

Choć Ezaw nie miał ojcowskiego błogosławieństwa, był bowiem tak nierozsądny, że za miskę strawy sprzedał przywilej pierworództwa, wiedział, że gdy rodzice się zestarzeją, należy się o nich troszczyć. Dbał więc o rodzinę, dopóki Jakub nie wróci.

Zmagania Jakuba

(Rdz 32,1-31)

Po prawie dwudziestu latach spędzonych w ojczystym kraju matki nadszedł dzień, w którym Jakub uznał, że może wrócić do domu. Miał dwie żony, kilkoro dzieci, a także setki owiec i kóz.

W miarę jak zbliżał się do domu, coraz bardziej obawiał się Ezawa. Czy brat wciąż gniewa się na niego?

W nocy poprzedzającej spotkanie Jakub czuł się bardzo nieswojo. Była to noc niespodzianek, noc, której miał nigdy nie zapomnieć.

Kiedy Jakub stał samotnie pod gwiazdami, martwiąc się i modląc, z pustyni przybył jakiś człowiek. Było ciemno i Jakub nie mógł dostrzec, kto to jest. Nie był to Ezaw. Ktokolwiek to jednak był, był silny. Zaczął się zmagać z Jakubem.

Przez całą noc się mocowali, tarzali w piachu, ale żaden nie mógł zwyciężyć. Ich siły były wyrównane. Nagle przybysz chwycił Jakuba za biodro i wywichnął mu kość. Jakub poczuł ból.

Wtedy przybysz powiedział: — Puść mnie, bo już wschodzi zorza.

W tej chwili Jakub poznał, kto to jest. „To nie człowiek", pomyślał, „To Anioł, albo... Czyż to możliwe? Może to sam Bóg?"

— Jak masz na imię? — spytał przybysz. — Jakub. — Odtąd nie będziesz się zwał Jakub, lecz Izrael, bo walczyłeś z Bogiem i z ludźmi, i zwyciężyłeś.

— A jakie jest twoje imię? — zapytał Jakub.

Przybysz nie odpowiedział. Zanim zniknął, pobłogosławił Jakuba. Niebo zaróżowiło się i oblekło złotem. Jakub wrócił do obozu; zrozumiał, że spotkał Boga.

Józef i jego bracia

(Rdz 37,1-4)

Jakub w końcu wrócił do domu, gdyż Ezaw mu wybaczył. Przyjechał w samą porę, by zobaczyć się z ojcem przed jego śmiercią. Wkrótce Ezaw odszedł, by rozpocząć własne życie.

Tymczasem podczas długiej podróży do domu, zmarła Rachela, ukochana żona Jakuba. Osierociła dwóch synów, Józefa i Beniamina. Inne żony Jakuba, a było ich trzy, urodziły mu dziesięciu synów.

Jakub zamieszkał w domu rodziców, gdzie wychowywał swych dwunastu synów. Józef i Beniamin byli jego ulubieńcami, ponieważ byli synami Racheli. To wywołało zazdrość pozostałych synów.

Pewnego dnia Jakub uszył Józefowi bardzo piękną szatę. Wezwał syna do swego namiotu. — To dla ciebie, mój synu — powiedział.

Józef westchnął. Nowa szata była czymś wyjątkowym, a co dopiero tak piękna szata jak ta! — Nie zasłużyłem na coś tak wspaniałego!

— Nie bądź niemądry, Józefie, to podarunek. Daję ci go, bo tak chcę.

Józef wziął szatę i włożył na siebie. Kiedy zobaczyli to jego bracia, stali się jeszcze bardziej zazdrośni. — Dlaczego my nie mamy takich szat? — narzekali.

Sny Józefa

(Rdz 37,5-11)

Pewnego ranka Józef nagle się obudził. Miał bardzo dziwny sen, tak intrygujący, że musiał z kimś o nim porozmawiać.

Józef zaczął szukać swych braci.

— Nie uwierzycie, co mi się tej nocy przyśniło — powiedział, gdy ich znalazł.

Chociaż bracia Józefa nie lubili go, zaczęli słuchać, ponieważ to, co mówił, było bardzo interesujące.

— Posłuchajcie, jaki miałem sen. Śniło mi się, że wiązaliśmy snopy w środku pola i wtedy mój snop podniósł się i stanął, a wasze snopy otoczyły go kołem i oddały mu pokłon.

Bracia wpadli w złość. — Co ty sobie myślisz, że jesteś królem? Nie ma mowy, żeby któryś z nas ci się kłaniał!

Kilka dni później Józef miał inny sen. Znowu opowiedział go braciom: — Śniło mi się jeszcze, że słońce, księżyc i jedenaście gwiazd oddają mi pokłon. — To opowiadanie jeszcze bardziej rozgniewało braci.

Kiedy Józef opowiedział ojcu o swoich snach, Jakub zasmucił się. — Nie bądź zbyt dumny, Józefie — powiedział.

Zemsta braci

(Rdz 37,12-24)

Pewnego dnia Józef bawił się ze swoim młodszym bratem, Beniaminem. Kiedy Jakub zobaczył chłopców, rzekł: — Józefie, chcę, żebyś poszedł tam, gdzie twoi bracia pasą owce. Zobacz, czy wszystko w porządku, a potem wróć i opowiedz mi o tym.

Józef kiwnął głową i pospieszył wykonać polecenie ojca. „To dobry dzień na przygodę", pomyślał idąc. Po jakimś czasie ujrzał przed sobą obóz braci.

Kiedy go zobaczyli, krzyknęli: — O, nie, to znów Józef, ten głupi marzyciel! Już my wiemy, jak się go pozbyć na dobre! Wrzućmy go do jednej z wyschniętych studni w pobliżu. Potem powiemy, że zagryzły go dzikie zwierzęta. Gdy umrze, to z pewnością nie spełnią się jego głupie sny!

— Zaczekajcie! — wykrzyknął Ruben, najstarszy z braci — wrzućmy go do studni, ale nie zabijajmy go. W każdym razie jeszcze nie teraz!

Ruben powiedział to, ponieważ miał nadzieję, że jeżeli uda mu się wydostać Józefa ze studni, ojciec uzna go za bohatera.

Józef z uśmiechem zbliżył się do braci. Nareszcie ich odszukał. Kiedy jednak spojrzał na ich twarze, przestał się uśmiechać.

Bracia otoczyli go kołem. Obracał się we wszystkie strony, ale znalazł się w pułapce. Zanim zorientował się, co się dzieje, bracia chwycili go. Zerwali z niego piękną szatę i wrzucili go do ciemnej, wyschniętej studni.

Józef wołał o pomoc, ale bezskutecznie. Leżąc na dnie spoglądał w górę. Widział tylko roześmiane twarze braci, rzucających w niego piachem. Zakrył twarz i usiadł. Kiedy odeszli, zaczął płakać. Szlochał cicho, pragnął znów znaleźć się w domu, z ojcem i Beniaminem, i bawić się w blasku słońca.

Sprzedany przez braci

(Rdz 37,25-35)

Jeszcze tego samego dnia jeden z braci Józefa, Juda, wpadł na niegodziwy pomysł. — Widzicie tych handlarzy niewolników? — zapytał wskazując na przejeżdżającą karawanę. — Sprzedajmy im Józefa!

Rubena akurat przy tym nie było, ponieważ pilnował owiec.

Kiedy karawana zbliżyła się, bracia wyciągnęli Józefa ze studni. Handlarze zapłacili im za niego dwadzieścia sztuk srebra. Przywiązali go do osła i ruszyli przez pustynię.

Gdy Ruben powrócił do obozu, schylił się nad studnią. — Józefie — szepnął — już dobrze, jutro cię stąd wydostanę. — Ruben nadal miał nadzieję zostać bohaterem. Nie usłyszał jednak odpowiedzi. — Józefie! — powtórzył. Odpowiedziała mu cisza.

— Dlaczego rozmawiasz z pustą studnią? — zaśmiał się Juda. — Gdzie Józef? — zapytał Ruben. — Co zrobiliście naszemu bratu? — Złapał Judę za ramiona i potrząsnął nim.

— Uspokój się — odparł Juda. — Oto twoja część. — I dał mu dwie srebrne monety.

— Sprzedaliście go w niewolę?

— Tak, teraz nasz zarozumiały braciszek jest już w drodze do Egiptu — zakpił Juda.

Ruben wiedział, że ojciec tak bardzo kocha Józefa, że wieść o tym, co się wydarzyło, mogłaby złamać mu serce. Dlatego wytłumaczył braciom, że muszą posłużyć się podstępem.

Następnego dnia zabili kozę i zanurzyli szatę Józefa w jej krwi. Wrócili do domu i pokazali ją ojcu.

— To szata mojego syna! — zakrzyknął Jakub. — Pożarło go jakieś dzikie zwierzę! Józef na pewno nie żyje!

Józef w Egipcie

(Rdz 37,36; 39,1-6)

Józef przebył z handlarzami niewolników daleką, bardzo daleką drogę.
— Panie Boże — szeptał w gorącym słońcu — nie wiem, co mnie czeka w Egipcie. Może będę musiał dźwigać kamienie, z których Egipcjanie budują swoje piramidy. Ale wiem, Panie, że dokądkolwiek się udam, Ty też tam będziesz. Proszę, pomóż mi!

Nocą, spoglądając na gwiazdy, Józef modlił się za swoją rodzinę: — Chyba wiem, dlaczego bracia wyrządzili mi krzywdę. Zachowywałem się zbyt wyniośle. Żałuję tego, Panie! Proszę Cię, zaopiekuj się moim młodszym bratem, Beniaminem. Zachowaj mego ojca w dobrym zdrowiu, abym mógł go jeszcze kiedyś zobaczyć.

Po długiej podróży, karawana dotarła do wielkiego miasta. Handlarze sprzedali Józefa na targu niewolników. Kiedy zobaczył swego nowego pana, zrozumiał, że Bóg ma go w Swojej opiece.

Człowiek, który kupił Józefa, nazywał się Potifar. Był bogaty, lecz, co ważniejsze, był też dobry. Józef nie musiał więc pracować przy budowie piramid. Został służącym w domu Potifara.

Pracował ciężko i starał się wszystko robić dobrze, by zadowolić przede wszystkim Boga.

Utrzymywał cały dom w czystości. Potem wykonywał prace w polu i upewniał się, czy posiłki są przygotowywane prawidłowo. Wkrótce Potifar tak bardzo zaufał Józefowi, że oddał mu w opiekę wszystko, co posiadał. Sam decydował tylko o tym, co chciałby jadać.

39

Żona Potifara

(Rdz 39,7-20)

Józef, pracując u Potifara, wyrósł z chłopca na prawdziwego mężczyznę. Z każdej powierzonej sobie pracy wywiązywał się bardzo dobrze.

Pewnego dnia żona Potifara wyjrzała przez okno i pomyślała: „Ten Józef jest bardzo przystojny. Mój mąż udał się na kilka dni w podróż. Może uda mi się go uwieść?”

Kazała Józefowi przyjść wieczorem do swojej sypialni.

Bogu ani zawieść swego pana, Potifara.

Józef potrząsnął głową i odmówił. — Jesteś bardzo piękna — powiedział — ale to byłaby niegodziwość.

Żona Potifara poczuła się urażona tym, że niewolnik śmiał jej czegokolwiek odmówić. Chciała go zmusić, aby ją pocałował, ale Józef ją odepchnął i uciekł. Jednak kobieta zdążyła zerwać z niego płaszcz.

Kiedy Potifar wrócił do domu, żona pokazała mu płaszcz Józefa, a następnie skłamała: — Józef napadł na mnie! A ty myślałeś, że można mu zaufać! Cóż za okropnego człowieka sprowadziłeś do naszego domu!

Potifar uwierzył żonie. Przywołał straże i polecił wtrącić Józefa do więzienia.

— Jesteś taki ładny i silny. Chodź, pocałuj mnie...

Józef wiedział, że wielu mężczyzn zrobiłoby to bez wahania. Ale on nie chciał zgrzeszyć przeciw

W więzieniu

(Rdz 40,1-23)

Józef przebywał w więzieniu przez wiele, wiele dni. Po jakimś czasie zamknięto w jego celi dwóch innych więźniów. Pewnego ranka obaj obudzili się mocno przestraszeni.

— Mieliśmy dziwne sny — zagadnęli — możesz nam powiedzieć, co oznaczają?

— Ja nie mogę wam pomóc, ale mój Bóg może — odpowiedział Józef.

Pierwszy więzień był podczaszym faraona. Powiedział: — Zobaczyłem we śnie winny krzew, który miał trzy gałęzie. Były na nich kwiaty, które zamieniły się w winne grona. Miałem w ręku puchar faraona. Wziąłem grona, wycisnąłem z nich sok i podałem faraonowi.

Józef po cichu modlił się, prosząc Boga o pomoc. Po chwili znał już odpowiedź. — Oto, co oznacza twój sen: Trzy gałęzie to trzy dni. Za trzy dni faraon zwróci ci wolność. Proszę cię, wspomnij mu o mnie, żeby i mnie uwolnił.

Drugi człowiek był nadwornym piekarzem faraona. Powiedział: — Widziałem we śnie trzy kosze chleba, które niosłem na głowie. Na samej górze był kosz z chlebem dla faraona. Nagle obsiadły mnie ptaki i rozdziobały chleb przeznaczony dla faraona.

Józef westchnął z bólem. Bóg ukazał mu, co ten sen oznaczał. Nie był dobry: — Trzy kosze to trzy dni. Za trzy dni faraon każe ci ściąć głowę.

Po trzech dniach stało się dokładnie tak, jak przepowiedział Józef.

Sen faraona

(Rdz 41,1-8)

Upłynęły dwa lata. Przez ten długi czas Józef nie miał wieści od podczaszego faraona. Nie popadł jednak w rozpacz, przeciwnie, opiekował się innymi więźniami. Dzielił się z nimi jedzeniem i sprzątał cele. Każdego dnia za zakratowanym oknem widział blask promieni słońca. Modlił się, by Bóg przywrócił mu wolność.

Pewnego dnia faraon obudził się w swym pałacu z głośnym krzykiem. — Miałem straszny sen! Był tak wyrazisty, że na pewno oznacza coś ważnego!

Popatrzył na służących. — Nie stójcie tak — wołał — znajdźcie kogoś, kto potrafi wyjaśnić ów sen! — Przestraszeni słudzy rozpierzchli się po całym kraju.

Przybyli wszyscy znani wróżbici, magowie i mędrcy tłumaczący sny. Wysłuchali opowieści faraona, zaglądali do swych wykresów, robili na tabliczkach jakieś rysunki i potrząsali głowami. Nie wiedzieli, co oznaczał sen władcy.

Wyjaśnienie snu

(Rdz 41,9-32)

Uwolniony z więzienia podczaszy znowu usługiwał faraonowi. Miał dbać o to, by w jego pucharze zawsze było wino. Nie było to łatwe, zwłaszcza gdy faraon był rozgniewany.

Nagle podczaszy przypomniał sobie o obietnicy danej Józefowi. Zawstydził się, że o nim zapomniał.

— Faraonie — powiedział — kiedy przebywałem w więzieniu, pewien hebrajski niewolnik wyjaśnił mi mój sen. Obiecałem mu, że ci o nim opowiem. Myślę, że on wytłumaczy i twój sen.

Faraon skinął głową. — Przyprowadźcie mi tego więźnia. Dwaj strażnicy pobiegli po Józefa.

Józef ogolił się, włożył czyste ubranie i udał się do faraona.

— Miałem sen, którego nikt nie potrafi wytłumaczyć. Czy ty możesz go objaśnić? — zapytał faraon.

— Ja nie, ale Bóg może — rzekł Józef. — Opowiedz mi swój sen.

— Śniło mi się, że stałem nad brzegiem Nilu. Nagle z rzeki wyszło siedem krów tłustych, a za nimi siedem krów chudych. Chude krowy zjadły tłuste. Jednak kiedy skończyły jeść, były tak samo chude, jak przedtem. Ale to nie wszystko! Śniło

44

mi się też siedem dorodnych kłosów zboża, wyrastających z jednej łodygi. Za nimi wyrosło siedem innych, lecz te były puste, wysuszone wiatrem. Puste kłosy pochłonęły pełne. Opowiedziałem to wróżbitom, ale żaden nie potrafił wyjaśnić, co to oznacza — faraon pytająco patrzył na Józefa.

Józef upadł na kolana. „Panie, co to może oznaczać?", modlił się. Wtedy Bóg natchnął jego umysł zro-

zumieniem. Józef wiedział, co oznaczały sny faraona.

— Faraonie, te dwa sny oznaczają to samo. Nadejdzie siedem lat obfitości jadła i napojów, wszyscy w twoim kraju będą syci. Ale potem nadejdzie siedem kolejnych lat, kiedy ziemia nie będzie nic rodziła. Skończy się żywność i wszyscy będą głodowali. I coś jeszcze — Józef mówił coraz śmielej — stanie się to już wkrótce.

Józef zarządza Egiptem

(Rdz 41,33-42,3)

Józef wziął głęboki oddech: — Faraonie, powinieneś wyznaczyć kogoś, kto będzie zajmował się sprawami żywności w całym Egipcie. Trzeba ją nagromadzić, aby gdy przyjdzie nieurodzaj, ludzie mogli skorzystać z zapasów i nie głodowali.

Faraon wezwał swoich doradców. Mamrotali coś i kiwali głowami, ale widocznie nie zrozumieli, o co chodzi. Zdumieli się, gdy faraon zwrócił się do Józefa: — Widzę, że twój Bóg jest z tobą. Pomaga ci widzieć rzeczy, na które inni są ślepi. Mam dla ciebie zajęcie. Będziesz prowadził mój dom, kierował moimi ludźmi i zarządzał magazynami żywności. W całym Egipcie nie będzie poza mną nikogo ważniejszego od ciebie.

Józef cofnął się o krok. Jeszcze rano był więźniem. Teraz faraon uczynił go wolnym i nadał mu nowe, egipskie imię. Oznaczało ono „Bóg mówi; On żyje". Faraon wiedział, że to Bóg przemawiał przez Józefa.

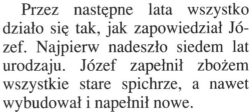

Przez następne lata wszystko działo się tak, jak zapowiedział Józef. Najpierw nadeszło siedem lat urodzaju. Józef zapełnił zbożem wszystkie stare spichrze, a nawet wybudował i napełnił nowe.

Kiedy przyszły lata nieurodzaju, Egipt był jedynym krajem, w którym nie brakowało żywności. Zewsząd przychodzili ludzie, aby kupić coś do jedzenia.

Głód dotarł też do ziemi Kanaan, gdzie wciąż mieszkał ojciec Józefa wraz z jego braćmi. W czasie siedmiu lat obfitych urodzajów bardzo się wzbogacili. Kiedy jednak nadeszło siedem lat nieurodzaju, zabrakło im pożywienia. Prawie wszyscy synowie Jakuba byli dorośli i mieli do wyżywienia własne rodziny. Wszyscy cierpieli głód.

Bracia Józefa narzekali: — Co mamy zrobić? Gdzie zdobyć jedzenie?

Jakub wiedział, że w Egipcie jest dość żywności. Słyszał o tym od wędrownych kupców. Powiedział synom: — Jeżeli nie chcecie umrzeć z głodu, idźcie do Egiptu. Weźcie ze sobą pieniądze i kupcie żywność.

Bracia Józefa w Egipcie

(Rdz 42,4-38)

Bracia załadowali bagaże na wielbłądy i osły, po czym wyruszyli w kierunku Egiptu. Jednak nie wszyscy synowie Jakuba wybrali się w tę podróż. Beniamin pozostał w domu.

Beniamin był ulubionym synem Jakuba. Po stracie Józefa, ojciec nie spuszczał z oka ostatniego żyjącego dziecka umiłowanej żony, Racheli. Wciąż bardzo brakowało mu Józefa. Beniamin potrafił wywołać uśmiech na twarzy Jakuba. „Nie", myślał Jakub, „Beniamin musi zostać przy mnie. Cóż bym zrobił, gdybym utracił drugie dziecko Racheli, tak jak pierwsze?"

Beniamin i Jakub pożegnali dziesięciu braci. Wkrótce, gdy w oddali widać było tylko tuman kurzu, Jakub wziął Beniamina za rękę. Ojciec i syn zaczęli się modlić. Modlili się za braci oraz o ich bezpieczny powrót do domu.

Gdy bracia przybyli do Egiptu, poszli prosto do człowieka, który zarządzał sprzedażą zboża. Był to Józef. Nie poznali go, ponieważ stał się już dorosły, a poza tym wyglądał jak Egipcjanin.

Józef rozpoznał ich natychmiast, ale na razie nie powiedział im o tym.

Aby poddać ich próbie, zarzucił im, że są szpiegami.

— Nie jesteśmy szpiegami — oburzyli się — jesteśmy pasterzami, synami jednego ojca. Było nas dwunastu braci, jeden zginął, a drugi, najmłodszy, pozostał z ojcem. Przybywamy, aby zakupić żywność.

— Nie wierzę wam — odparł Józef. — Jeżeli nie jesteście szpiegami, musicie to udowodnić. Wróćcie do domu i przyprowadźcie tu najmłodszego brata. Tymczasem ten — wskazał na Symeona — zostanie tu jako zakładnik.

Bracia stali z otwartymi ze zdumienia ustami. Nie dość tego — następne trzy dni musieli wszyscy spędzić w więzieniu.

Potem wypuszczono ich i pozwolono odjechać z zakupionym zbożem. Po drodze odkryli, że pieniądze, którymi zapłacili, zostały im po kryjomu zwrócone.

— Och, nie! — rozpaczali — Egipcjanin pomyśli, że ukradliśmy zboże!

Kiedy wrócili do domu, opowiedzieli Jakubowi o tym, co się wydarzyło. Spytali go, czy mogą zabrać Beniamina w podróż do Egiptu.

— Absolutnie nie! Nikt mi nie zabierze Beniamina. Nie! Beniamin zostanie tutaj! — Jakub nie chciał nawet słuchać synów. — Wystarczy, że Józef nie żyje, a Symeon został w Egipcie. Nie, nie wolno wam zabrać Beniamina!

Spotkanie braci

(Rdz 43,1-34)

Powoli, lecz nieubłaganie, przywiezione z Egiptu zboże kończyło się. Wkrótce nie zostało prawie nic. Jakub i·jego synowie, ich żony i dzieci zamiast trzech posiłków dziennie, jedli tylko dwa, a potem — jeden.

Bracia coraz natarczywiej prosili ojca, by pozwolił Beniaminowi jechać z nimi do Egiptu. Przecież wciąż przebywał tam Symeon. Ale Jakub ciągle odmawiał. Bał się, że jeśli się zgodzi, może stracić ukochanego syna.

W końcu nie miał wyboru — musiał myśleć o wyżywieniu licznej rodziny. Zgodził się! Juda, który sprzedał Józefa w niewolę, obiecał, że otoczy Beniamina szczególną opieką.

— Nic mu się nie stanie — przyrzekł.

— Dla pewności — powiedział Jakub — weźcie dwa razy więcej pieniędzy niż przedtem. Będziecie mogli zapłacić Egipcjaninowi za poprzedni transport zboża. Zawieźcie mu też jako dary miód, perfumy, orzeszki pistacjowe i migdały.

Skoro tylko bracia przybyli do Egiptu, udali się do Józefa. Ten nie mógł oderwać oczu od Beniamina, który wyrósł na pięknego młodzieńca.

— Chodźcie do mojego domu, zjemy wspólnie wspaniały posiłek — zapraszał. Potem uwolnił Symeona z więzienia. Kiedy bracia przybyli do wspaniałej rezydencji, opowiedzieli rządcy Józefa o pieniądzach, które znaleźli w drodze powrotnej. Rządca uspokoił ich i zaprosił, by weszli do środka.

— Jak się miewa wasz ojciec? — spytał Józef i wstrzymał oddech.

— Żyje i ma się dobrze — odpowiedzieli bracia.

Józef znów spojrzał na Beniamina i położył rękę na jego głowie. — Oby cię Bóg darzył swą łaską — powiedział.

Nagle odwrócił się. Bracia kłaniali mu się zupełnie tak, jak mu się to kiedyś śniło.

Józef nie mógł dłużej powstrzymać wzruszenia. Wybiegł z komnaty i zapłakał. „Panie", modlił się, „sprawiłeś, że znów jesteśmy razem. Tak bardzo ich kocham."

Otarł łzy i wrócił do braci. Wydał wielką ucztę, która trwała prawie całą noc. Ale nie wyjawił im jeszcze, kim naprawdę jest.

Skradziony puchar

(Rdz 44,1-34)

Następnego ranka wszyscy bracia przygotowywali się do podróży powrotnej. Byli bardzo szczęśliwi. Uratowali Symeona i kupili żywność. Co jednak najważniejsze, Beniaminowi nie stała się żadna krzywda.

Nie wiedzieli, że Józef miał pewien plan. Rozkazał mianowicie służącemu, by w bagażu Beniamina ukrył jego srebrny puchar. Wkrótce po odjeździe synów Jakuba rozkazał straży pałacowej ścigać ich jako złodziei.

Strażnicy dogonili podróżnych. — Zsiadajcie z wielbłądów i osłów — rozkazali.

— Co złego zrobiliśmy? — spytał Ruben.

— Jeden z was ukradł srebrny puchar naszego pana!

— Dlaczego mielibyśmy kraść? — krzyknęli bracia.

Strażnicy przeszukiwali po kolei wszystkie bagaże, aż doszli do Beniamina. Gdy któryś sięgnął do jego torby, wyciągnął z niej srebrny puchar.

Bracia jęknęli. — To straszne! Beniaminie, cóż ty uczyniłeś!

Beniamin był tak wstrząśnięty, że tylko potrząsnął głową: — Ależ ja tego nie zabrałem!

Strażnicy rozkazali wszystkim, by wracali do pałacu. Bracia błagali Józefa: — Nie chcieliśmy ukraść twojego pucharu, wybacz nam!

— Jesteście wolni — odparł Józef — jedynie złodziej musi tu zostać.

— Ale nasz ojciec umrze, jeżeli wrócimy bez Beniamina. Jednego syna już stracił, nie zniesie następnej, tak ciężkiej straty — tłumaczył Juda. — Proszę cię, pozwól, bym raczej to ja został. Jeżeli Beniamin nie wróci, żaden z nas nie śmie spojrzeć ojcu w oczy — mówiąc to, Juda upadł na kolana.

Pojednanie braci

(Rdz 45,1-24)

Józef patrzył, jak zrozpaczony Juda przed nim klęczy. Widział też, jak bardzo trwoży się Beniamin. Rzekł do służących: — Zostawcie nas, chcę z tymi ludźmi zostać sam.

Kiedy służba opuściła komnatę, Józef powiedział: — Ja jestem Józef, wasz brat!

Bracia nie mogli uwierzyć. Byli tak bardzo przerażeni, że bali się podnieść na niego wzrok.

— Spójrzcie — powiedział Józef. — To ja jestem tym, którego sprzedaliście w niewolę do Egiptu!

Kiedy bracia to usłyszeli, przyjrzeli mu się lepiej i przerazili się jeszcze bardziej. Jeżeli to naprawdę Józef, to może ich teraz kazać zabić za to, co z nim zrobili!

— Nie bójcie się. Nie obwiniajcie się też zanadto. To Bóg mnie tu przysłał, abym zapewnił naszej rodzinie żywność na czas głodu.

Bracia patrzyli na Józefa szeroko otwartymi oczami.

— Czy jeszcze nic nie rozumiecie? — spytał — to nie wy mnie tu przysłaliście, ale sam Bóg. To On sprawił, że rządzę całym Egiptem i jestem drugą osobą po faraonie. Wszystko po to, bym mógł zatroszczyć się o was. Spieszcie teraz do naszego ojca. Powiedzcie mu, żeby sprowadził całą rodzinę do Egiptu. Chcę mieć pewność, że nie zaznacie głodu.

Józef zarzucił Beniaminowi ręce na szyję. Objął go czule i zaczął płakać. Był bardzo szczęśliwy, że znów są razem.

Kiedy faraon dowiedział się o wszystkim, dał braciom wiele wo-

zów, aby mogli przywieźć swoje żony, dzieci i dobytek do Egiptu. Cieszył się szczęściem Józefa.

Zanim odjechali do domu, Józef wyposażył ich w wiele zwierząt i sprzętów. — Przekażcie je mojemu ojcu — powiedział.

Prześladowania Izraelitów

(Wj 1,1-2; 4; 6,20)

Rodzina Józefa przeniosła się do Egiptu, gdzie żyła przez setki lat. Przez ten czas rozrosła się w naród zwany Izraelitami lub Hebrajczykami.

Czterysta lat po tym, jak Józef sprowadził rodzinę do Egiptu, w kraju tym rozpoczął rządy zły faraon. Nie lubił Izraelitów tak bardzo, że uczynił z nich niewolników. Wydał nawet rozkaz, by zabijać wszystkich nowo narodzonych hebrajskich chłopców.

Ale matka jednego z takich chłopców postanowiła zrobić wszystko, żeby ocalić swoje dziecko. Był to śliczny chłopczyk o mądrych oczach. Przez trzy miesiące udawało się jej ukrywać go. Wiedziała jednak, że coraz głośniejszy płacz dziecka może zdradzić kryjówkę.

— Musi istnieć sposób na uratowanie synka — mówiła z płaczem do męża. Codziennie modlili się, by Bóg zesłał im jakiś pomysł. Razem z nimi modliły się ich starsze dzieci, Aaron i Miriam.

Wreszcie znaleźli sposób. Matka uplotła z trzciny koszyk w kształcie małej łódki. Owinęli dziecko w płótno i włożyli do koszyka.

Miriam z matką zaniosły koszyk do rzeki. Ostrożnie położyły go na wodzie w gąszczu trzcin. — Uważaj na niego — powiedziała matka do Miriam, która miała obserwować, co stanie się z jej braciszkiem.

Ocalenie Mojżesza

(Wj 2,5-9)

Modlitwy rodziny chłopca zostały wysłuchane. Bóg miał wobec niego pewne szczególne zamiary.

W tym czasie nad rzeką przebywała księżniczka, jedna z córek faraona. Stała zanurzona w wodzie, kąpiąc się ze służącymi. Słońce świeciło jasno, ptaki zdawały się radować razem z dziewczętami. Wszystkie śmiejąc się, pryskały na siebie wodą.

Nagle jedna ze służących dostrzegła kosz. — Księżniczko, zobacz, co nam przyniosła rzeka! — zawołała. Wyniosła koszyczek na brzeg i postawiła na piasku.

W koszyku leżał śliczny chłopczyk. Płótno, w które był zawinięty, zsunęło się z niego i płakał.

— To musi być mały Hebrajczyk — powiedziała księżniczka. Wiedziała oczywiście, że jej ojciec rozkazał zabijać wszystkich hebrajskich chłopców. Mimo to postanowiła za wszelką cenę go ocalić.

— Jest bardzo głodny, czy nie mamy nic, co mogłybyśmy mu dać?

Miriam z ukrycia widziała wszystko i modliła się, żeby księżniczka uratowała jej braciszka. Podbiegła do niej i powiedziała: — Znam pewną hebrajską kobietę, która może go wykarmić. Czy chcesz, żebym zaniosła jej chłopczyka?

— Tak, a kiedy będzie już potrafił sam jeść, przynieś mi go z powrotem.

58

Chłopiec wrócił więc do swej rodziny. Jego rodzice, brat i siostra kochali go bardzo i troszczyli się o niego. Dziękowali Bogu, że wysłuchał ich modlitw.

Mojżesz wygnańcem
(Wj 2,10-14)

Kiedy dziecko miało około trzech lat, rodzice oddali go księżniczce. Ta nadała mu imię Mojżesz i wychowywała jak własnego syna.

Kiedy Mojżesz dorósł, dowiedział się, że nie jest Egipcjaninem, lecz Hebrajczykiem. Ilekroć widział, że jego rodacy są traktowani jak niewolnicy, wpadał w gniew: — To nie jest sprawiedliwe! — krzyczał do księżniczki.

— Nie wolno nam sprzeciwiać się woli faraona — odpowiadała. — On jest władcą!

Minęły lata, Mojżesz stał się dorosłym mężczyzną. Pewnego dnia, idąc ulicą, zobaczył Egipcjanina bijącego hebrajskiego niewolnika.

— Zostaw go! — krzyknął. Egipcjanin, nie zważając na nic, uderzał głową nieszczęśnika o ścianę. Wtedy rozgniewany Mojżesz ugodził napastnika, ten zaś padł martwy.

Nazajutrz Mojżesz zobaczył dwóch bijących się ze sobą Hebrajczyków. — Przestań — powiedział do jednego z nich — dlaczego go bijesz?

Hebrajczycy spojrzeli na piękne szaty Mojżesza i zaczęli się z niego wyśmiewać: — A kim ty jesteś, że-by nam zwracać uwagę? Czy to nie ty zabiłeś wczoraj Egipcjanina? — szydzili. Wiedzieli, że kiedy faraon dowie się o całym zdarzeniu, Mojżesz zostanie ukarany.

Mojżesz przestraszył się: „Jeżeli ci niewolnicy wiedzą, że zabiłem Egipcjanina, to z pewnością wieść o tym dotarła już do pałacu. Muszę opuścić Egipt, i to szybko!"

Powołanie Mojżesza

(Wj 2,15-3,10)

Faraon rzeczywiście dowiedział się, że Mojżesz zabił Egipcjanina. Straże pałacowe podjęły pościg, ale nie znalazły go.

Na pustyni Mojżesz spotkał mędrca imieniem Jetro. Poślubił jedną z jego córek. Przez następne czterdzieści lat jego rodzina żyła spokojnie na uboczu.

Pewnego dnia, gdy Mojżesz pasł owce teścia, ujrzał dziwne zjawisko. U podnóża góry płonął krzak. Ciekawe było to, że ogień nie rozprzestrzeniał się, a krzak się nie spalał. Wtedy Mojżesz usłyszał Głos:

— Mojżeszu, Mojżeszu!

— Oto jestem — odpowiedział Mojżesz.

— Nie zbliżaj się tu! Zdejmij sandały z nóg, gdyż miejsce, na którym stoisz, jest ziemią świętą! Jestem Bogiem twego ojca, Bogiem Abrahama, Bogiem Izaaka i Bogiem Jakuba.

Kiedy Mojżesz to usłyszał, padł na ziemię. Bał się spojrzeć na Boga.

Pan powiedział: — Dosyć napatrzyłem się na udrękę Mego ludu w Egipcie. Nadszedł czas, bym go uratował. Zaprowadzę Izraelitów do ziemi, którą dawno obiecałem Abrahamowi i Izaakowi. Do ziemi, która opływa w mleko i miód. Idź, Mojżeszu, posyłam cię do faraona. Wyprowadź lud Mój, Izraelitów, z Egiptu!

Obawy Mojżesza

(Wj 3,11-4,9)

— Ale kim ja jestem — tłumaczył się Mojżesz — bym miał pójść do faraona i powiedzieć mu, aby wypuścił Izraelitów z Egiptu?

A Bóg na to: — Ja będę z tobą.

— Ale, kiedy przemówię w Twoim imieniu — bronił się dalej Mojżesz — nikt mi nie uwierzy. Jak mam wytłumaczyć im, kim jesteś?

— Jestem, który Jestem — odpowiedział Bóg. — Oto Moje imię. Powtórz im je. Powiedz, że posyła cię Bóg, który ich wybrał.

Mojżesz wciąż nie był przygotowany na spełnienie zamiarów Boga. Ciągle starał się wykręcić.

— Kiedy powiem im, kim jesteś, nie uwierzą mi!

— Starsi, którzy przewodzą ludowi, uwierzą — zapewniał Bóg. — Aby udowodnić im, że jestem z tobą, poproś faraona, by pozwolił ci zabrać Mój lud na trzy dni na pustynię. Powiedz faraonowi, że te trzy dni są potrzebne, aby mogli oddać Mi cześć. Jeżeli faraon odmówi, sprawię cuda, które wstrząsną Egipcjanami.

— A jeżeli nadal nie zechcą mnie usłuchać? — pytał Mojżesz.

— Co masz w ręku? — spytał Pan.

— Laskę — odparł Mojżesz.

— Rzuć ją na ziemię — rozkazał Bóg. Gdy Mojżesz to uczynił, laska zamieniła się w węża. Mojżesz zaczął uciekać, ale Bóg powstrzymał go i kazał mu schwytać węża. Gdy to uczynił, wąż znów zamienił się w laskę.

Upór faraona

(Wj 4,10-5,2)

Mojżesz próbował wszelkich tłumaczeń, aby wykręcić się od powierzonego mu zadania. Kiedy oświadczył, że nie potrafi przemawiać, Pan odparł, że będzie przemawiał za niego Aaron, jego brat. W końcu musiał się poddać. Oddał Bogu pokłon i przyjął wybranie do szczególnej misji.

Mojżesz zabrał swą rodzinę i wyruszył do Egiptu. W czasie podróży spotkał swego starszego brata, Aarona. Dalszą drogę odbyli wspólnie.

Gdy przybyli do Egiptu, natychmiast udali się do faraona. — Nasz Pan, Bóg Izraela, polecił nam, byśmy przez trzy dni oddawali Mu cześć na pustyni — oświadczyli.

— Nie obchodzi mnie to! — odpowiedział faraon. — Dlaczego miałbym być posłuszny waszemu Bogu? Nie pozwolę odejść ludowi Izraela!

Wypuść mój lud!

(Wj 5,22-7,16)

Po rozmowie z faraonem Mojżesz modlił się do Boga: — Panie, widzisz jak mi trudno? Co mam robić?

— Ponieważ faraon nie chce was wypuścić — odrzekł Pan — zacznę działać. Przekonam go, że to Ja jestem Bogiem.

Faraon czcił bożki z drewna i z kamienia, i nie znał prawdziwego

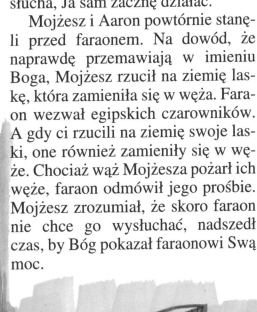

Boga. Wkrótce miał się jednak dowiedzieć, kim On jest. Wszystko to było częścią Bożego planu.

— Wróć do faraona i powiedz mu jeszcze raz, by wypuścił Mój lud ze swojego kraju.

Mojżesz znów próbował się spierać z Bogiem. — Dlaczego faraon miałby mnie wysłuchać?

Bóg odpowiedział: — Nie musisz wcale przemawiać, przemówi za ciebie Aaron. Jeśli faraon was nie wysłucha, Ja sam zacznę działać.

Mojżesz i Aaron powtórnie stanęli przed faraonem. Na dowód, że naprawdę przemawiają w imieniu Boga, Mojżesz rzucił na ziemię laskę, która zamieniła się w węża. Faraon wezwał egipskich czarowników. A gdy ci rzucili na ziemię swoje laski, one również zamieniły się w węże. Chociaż wąż Mojżesza pożarł ich węże, faraon odmówił jego prośbie. Mojżesz zrozumiał, że skoro faraon nie chce go wysłuchać, nadszedł czas, by Bóg pokazał faraonowi Swą moc.

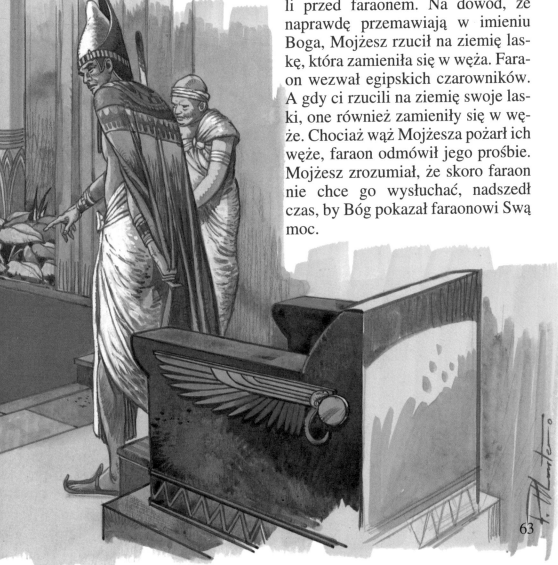

Plagi egipskie

(Wj 7,17-10,29)

Dla Egiptu rozpoczął się ciężki czas. Bóg zesłał na kraj kolejno dziesięć różnych plag. Plagi były czymś niesłychanie dokuczliwym. Faraon wysyłał więc czarowników i mędrców, by odpędzali plagi. Bóg jednak cofał je tylko wtedy, gdy Mojżesz modlił się o to.

Pierwsza plaga polegała na tym, że woda zamieniła się w krew. Kiedy Mojżesz rzucił swą laskę do Nilu, cała rzeka, wszystkie strumienie, kanały, stawy i kałuże wypełniły się krwią. Ryby wyginęły, a rzeka cuchnęła.

W tydzień później Mojżesz jeszcze raz zażądał, by faraon pozwolił Izraelitom odejść. Zagroził, że jeżeli ponownie odmówi, spadnie na Egipt plaga żab.

Tak też się stało. W całym kraju pojawiły się tysiące żab. Wypełzały ze strumieni i kanałów, i pokryły Egipt. Wchodziły nawet do domów. Ludzie budzili się rano, słysząc zewsząd ich rechotanie.

Faraon nakłonił Mojżesza, by sprawił, żeby plaga zniknęła. Mojżesz modlił się i wszystkie żaby wyginęły. Faraon jednak nadal nie wierzył w Boga. Wciąż też

nie chciał pozwolić odejść ludowi Izraela.

Bóg zesłał więc na Egipt plagę komarów. Wszędzie były ich niezliczone roje. Kąsały boleśnie ludzi i zwierzęta. Egipcjanie musieli zasłaniać usta, w przeciwnym razie komary wdzierały się nawet do gardła.

Następnie Bóg zesłał plagę much.

Kiedy i to nie pomogło, Bóg zesłał śmiertelną chorobę na zwierzęta. Później skóra ludzi i zwierząt pokryła się bolesnymi wrzodami i ranami. Na prośbę Mojżesza Bóg cofnął choroby, lecz faraon nadal nie chciał ustąpić.

Wtedy Bóg zesłał na Egipt gradobicie i burze. Grad zniszczył wszystkie uprawy na polach, lecz serce faraona pozostało twarde. Pan sprowadził więc wiatr niosący w wielkich chmurach szarańczę. Pożerała wszystko, co spotkała na swej drodze. Wkrótce nie zostało w Egipcie nic, poza ogołoconymi polami.

Bóg dawał faraonowi coraz to nowe ostrzeżenia, ale on wciąż nie chciał wypuścić Izraelitów. Kiedy zesłał ciemność spowijającą Egipt przez trzy dni, faraon rozgniewał się do tego stopnia, że rozkazał Mojżeszowi: — Zejdź mi z oczu i nie pokazuj się tu nigdy więcej!

Ostatnia plaga

(Wj 11,1-10)

Faraon nadal nie chciał usłuchać Boga. W Jego imieniu Mojżesz ostrzegł faraona po raz ostatni. Zapowiedział dziesiątą, ostatnią klęskę, tak straszliwą, że faraon będzie musiał się zgodzić, aby lud Izraela opuścił Egipt.

Mojżesz oświadczył faraonowi: — Wszyscy pierworodni synowie Egiptu, wolni czy niewolnicy, umrą. Pierworodne z twoich zwierząt także umrą. Ale dzieci z hebrajskich rodzin ocaleją. Przekona cię to, że Bóg rozróżnia twój lud od Swojego.

Faraon nie mógł uwierzyć, że coś takiego nastąpi. Znaczyłoby to, że umrze także jego własny syn. Faraon zatrząsł się z gniewu. „Jak ten Hebrajczyk śmie tak go straszyć?"

Faraon wybrał niewiarę w potęgę Boga. „To przecież nie może się wydarzyć!" mówił sobie. Do Mojżesza zaś krzyczał: — Wynoś się! Wynoś się stąd!

Mojżesz wyszedł bez słowa.

Noc paschalna

(Wj 12,1-42)

Kiedy Izraelici usłyszeli, co Bóg zamierza uczynić, ogarnął ich strach — Czy ocalejemy? — pytali.

Mojżesz wyjaśnił, że Bóg zapewni im ochronę. Muszą jedynie wykonać to, co im nakaże.

Noc ostatniej plagi nazwana została „Paschą", czyli „Przejściem", ponieważ Pan niosący zagładę pierworodnym Egiptu „przeszedł" obok Izraelitów. Ocalił ich. Tę noc Izraelici mieli zapamiętać na zawsze oraz

opowiadać o tym, co się wydarzyło swym dzieciom i dzieciom swoich dzieci.

W noc Paschy lud Izraela miał jeść na polecenie Boga mięso baranka i przaśny chleb. Przed posiłkiem mieli pomazać drzwi swych domów

krwią baranka przeznaczonego do spożycia. Pan obiecał, że przechodząc przez Egipt, oszczędzi tak oznaczone domy.

Tej nocy w każdej egipskiej rodzinie opłakiwano zmarłego syna. Przez cały kraj przeszła fala rozpaczy. A lud Izraela czekał. Wiedział, że jest bezpieczny, ponieważ jest ludem wybranym przez Boga.

Kiedy faraon ujrzał, że jego najstarszy syn leży martwy, zrozumiał, za czyją się to stało sprawą. Nie doszłoby do tego, gdyby posłuchał Mojżesza i Aarona.

Wtedy faraon nakazał Mojżeszowi i Aaronowi, by przyszli do niego jeszcze tej nocy i powiedział im: — Wynoście się stąd wszyscy, wy i wasze zwierzęta!

Wokół wszystkich domów Izraelitów rozległo się nawoływanie: „Nadszedł czas!" Spakowali więc swoje rzeczy, załadowali na wozy cały swój dobytek, zebrali bydło i owce, i opuścili Egipt. Ruszyli w drogę do ziemi obiecanej im przez Boga.

Bóg prowadzi Swój lud

(Wj 13,17-14,14)

Izraelici poruszali się wielkim pochodem. W dzień Bóg szedł przed nimi jako słup obłoku, nocą zaś jako słup ognia.

Izraelici tworzyli wielki tłum. Ponieważ prowadzili przed sobą stada, powstał ogromny zgiełk i zamieszanie. Bóg prowadził ich pustynnym szlakiem w kierunku Morza Czerwonego.

Tymczasem faraon zmienił zdanie. „Kto teraz będzie budował nam domy i wyrabiał cegły?", zastanawiał się.

Wziął więc sześćset najlepszych rydwanów z pełną obsadą żołnierzy. Ruszyli w pościg za ludem Izraela.

— Rozbijcie obóz nad brzegiem morza — polecił Bóg Mojżeszowi. — Faraon pomyśli, że jesteście uwięzieni między wodą a jego wojskiem. Ale to będzie dla Mnie kolejna sposobność, by okazać Swoją moc. Egipcjanie poznają, że Ja jestem Bogiem.

Lud Izraela rozbił obóz tam, gdzie nakazał Bóg. Coś jednak ich zaniepokoiło. Ci, którzy byli na skraju obozu, czuli, jak ziemia drży. Kiedy spojrzeli na horyzont, ujrzeli zbliżający się tuman kurzu. Rozległ się krzyk: — To faraon nas ściga! — Izraelici nie mieli dokąd uciekać. Przed sobą mieli tylko wodę.

— Jesteśmy w pułapce! — zakrzyknęli. — Mojżeszu! Co z nami zrobiłeś?! Wyprowadziłeś nas z Egiptu, byśmy teraz zginęli? Lepiej było raczej zostać i nadal być niewolnikami! Przynajmniej byśmy żyli!

— Nie, nie jesteście w pułapce — odpowiedział Mojżesz — Bóg będzie walczył za was. Zachowajcie tylko spokój. Zaufajcie Panu.

Jednak ogarnięci paniką ludzie nie wierzyli Mojżeszowi. Biegali z jednego końca obozu na drugi jak zwierzęta w klatce. Dzieci zaczęły krzyczeć i płakać. Widać było, jak rydwany faraona zbliżają się coraz bardziej. Wkrótce jego wojsko ich dopadnie!

Przejście przez morze

(Wj 14,15-31)

Mojżesz próbował uspokoić ludzi.
— Nie bójcie się — wołał — za chwilę ujrzycie Boży cud.

Ludzie jednak byli zbyt przerażeni, aby słuchać.

Wtedy Bóg przemówił do Mojżesza: — Weź swą laskę i unieś ją, a morze się rozstąpi. Ściany wód będą z obydwu stron. Woda was nie zaleje. Przejdziecie przez morze, a Ja będę was ochraniał. Jeśli Egipcjanie będą was ścigać, sprawię, że fale zamkną się nad nimi i wszyscy zginą.

Mojżesz uniósł laskę, a Pan rozdzielił morze wschodnim wiatrem. Między dwoma ścianami fal powstała droga! Ludzie, wraz z owcami i bydłem, szli w ciemności między nimi. Nie mogli wprost uwierzyć w to, co się stało.

Rano byli już bezpieczni po drugiej stronie. Kiedy faraon otrząsnął się ze zdumienia, krzyknął: — Jeżeli oni potrafili przejść suchą nogą przez środek morza, potrafię i ja!

Wraz z całym wojskiem wjechał na drogę między falami. Kiedy Egipcjanie byli na środku morza, Bóg

rozkazał Mojżeszowi, by znów
uniósł laskę. Mojżesz uczynił to,
a wtedy fale z wielkim hukiem zam-
knęły się.

Faraon, żołnierze, wszystkie rydwany i konie pogrążyli się w odmę-
tach. Później ich ciała były wyrzu-
cane na brzeg przez fale.

Tak Izraelici przekonali się
o wielkiej potędze Boga. Powiedzieli: — Pan będzie naszym Przewodnikiem!

Długa wędrówka, jaka ich jeszcze
czekała, nie wydawała się już tak
straszna.

Brak wody

(Wj 15,1-27)

Kiedy Egipcjanie utonęli, Izraelici radowali się, śpiewali i tańczyli. Byli bardzo szczęśliwi, że nic im nie grozi. Miriam, siostra Mojżesza, grała na tamburynie, a inne kobiety podążały za nią tańcząc i śpiewając.

Również Mojżesz śpiewał pieśń o mocy Boga i Jego potędze. Dziękował Mu za ocalenie ludu i wyprowadzenie z Egiptu.

Wkrótce wyruszyli w dalszą podróż. Szli za Bożym słupem obłoku.

Przez trzy dni wędrowali przez gorącą pustynię. W tym czasie nie mogli znaleźć wody pitnej. Zatrzymali się nad sadzawką, ale była w niej gorzka woda. Gdyby ją wypili, rozchorowaliby się. Widząc wodę, której nie mogli pić, czuli tym dotkliwsze pragnienie.

Mnóstwo spragnionych ludzi zaczęło narzekać. Mieli pretensje do Mojżesza: — Co z nami zrobiłeś? Wywiodłeś nas na pustynię i umieramy z pragnienia. Mogliśmy zostać w naszych domach w Egipcie, tam przynajmniej mieliśmy wodę, owoce i ryby. Tutaj nie mamy nic! — Zapomnieli, że Bóg przyrzekł im Swą opiekę.

Mojżesz zwrócił się do Boga o pomoc. Pan pokazał mu kawałek drewna. Mojżesz wrzucił go do gorzkiej wody, która zaraz stała się słodka i zdrowa. Ludzie rzucili się do sadzawki, łapczywie pijąc i śmiejąc się. Teraz mieli mnóstwo wody.

Mojżesz napomniał ich wtedy: — Zawsze pamiętajcie o tym, że Bóg ma was w Swojej opiece.

Bóg chcąc tego dowieść, zaprowadził ich w miejsce, gdzie woda wypływała z ziemi w dwunastu różnych miejscach. Rosły tam palmy, które ocieniały ich namioty. Było to doskonałe miejsce na rozbicie obozu. Pan jeszcze raz zatroszczył się o Swój lud.

Brak pożywienia

(Wj 16,1-36)

Wkrótce nadszedł czas, by zwinąć obóz i ruszyć w dalszą drogę. Niebawem jednak ludzie znów zaczęli narzekać. Nie podobało im się palące słońce, niedostatek jedzenia i wody. Dzieci płakały, kobiety zawodziły, mężczyźni zaczęli szemrać.

Gdy już od dwóch miesięcy przebywali na pustyni, skończyła się im żywność. Krzyczeli na Mojżesza: — Cóż zrobiłeś? Po co nas tu przyprowadziłeś? Tu niczego nie ma! Wszyscy umrzemy! To twoja wina!

— Bóg się o nas zatroszczy — odparł Mojżesz — ufajcie Mu!

Ale oni nie słuchali. Byli uparci, woleli użalać się nad sobą, niż modlić się o pomoc do Boga.

Wtedy Bóg przemówił do Mojżesza. — Dam im mannę rano, a mięso wieczorem. Mogą być pewni, że zaspokoję ich potrzeby. Mam nadzieję, że to ich nauczy Mi ufać.

Od następnego dnia każdego ranka ziemię pokrywała rosa. Kiedy słońce ją osuszało, ludzie zbierali z ziemi ziarenka manny.

Wieczorami teren wokół obozu obsiadały stada przepiórek. Każdy mógł złapać ich tyle, ile potrzebował. Upieczone ptaki były doskonałym pokarmem. Dzięki Bogu tak długo, jak długo Izraelici wędrowali przez pustynię, mieli dość pożywienia.

Góra Synaj

(Wj 19,1-25)

Trzy miesiące trwała wędrówka Izraelitów przez pustynię. Kiedy dotarli do góry Synaj, rozbili u jej podnóża obóz. Kobiety były zadowolone, że mogą odpocząć. Zajęły się dziećmi, zaś mężczyźni, po przeliczeniu zwierząt, zaczęli rozstawiać namioty. Wkrótce w powietrzu unosił się zapach jedzenia.

Wieczorem Mojżesz przechodził między poszczególnymi rodzinami. Dzieci podbiegały do niego, a on głaskał je po główkach. Kiedy pozdrowił już wszystkich, skierował się w stronę góry. Wiedział, że Bóg chce się z nim tam spotkać. Nadszedł już czas.

Kiedy wspinał się na skalne urwiska, usłyszał Boży głos:

— Mojżeszu, powiedz ludziom, że jeżeli będą Mi posłuszni, staną się Moją szczególną własnością pośród wszystkich narodów.

Mojżesz zszedł z góry, zwołał przywódców ludu i powtórzył im to, co usłyszał od Boga. Potem zebrał się cały lud. Mojżesz przemówił do nich: — Bóg, nasz Pan, wybrał was. Czy chcecie pójść za Nim? Czy chcecie być Mu posłuszni?

Ludzie wykrzyknęli: — Zrobimy wszystko, co Pan nam rozkaże!

W kilka dni później Mojżesz i jego brat Aaron znów wspięli się na skały. Szczyt góry był ukryty w gęstych chmurach. Nagle, z obłoku dobiegł ich głos potężnej trąby. Ludzie w obozie słysząc go, drżeli ze strachu. To była dla ludu Izraela pamiętna chwila. Sam Bóg przybył, aby się z nimi spotkać.

Dziesięć Przykazań

(Wj 20,1-21)

Kiedy Mojżesz i Aaron znaleźli się na szczycie góry, Bóg przybył na spotkanie w chmurze dymu i ognia. Dał im prawa, zwane przykazaniami. Mieli je poznać i żyć według nich. One pokazywały im różnicę między dobrem i złem.

Bóg przekazał Mojżeszowi dziesięć przykazań. Powiedz ludowi:

„Ja jestem Pan, Bóg twój, który cię wywiódł z ziemi egipskiej, z domu niewoli.

Nie będziesz miał bogów cudzych obok Mnie. Jestem jedynym Bogiem. Nie wolno ci wykonywać żadnych obrazów ani posągów, aby je czcić.

Nie będziesz wzywał imienia Boga twego do czczych rzeczy. Używaj Mojego Imienia jedynie w modlitwie.

Siódmego dnia każdego tygodnia czcij Boga i odpoczywaj. Nie wolno ci wtedy pracować.

Bądź posłuszny swemu ojcu i matce. Czcij ich i szanuj.

Nie zabijaj.

Nie cudzołóż.

Nie kradnij.

Nie kłam i nie dawaj fałszywego świadectwa o kimś innym.

Nie pożądaj żony bliźniego twego.

Nie pożądaj żadnych rzeczy, które do niego należą.”

Kiedy Bóg przestał mówić, w powietrzu rozległ się dźwięk potężnych trąb.

Kamienne tablice

(Wj 20,22-31,18)

Mojżesz stał przed obliczem Boga. Bóg i człowiek byli razem. Bóg bardzo miłował Mojżesza. Chciał też, by lud Izraela wiedział, że otacza go troską.

Bóg powiedział: — Zachowam was w zdrowiu i dam wam wiele potomstwa. Tak więc, gdy dotrzecie do ziemi, którą wam obiecałem, będziecie potężnym ludem.

Mojżesz przez długi czas przebywał na szczycie, rozmawiając z Bogiem. W tym czasie kilka razy schodził na dół, by sprawdzić, co się dzieje z jego ludem.

To szczególne spotkanie trwało czterdzieści dni i czterdzieści nocy. Ludzie u stóp góry Synaj czekali i czekali.

Na zakończenie Bóg dał Mojżeszowi dwie kamienne tablice. Sam umieścił na nich Swoje przykazania.

Złoty cielec

(Wj 32,1-35)

Kiedy Mojżesz zamierzał odejść, Bóg nagle znów przemówił: — Stała się straszna rzecz! Ludzie zapomnieli o danych Mi obietnicach i oddają pokłony złotemu posągowi cielca!

Izraelici bardzo długo czekali na powrót Mojżesza z góry. Gdy wciąż nie nadchodził, pomyśleli, że na pewno nie żyje. Raz jeszcze zabrakło im wiary w Boga. Poprosili brata Mojżesza, Aarona, by dał im nowego boga. Aaron zebrał od nich złote bransolety i pierścienie. Złoto, z którego były zrobione, przetopił na posąg cielca.

Bóg zapłonął wielkim gniewem. — Zniszczę ich wszystkich — powiedział Mojżeszowi. — Z ciebie i twojego potomstwa wzbudzę nowy lud wybrany!

Mojżesz uprosił jednak Boga, by ich nie zabijał. Potem szybko zaczął schodzić z góry. Niósł kamienne tablice, które dał mu Bóg. Im bardziej zbliżał się do obozu, tym głośniejszy słyszał zgiełk.

Pośrodku obozu zobaczył złotego cielca, który lśnił w promieniach słońca. — Jesteście okropni! — zawołał na cały głos. Muzyka nagle przestała grać, a ludzie ucichli.

— Jak mogliście postąpić tak podle po tym wszystkim, co Bóg dla was uczynił? — grzmiał Mojżesz. W przypływie gniewu rzucił na ziemię kamienne tablice ze słowami wyrytymi przez samego Boga. Upadły ze strasznym hukiem, rozbijając się na tysiące kawałków.

Mojżesz ukarał winnych bałwochwalstwa i buntu, po czym wrócił na górę. Bóg ze smutkiem powiedział mu, że bardzo zawiódł się na Izraelitach. Był nimi bardzo rozczarowany.

Odnowienie przymierza

(Wj 33,1-34,35)

Mojżesz ze łzami w oczach prosił Boga, by wybaczył ludowi Izraela. Bóg powstrzymał Swój gniew. Zrobił to, ponieważ Mojżesz był Jego przyjacielem. Pamiętał także o obietnicach danych ludowi.

Mojżesz i Bóg byli najlepszymi przyjaciółmi. Mojżesz modlił się: — Pokaż mi Swoje drogi, Panie. — Lecz Bóg odpowiedział: — Nie zniósłbyś tego, gdybym objawił ci wszystko, co sam wiem.

Następnie Bóg polecił mu wejść jeszcze raz na górę Synaj. — Tam zobaczysz Mnie lepiej. — Miało to być specjalne spotkanie człowieka z Bogiem!

Mojżesz wspiął się na szczyt góry. Pan zstąpił do niego z obłoków.

Mojżesz upadł na ziemię. Chwała Boga była zbyt wielka, by ją oglądać. Mojżesz mocno zacisnął oczy i wciąż się modlił. Jeszcze raz błagał Go, by przebaczył ludziom i znów uczynił ich Swymi wybranymi dziećmi.

Bóg wybaczył ludowi, a następnie obiecał, że zaprowadzi go do ziemi, która, jak powiedział Abrahamowi, miała należeć do jego dzieci.

Po raz drugi Pan nadał ludziom Swe przykazania. Tym razem Mojżesz musiał sam wykuć z kamienia tablice i wyryć na nich Boże Prawo. Pozostawał na górze przez czterdzieści dni, tak jak za pierwszym razem, po czym zszedł po urwiskach na dół i wrócił do obozu. Teraz jednak Izraelici dotrzymali zobowiązań. Czekali na jego powrót i zachowali się właściwie.

Ziemia Obiecana

(Lb 13,1-30)

Wkrótce zwinęli namioty i wyruszyli w drogę. Lud Izraela przez wiele miesięcy wędrował przez pustkowia. Pewnego dnia Bóg rozkazał Mojżeszowi: — Wyślij zwiadowców do ziemi Kanaan, która jest przed wami. Powiedz im, żeby sprawdzili, jaka jest ta ziemia i niech się dowiedzą, jacy ludzie tam żyją.

Mojżesz uczynił tak, jak mu Bóg polecił. Z każdego pokolenia Izraela wybrał po jednym człowieku i pobłogosławił ich, gdy opuszczali obóz.

Wrócili po wielu dniach. Dwóch zwiadowców, Kaleb i Jozue, oznajmiło Mojżeszowi: — O tak, powinieneś zobaczyć ten kraj. Jest bardzo piękny, na wzgórzach rosną wspaniałe drzewa. Wszędzie kwitną kwiaty, a zboża dają bogate plony. To naprawdę kraj płynący mlekiem i miodem. — Był tylko jeden problem: mieszkał tam liczny i dobrze uzbrojony lud. Mimo to Jozue i Kaleb wierzyli, że z Bożą pomocą potrafią wyprzeć potężny lud z obiecanej sobie ziemi.

Bunt Izraelitów

(Lb 13,31-14,12; Pwt 1,19-33)

Jednak reszta zwiadowców nie zgadzała się z Jozuem i Kalebem. Nie wierzyli, że Bóg pomoże im w walce. Sądzili, że ludy zamieszkujące ziemię Kanaan są zbyt potężne, by mogli je pokonać. Dostrzegali same przeszkody i trudności. Ich strach i brak wiary udzielił się wszystkim. Znów trudno było ufać obietnicom Boga.

— Mojżeszu! — płakali — co zrobiłeś!

Mojżesz westchnął. Ludzie znów narzekali.

— Mojżeszu, chcemy wracać do Egiptu! Wracajmy do Egiptu!

— Mojżeszu, to był twój pomysł, żeby opuścić Egipt. Nie powinniśmy cię wtedy słuchać. Teraz z pewnością wszyscy zginiemy.

Mojżesz i Aaron padli na kolana. Błagali ludzi, by zaufali Bogu. Jozue i Kaleb rozdarli swe szaty. Przysięgali, że ziemia obiecana im przez Boga to cudowny kraj do zamieszkania. Ale nikt ich nie słuchał. Ludzie byli nieugięci. Woleli użalać się nad sobą.

Czterdziestoletnia kara

(Lb 14,13-45; Pwt 1,34-46)

Jeszcze raz Bóg rozgniewał się na lud. Zbyt często zdarzało się, że Izraelici nie wierzyli Mu i nie ufali. Z tego powodu Bóg postanowił, że żaden spośród nich nie dotrze do Ziemi Obiecanej.

— Będą błądzić po pustkowiach przez czterdzieści lat — zawyrokował. — Do końca życia zostaną na pustyni, z wyjątkiem Kaleba i Jozuego, którzy Mi uwierzyli. Mógłbym doprowadzić lud do Ziemi Obiecanej w ciągu roku. Ale skoro brak im wiary, za karę pomrą na pustyni. Dopiero ich dzieci założą rodziny w tej wspaniałej i dostatniej krainie.

Kiedy ludzie to usłyszeli, podnieśli głośny płacz. Ale było już za późno, gdyż Bóg podjął nieodwołalną decyzję. Mimo Bożego wyroku, część ludzi zdecydowała, że skoro Ziemia Obiecana jest tak blisko, to sami spróbują walczyć z zamieszkującymi ją narodami. Zapomnieli jednak o tym, co powiedział Bóg — że nie oni, lecz dopiero ich dzieci zdobędą tę ziemię.

Poszli do walki, ale ją przegrali. Wielu zginęło w bitwie, w której nie mieli Bożej pomocy.

Przez następne czterdzieści lat lud Izraela wędrował z miejsca na miejsce. Pan nie przestał ich prowadzić, ale nie wiódł ich już ku Ziemi Obiecanej. Kara była dotkliwa. Resztę życia spędzili, błąkając się po pustyni. Byli blisko ziemi Kanaan, ale do niej nie weszli.

87

Życie czy śmierć?

(Pwt 29,1-28; 30; 31,2)

Mojżesz miał już ponad sto lat. Wiedział, że wkrótce umrze. Po raz ostatni zwołał cały lud i zawołał donośnym głosem: — Macie do wyboru: kto chce żyć, niech podniesie rękę!

W tłumie rozległo się szemranie: — O co znowu mu chodzi? Oczywiście, że chcemy żyć! Tak, tak! — zawołali. Wszyscy podnieśli ręce.

— A teraz niech podniosą ręce ci, którzy chcą umrzeć — zawołał Mojżesz.

Ludzie szybko opuścili ręce. Zapadła cisza. Wszyscy czekali. Gdzieś w tłumie zapłakało dziecko.

— Dzisiaj — powiedział Mojżesz — wybraliście życie, a nie śmierć! Bóg chce dać wam Swą obietnicę!

Otrzymacie wodę i żywność, żyzną ziemię i liczne potomstwo. Będziecie żyli w pokoju. Bóg da wam to wszystko, jeżeli będziecie posłuszni Jego prawom.

Jeśli jednak będziecie czynić po swojemu, jeśli wpadniecie w pychę, jeśli zapomnicie, że Bóg wyprowadził was z Egiptu i uczynił dla was wiele cudów — zginiecie! Wierzycie mi? — Mojżesz przerwał na chwilę.

— Tak, Mojżeszu, będziemy posłuszni! — odpowiedział tłum. Mojżesz skłonił głowę i modlił się, żeby tak się stało. Miłował tych ludzi bardzo, nawet pomimo tego, że sprawiali mu tyle kłopotów.

Ostatnie chwile Mojżesza

(Pwt 31,1-34,7)

Mojżesz wiedział, że nadchodzi czas śmierci. Miał odejść do swego najlepszego Przyjaciela — Boga. Zanim zmarł, ułożył dla swego ludu bardzo piękną pieśń.

Opowiada ona o miłości do Boga, o tym, że Pan jest wierny Swemu ludowi przez wszystkie lata, a także o Jego sile i potędze.

Kiedy Mojżesz skończył swą pieśń, poczuł się zmęczony. Bardzo pragnął zobaczyć Ziemię Obiecaną. Spytał Boga, czy jego czas już nadszedł.

— Tak — odpowiedział Pan — możesz teraz zobaczyć tę ziemię, ale nie wejdziesz do niej. Z góry Nebo ujrzysz ziemię Kanaan.

Kiedy Mojżesz wszedł na szczyt, spojrzał poza rzekę Jordan. Leżała za nią Ziemia Obiecana.

Stał na górze przez wiele godzin. Stał i patrzył. Jego oczy cieszył widok upragnionej ziemi. Zobaczył jak jest piękna.

— Dziękuję, Panie, że mogłem ujrzeć tę ziemię — rzekł Mojżesz.

Po tych słowach Mojżesz umarł. Przed odejściem do Pana widział kraj, który wkrótce miał należeć do jego ludu. Umarł jako człowiek silny, zdolny jasno patrzeć i myśleć. Bóg pochował Swego przyjaciela w dolinie obok góry.

Wywiadowcy w Jerycho

(Joz 2,1-3)

Po śmierci Mojżesza przywódcą ludu Bożego został jego najbliższy współpracownik — Jozue. Kiedy Izraelici rozbili obóz nad brzegami rzeki Jordan, Jozue wezwał na sekretne spotkanie dwóch najlepszych ludzi. Byli to dzielni i mądrzy żołnierze.

— Mam dla was do spełnienia tajną misję — powiedział.

Obaj wybrańcy lubili takie zadania.

— Chcę, żebyście zbadali kraj za rzeką. Przedostańcie się do miasta Jerycho i zobaczcie, jak mocne są jego mury. Sprawdźcie, czy jego mieszkańcy są gotowi do walki, ilu mają żołnierzy i jaką mają broń. Czy jest zrobiona z brązu, czy z żelaza? Potem wróćcie do mnie i opowiedzcie o wszystkim. Wtedy przekroczymy rzekę Jordan i zaatakujemy Jerycho.

Mężczyźni skinęli głowami. Tego samego popołudnia przedostali się do miasta. Było otoczone wysokimi i grubymi murami. W nocy zamykano bramy, a na murach czuwały straże.

Wywiadowcy zbliżyli się do grupy żołnierzy. Jeden z nich odwrócił się i zawołał: — Kim są ci dwaj obcy?! Wyglądają na Izraelitów!

— Stać! To szpiedzy! Ci dwaj to szpiedzy, zatrzymać ich!

Wywiadowcy z przerażeniem rzucili się do ucieczki. Prześlizgiwali się wąskimi uliczkami, starając się gdzieś ukryć.

— Tutaj! — usłyszeli nagle czyjś szept. Zatrzymali się i rozejrzeli. Zobaczyli kobietę, wychylającą się z okna ponad nimi.

— Tutaj! — wskazała drzwi. Wywiadowcy Jozuego otworzyli je i wbiegli do środka.

Umowa z Rachab

(Joz 2,3-14)

Izraelscy wywiadowcy rozejrzeli się. Ujrzeli kobietę stojącą po drugiej stronie pokoju. — Ukryję was — powiedziała. — Idźcie za mną.

Kobieta poprowadziła ich na dach domu. Pokazała im, gdzie mają się schować. Czekali tam w ukryciu aż do zmroku.

Kiedy władca Jerycha dowiedział się o szpiegach, rozkazał swym żołnierzom, by przeszukali całe miasto. Szybko dotarli do domu, w którym ukrywali się Izraelici. Gdy zaczęli wypytywać właścicielkę, ta skłamała: — Tak, byli tu, ale już uciekli. Jeżeli się pospieszycie, schwytacie ich.

Żołnierze szybko wybiegli.

— Już poszli! — zawołała do Izraelitów kobieta. — Szybko, macie teraz możliwość ucieczki. Spieszcie się, dopóki nie ma tu straży!

Wywiadowcy wyszli z kryjówki.

— Słyszałam o ludzie Izraela — powiedziała kobieta. — Bóg jest z wami i błogosławi wam we wszystkim. Mieszkańcy Jerycha boją się was. Pomogę wam stąd uciec, jeżeli zapamiętacie mnie i nie skrzywdzicie wtedy, gdy wasz lud zdobędzie Jerycho.

— Nasze życie za twoje — odparli mężczyźni. — Oczywiście, ocalimy cię, jeśli pomożesz nam się stąd wydostać.

Kobieta zgodziła się i zaprowadziła ich do tajemnych schodów.

Purpurowy sznur

(Joz 2,15-22)

Wspinali się po stromych schodach aż dotarli do małej komnaty. — Tu się ukryjecie — oświadczyła kobieta. Wskazała maleńkie okno. Po tej stronie domu znajdował się mur otaczający miasto. — Za pomocą sznura możecie się opuścić w dół i znajdziecie się poza miastem. Idźcie w góry i skryjcie się tam.

Mężczyźni wzieli od niej sznur. — Jak ci na imię? — spytali.

— Jestem Rachab.

— Posłuchaj więc, Rachab. Kiedy Izraelici zaatakują, zawiąż ten purpurowy sznur u swego okna. Zadbamy o to, by nikomu z mieszkańców tego domu nie stała się krzywda. Jeśli zaś zdradzisz nas i zostaniemy pojmani, nie zaznasz od naszych wojsk litości! — powiedział jeden z wywiadowców.

Skinęła głową. Mężczyźni otworzyli okno i spuścili sznur. Powoli zsunęli się w dół, odbijając się nogami od muru. Nikt nie zauważył ich ucieczki. Wkrótce zniknęli w ciemnościach.

Rachab wciągnęła sznur z powrotem. Wiedziała, że jest jej znakiem ocalenia. Jeśli Bóg zechce, żeby Izraelici zdobyli Jerycho, to na pewno to nastąpi.

Zapowiedź wejścia

(Joz 2,23-3,13)

Izraelscy wywiadowcy ukrywali się w górach przez trzy dni. Kiedy upewnili się, że są bezpieczni, wrócili do obozu i złożyli raport Jozuemu.

— To zbyt piękne, by nie mogło być prawdziwe — mówili. — Kobieta, która nam pomogła, powiedziała, że wszyscy w Jerychu się nas boją. To miasto jest już nasze!

Wszyscy trzej pochylili głowy i dziękowali Bogu za pomoc. Gdy Jozue skończył się modlić, spojrzał na swych ludzi.

— Uderzymy na Jerycho za kilka dni — powiedział — ale już dziś nadszedł dzień, na który tak długo czekaliśmy.

W pierwszej chwili żołnierze nie zrozumieli, o co mu chodzi. Przez brodatą twarz Jozuego przemknął uśmiech. — Nastał dzień, w którym Pan wprowadzi nas do Ziemi Obiecanej!

Mężczyźni zerwali się i pobiegli opowiedzieć wszystkim w obozie, jakie przynoszą wieści. Wkrótce wszyscy powtarzali: — Oto ten dzień!

Ludzie byli bardzo ożywieni. Liczyli dni. Czerdziestoletnia tułaczka wreszcie dobiegła końca!

Przejście przez Jordan

(Joz 3,14-4,24)

Jeszcze na pustyni Bóg kazał Swojemu ludowi zbudować przenośną arkę. Umieszczono w niej kamienne tablice z przykazaniami, naczynie z manną oraz laskę Mojżesza. Nazwano ją Arką Przymierza.

Jozue rozkazał kapłanom, by przenieśli Arkę przez rzekę Jordan. Gdy ich stopy dotknęły wody, fale cofnęły się i przed kapłanami otworzyła się sucha ścieżka.

Kapłani ostrożnie dotarli do środka koryta rzeki. Nie spadła na nich ani jedna kropla wody, przechodzili rzekę suchą nogą. Jozue wezwał cały lud, by szedł za nimi. Tego dnia wszyscy ludzie i zwierzęta przekroczyli Jordan.

Przeprawa przez rzekę zajęła ludowi Izraela cały dzień. Po drugiej stronie była już ziemia Kanaan. Kiedy wszyscy się na niej znaleźli, Bóg sprawił, że rzeka znowu popłynęła jak przedtem. Jozue stanął wówczas na wzgórzu, skąd mógł wszystko dobrze widzieć. Przypomniał ludowi o obietnicy, jaką Bóg dał ich przodkowi, Abrahamowi.

— Uczynię z ciebie wielki naród — powiedział wtedy Bóg. — Będzie liczniejszy niż gwiazdy na niebie. Ziemia Kanaan będzie należała do ciebie.

Po blisko pięciuset latach potomkowie Abrahama przybyli do ziemi obiecanej im przez Boga.

Zdobycie Jerycha

(Joz 5,13-6,27)

Jozue pragnął zdobyć Jerycho jak najszybciej. Modlił się, prosząc Boga o pomoc. W odpowiedzi Bóg przedstawił mu bardzo osobliwy plan. Zamiast walczyć, mieli z wiarą głosić chwałę Bożą.

— Będziemy obchodzić miasto dookoła — powiedział Jozue dowódcom swych wojsk. — To da lepszy skutek aniżeli szturm.

Żaden z żołnierzy Jozuego do tej pory nie walczył w ten sposób. Nie tak wygląda normalna bitwa! Przyjęli jednak plan, który Bóg przedstawił ich przywódcy.

Następnego dnia cała armia ustawiła się w szyku. Wyglądała bardzo groźnie. Na początku szli kapłani, niosąc Arkę. Za nimi Jozue, prowadząc swoich żołnierzy.

Gdy mieszkańcy Jerycha ujrzeli nadchodzące wojsko Izraelitów, zatrzęśli się ze strachu. — To będzie straszna bitwa — wołali. — Wszyscy zginiemy, bo Bóg jest po ich stronie!

Izraelici jednak wprawili ich w zdumienie. Nie zaatakowali miasta, lecz spokojnie obchodzili mury dookoła. Maszerowali w milczeniu. Nie było słychać okrzyków wojennych ani bitewnego zgiełku. Widać było tylko setki i tysiące milczących żołnierzy. Jedynym dźwiękiem był chrzęst oręża i głos trąb, na których grało siedmiu kapłanów.

Po obejściu miasta dookoła, wojsko izraelskie wróciło na noc do obozu. Następnego dnia uczynili tak samo. Powtarzało się to przez sześć dni.

Siódmego dnia Jozue rozkazał swym wojskom, by tym razem okrążyły Jerycho siedem razy. Za siódmym razem, gdy kapłani zadęli w trąby, żołnierze na rozkaz Jozuego wydali z siebie potężny okrzyk. Krzyczeli tak głośno, jak potrafili.

Nagle, zanim jeszcze przebrzmiały ich głosy, mury Jerycha legły w gruzach. Bóg sprawił Swój kolejny cud. Lud Izraela łatwo wdarł się do miasta. Tego dnia w Jerychu przeżyła tylko jedna rodzina. Była to rodzina kobiety imieniem Rachab.

Prorokini Debora

(Sdz 4,1-16)

Minęło wiele, wiele lat. I znów lud Izraela zapomniał o obietnicach danych Mojżeszowi i Bogu. Ludzie oddawali cześć bożkom. Bóg za karę sprawił, że ich wrogowie, król Jabin wraz ze swym wodzem, Siserą, pokonali Izraelitów.

W tym czasie sądy nad ludem Izraela sprawowała kobieta imieniem Debora. Pan pobłogosławił ją mądrością. Debora bardzo kochała Boga. Często mówiła ludziom, by Go słuchali i byli Mu posłuszni. Oni jednak najczęściej wyśmiewali ją.

Debora, sprawując urząd sędziego, wysłuchiwała, jakie problemy mają ludzie. Siadała wtedy pod palmą, a inni stawali rzędem, czekając na rozmowę z nią.

Pewnego dnia Debora posłała po żołnierza imieniem Barak:

— Weź dziesięć tysięcy ludzi i poprowadź ich pod górę Tabor. Kiedy wódz Sisera dowie się, że tam jesteście, wyśle za wami swe rydwany i żołnierzy. Stoczycie wielką bitwę i pokonacie go.

— Zrobię to, skoro tak nakazujesz, Deboro. Ale nie chcę walczyć, jeśli i ciebie tam nie będzie.

Debora uśmiechnęła się. — Czy twoja wiara we mnie jest większa niż wiara w Boga? Dobrze! Skoro nie zaufałeś Jemu, Bóg sprawi zwycięstwo nie przez ciebie, lecz przez kobietę.

Gdy nadszedł dzień bitwy, Barak poprowadził swoje wojska. Debora weszła na szczyt góry, uniosła ręce i modliła się. Bóg sprawił, że armia Sisery poniosła klęskę. Wojska Baraka ścigały żołnierzy nieprzyjaciela, którzy rozproszyli się wśród wzgórz. Izraelici zwyciężyli!

Śmierć Sisery

(Sdz 4,17-22; 5,1-31)

Gdy Sisera zobaczył, że przegrał bitwę, uciekł, szukając miejsca, gdzie mógłby się ukryć. Kiedy ujrzał namiot jednego z przyjaciół króla Jabina pomyślał, że tu znajdzie schronienie.

Na spotkanie wyszła mu kobieta imieniem Jael. — Wejdź — zaprosiła. Dała mu mleka, a potem przygotowała posłanie. Sisera nie wiedział, że Jael potajemnie nienawidzi jego i jego armii.

Gdy Sisera zasnął mocno, Jael podkradła się do niego na palcach i zabiła go.

Tymczasem Barak szukał Sisery. Kiedy przyszedł do namiotu Jael, powiedziała mu o śmierci wrogiego wodza.

Barak przyprowadził Jael do Debory, w miejsce, gdzie obozowała armia izraelska. Wszyscy bardzo się radowali. — Kto zabił Siserę? — pytali jeden drugiego.

Barak popatrzył na Deborę. Ostateczne zwycięstwo miało być zasługą kobiety. Uniósł rękę Jael tak, żeby ją wszyscy widzieli. — To ta kobieta! To Jael zabiła Siserę!

Cały lud Izraela wiwatował na cześć Jael. Debora i Barak wyjaśnili jednak, że w rzeczywistości zwycięstwo dał im Pan Bóg. Jemu więc powinni dziękować. Uniesieni radością, oboje zaśpiewali pieśń o triumfie Boga.

Gedeon

(Sdz 6,1-40)

Nie minęło wiele czasu, a ludzie znów zapomnieli o wierności Bogu. Ponieważ oddawali cześć bożkom, utracili Bożą opiekę. Wkrótce zostali pokonani przez groźne plemię Madianitów.

Tym razem Bóg wybrał człowieka imieniem Gedeon, by wybawił swój lud. Wysłał do niego Anioła, który nakazał mu zniszczyć ołtarze i posągi bożków.

Gedeon bał się, że inni mieszkańcy miasta mogą go zabić, ale wykonał to, ponieważ tak mu nakazał Bóg.

W nocy, razem z dziesięcioma sługami, wszedł Gedeon na wzgórze, na którym ludzie oddawali cześć bożkom. Zburzyli tam wszystkie ołtarze i posągi.

Potem po cichu zbudowali ołtarz dla Boga. Zabili byka, którego ze sobą przyprowadzili, i złożyli w ofierze. Modlili się do Boga: — Prosimy Cię, Boże, weź nas pod Swą opiekę.

Następnego ranka, gdy mieszkańcy miasta zobaczyli zburzone ołtarze, krzyknęli: — Kto ośmielił się to zrobić? Zabijemy go!

Wtedy Joasz, ojciec Gedeona, zawołał: — Jeżeli wasz bóg rzeczywiście jest bogiem, sam ukarze winowajcę. Nie mieszajcie się do tego.

Wszyscy się z nim zgodzili. Tak więc Gedeon był bezpieczny, a ołtarz, który zbudował dla Pana, pozostał nienaruszony.

Wkrótce Madianici znów zaczęli planować atak na Izraelitów. Gedeon prosił Boga: — Panie, jeśli naprawdę chcesz pomóc Izraelitom, by zwyciężyli, daj mi znak. Zostawię na noc na ziemi owczą skórę. Jeżeli rano osiądzie na niej rosa, a ziemia dokoła będzie sucha, będę wiedział, że powinniśmy podjąć walkę.

Tak też się stało. Rankiem skóra była wilgotna, a ziemia wokół niej sucha. Gedeon upewnił się, że postępuje zgodnie z wolą Boga.

Wybór wojowników

(Sdz 7,1-8)

Wielu ludzi poszło za Gedeonem. Wszyscy chcieli walczyć z Madianitami. Gedeon poprowadził ich nad rzekę, za którą znajdowała się nieprzyjacielska armia.

Bóg jednak ostrzegł: — Gedeonie, masz ze sobą zbyt wielu żołnierzy. Jeśli wygrasz bitwę, ludzie popadną w pychę. Pomyślą, że stało się to dzięki nim. Chcę ich nauczyć zaufania do Mnie. Chcę, żeby zaczęli na Mnie polegać. Powiedz tym, którzy choć trochę się boją, żeby wracali do domu.

Gedeon uczynił tak i ponad połowa jego wojska wróciła do domu.

— Wciąż jest ich zbyt wielu — powiedział Bóg. — Zaprowadź ich nad rzekę. Niech ci, którzy przyklękną, by napić się wody, wracają. Je-dynie ci, którzy nabiorą wody w dłonie, zostaną z tobą.

Gedeon zrobił tak, jak mu Bóg polecił. Większość ludzi uklęknęło, by się napić. — Wy — powiedział do nich Gedeon — wracajcie do domu!

Kiedy odeszli, Gedeon policzył tych, którzy zostali. Było ich zaledwie trzystu.

— Teraz już nie ma wątpliwości — powiedział Gedeon. — To Bóg będzie za nas walczył. Chwała należeć będzie tylko do Niego.

W obozie nieprzyjaciela

(Sdz 7,9-15)

Tej samej nocy Bóg polecił Gedeonowi, by przeprawił się przez rzekę i podszedł Madianitów. — Kiedy się podkradniesz, usłyszysz coś, co pomoże ci wygrać bitwę.

Wśród panujących ciemności Gedeon w towarzystwie służącego podkradł się do obozu nieprzyjaciela. Było w nim wiele tysięcy madianickich żołnierzy. Pastwiska roiły się wprost od wielbłądzich garbów.

Gedeon ukrył się za namiotem, z którego dobiegały czyjeś głosy.

— Miałem bardzo dziwny sen — mówił jeden Madianita do drugiego. — Śniło mi się, że do naszego obozu wpadł bochen chleba i upadł spodem do góry.

— Wiem, co to oznacza — odparł na to drugi — to Gedeon i wojsko Izraelitów. Jutro pokonają naszą armię, bo prowadzi ich jedyny, prawdziwy Bóg.

Gedeon pomyślał: „Nawet Madianici się boją. Wiedzą, że Bóg jest po naszej stronie."

Zwycięstwo Gedeona

(Sdz 7,15-8,21)

„Jeżeli nieprzyjacielscy żołnierze aż tak się nas boją, znaczy to, że właściwie wygraliśmy już bitwę", rozmyślał Gedeon. Po czym skłonił głowę i dziękował Bogu.

Gedeon pospieszył z powrotem do swojego obozu. Obudził wojowników i opowiedział im, co usłyszał:

— Właściwie już wygraliśmy. Trzeba tylko niezwłocznie zaatakować, żeby ich zaskoczyć. Jeżeli potrafimy zrobić dość hałasu, pomyślą, że jest nas o wiele więcej niż trzystu. Bracia, dzisiejszej nocy zobaczycie sami, jak wielki jest Bóg! — Żołnierze potrząsali włóczniami i radowali się.

— Posłuchajcie — mówił dalej Gedeon — zrobimy tak: Kiedy już znajdziemy się blisko Madianitów, dam wam znak, a wtedy krzyczcie najgłośniej, jak potraficie. Wołajcie: „Za Boga i Gedeona!" To ich przerazi.

Gedeon rozdzielił swych ludzi na trzy grupy, które otoczyły nieprzyjacielski obóz. Wszystko odbyło się bardzo cicho. Nawet wielbłądy nie wyczuły, że oddziały Gedeona są w pobliżu.

Na sygnał Gedeona jego ludzie zadęli w trąby. Krzyczeli i rozbijali dzbany osłaniające pochodnie. Robili straszny hałas. Madianici obudzili się natychmiast, sądząc, że atakuje ich potężna armia. Ponieważ hałas dobiegał ze wszystkich stron, nie wiedzieli, dokąd uciekać. W panice zaczęli nawet zabijać siebie nawzajem.

Żołnierze Gedeona zapalili pochodnie. Schwytali prawie wszystkich Madianitów, a tych, którzy zdołali umknąć z obozu, ścigali i również pojmali.

— Pan nam dziś pomógł! — obwieścił Gedeon ludowi Izraela. Wszyscy pochylili głowy, by podziękować Bogu za zwycięstwo.

Samson i lew

(Sdz 13,1-14,7)

Wiele lat później lud Boży znowu zaczął oddawać cześć bożkom pogańskim. Wrogiem Izraelitów było teraz plemię Filistynów. W owym czasie żyło małżeństwo, któremu urodził się niezwykły syn. Miał na imię Samson.

Bóg objawił rodzicom Samsona, że ma wobec niego szczególne zamiary. Na znak, że chłopiec należy do Boga, rodzice mieli nigdy nie obcinać mu włosów.

Gdy chłopiec dorósł, Pan zsyłał Swojego Ducha, by dać mu nadludzką siłę. Czynił to, ilekroć chciał użyć Samsona do ważnego zadania.

Samson miał narzeczoną, która była Filistynką. Poszedł z rodzicami do wsi, w której mieszkała, by omówić warunki małżeństwa.

Samson szedł za rodzicami wyprzedzającymi go o kilka godzin drogi. W pewnej chwili usłyszał dziwny odgłos.

„Co to takiego?", zastanawiał się. Wtem, nie wiadomo skąd, pojawił się biegnący w jego stronę lew. Kiedy otworzył paszczę i ryknął, zalśniły jego długie kły.

Samson nie miał przy sobie żadnej broni. Ale zstąpił na niego Duch Boży i stał się tak silny, jak nikt z ludzi. Kiedy lew zaatakował, Samson powalił go na ziemię i zabił go.

Zagadka Samsona

(Sdz 14,8-15,20)

Na kilka dni przed swym weselem Samson przechodził obok miejsca, gdzie zabił lwa. W ciele zwierzęcia znajdowało się gniazdo dzikich pszczół. Samson posmakował ich miodu. Był bardzo słodki.

Tej nocy Samson rozmawiał w wiosce swej narzeczonej z Filistynami. — Mam dla was ciekawą zagadkę — powiedział. — Chcecie się ze mną założyć? — Tak, chętnie — zgodzili się obecni. Samson za odgadnięcie zagadki ofiarował trzydzieści lnianych tunik i trzydzieści ozdobnych szat. Odpowiedzi należało udzielić przed upływem siódmego dnia od dnia ślubu. Wszyscy się zgodzili.

— A oto zagadka — rzekł Samson. — Z tego, który pożera, wyszło to, co się spożywa, a z mocnego wyszła słodycz.

Nikt nie potrafił udzielić odpowiedzi. Minęły cztery dni od ślubu, a trzydziestu Filistynów wciąż zastanawiało się nad zagadką Samsona. Powiedzieli więc jego żonie: — Nakłoń Samsona, żeby ci zdradził odpowiedź. Jeżeli tego nie zrobisz, spalimy dom twojego ojca, a potem zabijemy jego i ciebie.

Dziewczyna bardzo się wystraszyła. Błagała Samsona, żeby wyja-

Samson i Dalila

(Sdz 16,1-20)

Wrogowie Samsona pozostawili go w spokoju przez dwadzieścia lat. W tym czasie pełnił funkcję sędziego ludu Izraela. Nauczał też ludzi, jak przestrzegać praw Bożych. Z powodu swej olbrzymiej siły stał się sławny i z Bożą pomocą był w stanie dokonać niemal wszystkiego.

Filistyni wciąż go nienawidzili i pragnęli pojmać. Pewnego razu, po wielu latach, Samson znów się zakochał w Filistynce imieniem Dalila. Była to zła i przewrotna kobieta. Umówiła się ze swymi rodakami, że wyda im Samsona w zamian za dużą ilość srebra.

Dalila ciągle wypytywała Samsona: — Dlaczego jesteś taki silny? W czym tkwi twój sekret?

Samson nie znosił nagabywania. Przypominało mu bowiem wydarzenia związane z utratą pierwszej żony.

— Proszę, Samsonie, bardzo proszę, wyjaw mi swą tajemnicę! — naprzykrzała się Dalila od rana do wieczora. Bardzo chciała dostać obiecane srebro.

W końcu Samson nie mógł już tego znieść. — Dobrze, kobieto! — krzyknął. — Mam tego dość! Tajemnicą mojej siły jest Pan. Daje mi siłę, dopóki mam nie obcięte włosy. Już kiedy byłem dzieckiem, moi rodzice wiedzieli, że nie powinni mnie strzyc. Jest to bowiem znak mojej przynależności do Pana.

Jeszcze tej nocy Dalila sprowadziła Filistynów. Samson zasnął z głową na jej kolanach. Gdy Filistyni weszli do sypialni, nie obudził się. Jeden z nich obciął mu włosy. Kiedy Samson się obudził, było już za późno. Był zbyt słaby. Nie mógł walczyć. Wrogowie uwięzili go, a Dalila otrzymała srebro.

Zemsta i śmierć Samsona

(Sdz 16,21-31)

Filistyni triumfowali. Oto po dwudziestu latach udało im się pojmać Samsona. — Wystarczyło mu tylko obciąć włosy! Teraz jest słaby jak dziecko! — cieszyli się.

Wrogowie postąpili z Samsonem okrutnie. Wyłupili mu oczy, tak że stał się ślepcem, po czym wtrącili go do więzienia.

Biedny Samson! Nie miał żadnej nadziei na ucieczkę. Po jakimś czasie włosy zaczęły mu powoli odrastać. Czuł, że Pan stopniowo przywraca mu siłę. Niestety, nie mógł widzieć. Modlił się, by pewnego dnia odpłacić Filistynom za wszystko, co mu uczynili.

— Panie — wołał — wróć mi moją siłę!

W miarę, jak upływały miesiące, Samson stawał się coraz silniejszy. Pewnego dnia Filistyni wyprawili ucztę w wielkiej sali. Zmieściło się w niej ponad trzy tysiące ludzi.

— Niech Samson też przyjdzie na ucztę — postanowili — pośmiejemy się z niego.

Strażnicy więzienni przyprowadzili Samsona. Kiedy wszedł do sali, usłyszał, jak wszyscy z niego kpią. Poprosił prowadzącego go chłopca, by zaprowadził go do kolumn stojących pośrodku sali, podtrzymujących całą tę wielką budowlę.

Gdy Samson poczuł pod palcami chłód kamienia, zawołał: — Panie, Boże Wszechmogący, proszę Cię, wróć mi siłę! Tylko na ten jeden raz, żebym mógł zemścić się na Filistynach! Proszę Cię, Panie!

Pan go wysłuchał i tchnął w niego siłę. Samson z całej mocy pchnął kolumny. Nagle, z potężnym hukiem zaczął pękać strop.

— Niech zginę razem z Filistynami! — krzyknął Samson. Po chwili cała budowla legła w gruzach, grzebiąc pod ogromnymi głazami wszystkich zebranych.

Noemi i jej synowe

(Rt 1,1-13)

Noemi należała do nielicznych Izraelitów, którzy pozostawali wierni Bogu. Po wyjściu za mąż urodziła dwóch synów. Tam, gdzie mieszkali, zapanował wielki głód, przenieśli się więc do sąsiedniego kraju — Moabu. Wkrótce umarł jej mąż.

Wychowując synów, uczyła ich miłości do Pana. Kiedy dorośli, obaj ożenili się z dziewczętami z plemienia Moabitów. Moabici w przeszłości należeli do nieprzyjaciół Izraela. Nie miało to jednak dla Noemi żadnego znaczenia. Kochała synowe tak, jakby były jej własnymi córkami.

Niestety, po jakimś czasie zmarli też synowie Noemi, pozostawiając zrozpaczoną matkę i młode wdowy. Dla trzech kobiet nastały ciężkie czasy. Jedna z owdowiałych synowych miała na imię Orpa, druga — Rut. Nadal mieszkały z Noemi i pomagały jej, jak potrafiły. Wkrótce w kraju Moabitów zaczęło brakować żywności.

— Córki moje — powiedziała pewnego dnia Noemi. — Słyszałam, że w kraju, gdzie się urodziłam, jest dość jedzenia, ale to daleko stąd. Pochodzę z jednego z pokoleń ludu Izraela. Pójdę tam, a wy wracajcie do swych rodziców. Oni się o was zatroszczą, może nawet znów znajdziecie sobie mężów.

— Nie, zostaniemy z tobą — zdecydowały młode kobiety. Noemi jednak nalegała: — Co wtedy zrobicie? Nie bądźcie niemądre, wracajcie do swoich.

Noemi bardzo kochała swe synowe i najchętniej zatrzymałaby je przy sobie. Wydawało jej się jednak, że rozstanie będzie dla nich bardziej korzystne.

Wierna Rut

(Rt 1,14-22)

Orpa podeszła do Noemi. — Zrobię, jak sobie życzysz, wrócę do rodziców. — Stara kobieta uściskała ją.

Obie wiedziały, że już nigdy się nie zobaczą. Orpa otarła łzy i odeszła.

Jednak Rut nie chciała opuścić Noemi. Położyła dłoń na jej ramieniu i oświadczyła, że zostanie, bez względu na to, co będzie. Noemi była wzruszona do głębi serca. Obawiała się, że jeżeli nikt im nie przyjdzie z pomocą, obie będą musiały żebrać.

— Ty też musisz odejść, Rut — nalegała.

— Nie, teraz ty jesteś moją matką. Proszę cię, Noemi, pozwól mi iść ze sobą. Pójdę tam, gdzie ty. Twój lud

Starzy przyjaciele uściskali ją. Wkrótce rozeszła się wieść: „Noemi wróciła do domu! Przyprowadziła też swoją synową!"

Na polu Booza

(Rt 2,1-22)

Noemi była szczęśliwa, że wróciła w rodzinne strony. Wiedziała jednak, że obie z synową muszą znaleźć jakiś sposób, by się wyżywić. Następnego ranka Rut oświadczyła: — Zabrakło jedzenia. Czas, bym znalazła jakąś pracę. Właśnie rozpoczęły się żniwa jęczmienia, pójdę na pola, zobaczę, czy coś zostało po żniwiarzach.

Noemi zgodziła się. — Idź, córko. Niech Bóg ci pobłogosławi.

Dla Rut praca w obcym kraju była bardzo trudna, jednak ufała, że Bóg jej pomoże.

Poszła na pole należące do bogatego człowieka imieniem Booz. Pochodził z tej samej, co Noemi rodziny.

— Panie — poprosiła Rut — pozwól mi zebrać trochę kłosów, które zostały po żniwach.

— Oczywiście — zgodził się Booz. — Słyszałem, jaka jesteś dobra dla swej teściowej. Pomogę ci, jak tylko będę mógł. — Rozkazał też służbie, żeby dano jej posiłek.

Tego dnia Rut pracowała bardzo ciężko i zebrała pełen kosz jęczmienia. Było go aż nadto dla niej i dla

będzie moim ludem, a twój Bóg moim Bogiem — błagała Rut. — Nie chcę się z tobą rozstawać. Bóg weźmie nas w Swą opiekę. Wierzę w to.

W końcu Noemi zgodziła się. Obie wyruszyły do Betlejem, skąd pochodziła Noemi. Kiedy dotarły na miejsce, starzy ludzie przypomnieli ją sobie. — Czy to naprawdę ty? — pytali. Noemi, wróciłaś do nas! Jak dobrze znów cię widzieć!

Noemi. Wieczorem zaniosła kosz do domu, a także to, co zostało jej z posiłku od Booza.

— Rut! — Noemi szeroko otworzyła oczy — skąd wzięłaś tyle jedzenia?

— Spotkałam człowieka, który był dla mnie dobry. Powiedział, że mogę zbierać z jego pola to, co zostało po żniwach, kiedykolwiek zechcę.

W tej chwili, pierwszy raz od wielu, wielu miesięcy, Noemi uśmiechnęła się. — Booz jest członkiem mojej rodziny. Jeżeli on się o nas troszczy, znaczy to, że Pan znów nam pobłogosławił.

Kobiety usiadły do posiłku. Podziękowały Bogu za opiekę. Modliły się też, aby był łaskawy dla Booza, który jest dla nich tak dobry.

Rut zostaje żoną Booza

(Rt 2,23-4,22)

Przez całe żniwa Rut ciężko pracowała na polach Booza. Zawsze przynosiła do domu więcej jedzenia, niż potrzebowały.

Pod koniec żniw Noemi zaproponowała jej: — Jesteś taka młoda i ładna. Dlaczego nie miałabyś poślubić Booza? — Następnie wyjawiła jej swój plan.

Tej nocy Rut podkradła się do Booza śpiącego pod gołym niebem

i ułożyła się u jego stóp. Nagle, w środku nocy, Booz obudził się.

— Kto śpi w moich nogach? — szepnął w ciemnościach.

— To ja, Rut. Przyszłam zapytać, czy nie zechciałbyś wziąć mnie pod opiekę. Należysz przecież do rodziny Noemi. Mnie potrzebny jest mąż, a ty zawsze byłeś dla mnie dobry.

Booz usiadł i ucałował ją. Uśmiechnęli się do siebie. — Porozmawiam z krewnymi — powiedział. Weźmiemy ślub tak szybko, jak to możliwe — jeszcze raz uścisnął dłoń Rut i odesłał ją do domu.

Rut natychmiast podzieliła się z Noemi radosną nowiną, a następnego dnia opowiedziały ją wszystkim przyjaciołom. Kiedy nadszedł dzień ślubu, obecne było całe Betlejem.

W miarę upływu lat, Rut i Booz kochali się coraz bardziej. Bóg pobłogosławił ich synem. Noemi zamieszkała razem z nimi. Mogła więc opiekować się swym małym wnuczkiem, który otrzymał imię Obed.

Obed wyrósł na dobrego człowieka. Kochał Boga i przestrzegał Jego praw. Po upływie wielu lat synowi Obeda miał narodzić się Dawid, wielki król Izraela. Tak więc Rut i Booz, dzięki swej wierności i dobroci, zostali pobłogosławieni przez Boga. Zostali pradziadkami potężnego króla!

Nieszczęście Anny

(1 Sm 1,1-5)

Po śmierci Obeda, lud Izraela znowu zapominał o swym Bogu i Jego przykazaniach. Większość ludzi nie zadawała sobie nawet trudu, by się modlić.

Żył w tym czasie człowiek imieniem Elkana. Miał dwie żony. Jedna urodziła mu dzieci, druga zaś — nie. Żona, z którą Elkana nie miał dzieci, nosiła imię Anna. Miała długie, czarne włosy i ciemne, lśniące oczy. Elkana bardzo kochał Annę, nawet bardziej niż drugą żonę, Peninnę, która dała mu wiele córek i synów. Ale nie była ona tak dobra, jak Anna.

Peninna wiedziała, że Elkana bardziej kocha Annę, co wzbudzało jej zazdrość. Przy każdej okazji dokuczała Annie i szydziła z niej. Mówiła jej, że jest bezużyteczna, skoro nie może Elkanie urodzić choćby jednego dziecka. Anna bardzo cierpiała z tego powodu.

Elkana był wówczas jednym z niewielu ludzi w Izraelu, którzy starali się podążać za Panem. Raz do roku zabierał całą rodzinę do Szilo, gdzie w namiocie-świątyni, pod opieką kapłana, przechowywano Arkę Przymierza.

Każdego roku po tym, jak Elkana oddawał w Szilo pokłon Bogu, wydawał dla całej rodziny ucztę. Uczestniczyli w niej Anna, Peninna oraz jej dzieci. Podczas uczty Elkana dawał Annie dwukrotnie więcej mięsa niż Peninnie. Bolało go, że Anna nie ma dzieci. Chciał jej więc wynagrodzić to tak, jak umiał. Myślał, że okazywane względy przywołają na jej twarz uśmiech, którego nie widział od wielu lat.

Anna i Peninna

(1 Sm 1,6-8)

Każdego roku podczas uczty w Szilo Peninna widziała, jak Elkana daje Annie więcej mięsa niż komukolwiek innemu. Każdego też roku starała się jak najbardziej Annie dokuczyć. Przechylała się nad stołem i szeptała do niej: — Mięso jest zawsze lepsze niż nic. Nie jesteś nikim szczególnym. Elkana lituje się nad tobą, bo nie możesz urodzić dziecka.

Z każdym rokiem przycinki Peninny stawały się coraz boleśniejsze. W końcu, pewnego roku, Peninna była bardziej okrutna niż kiedykolwiek przedtem. — Starzejesz się, Anno. Patrz, mój najstarszy syn jest już prawie dorosły, a ty jeszcze nie masz dziecka. Co zrobisz, kiedy przeminie twoja uroda? Wtedy Elkana przestanie ci dawać większe porcje mięsa!

Anna nie mogła już tego znieść. Zakryła uszy i zalała się łzami. Bardzo chciała mieć dziecko. — Dlaczego nie mogę urodzić dziecka? — ubolewała.

Elkana zobaczył, że jego ukochana żona płacze. Domyślił się, dlaczego. — Nie smuć się, że nie możesz mieć dzieci — powiedział — to nie ma dla mnie znaczenia.

Ale to miało znaczenie. Anna uciekła od stołu.

Modlitwa z głębi serca

(1 Sm 1,9-18)

Anna udała się do namiotu-świątyni, w którym kapłan składał Bogu ofiary. Nie wiedziała, co robić. Uklękła i ukryła twarz w dłoniach. Jej usta poruszały się w cichej modlitwie, a po policzkach płynęły łzy.

— Panie — modliła się — tak bardzo pragnę mieć dziecko. Proszę Cię, Boże, jeśli dasz mi dziecko, ja Ci je oddam. Będzie Twoim kapłanem.

Gdy Anna się modliła, przyglądał się jej kapłan Heli. Widział, jak poruszają się jej wargi, ale nie słyszał słów modlitwy.

W owych dniach niewielu Izraelitów przychodziło się modlić do namiotu-świątyni. Ci, którzy to robili, modlili się na głos. Niektórzy przybywali do Szilo tylko po to, by się najeść i napić. Kapłan popatrzył na zaczerwienione powieki i poruszające się usta Anny. Pomyślał, że wypiła za dużo wina.

— Hej, ty! — krzyknął na nią — nie powinnaś tu przychodzić, kiedy jesteś pijana!

— Nie, panie — westchnęła — nie jestem pijana. Jest mi tylko bardzo, bardzo smutno.

Kiedy Heli podszedł do Anny bliżej, zrozumiał, że mówiła prawdę.

— Idź w pokoju — rzekł — mam nadzieję, że Bóg da ci to, o co prosiłaś.

Anna pochyliła głowę. — Dziękuję ci za błogosławieństwo, panie.

Gdy Anna wyszła z namiotu, poczuła, jak jej serce ogarnia spokój i ulga. Czy będzie miała dziecko, czy nie, zależy wyłącznie od Boga. Wiedziała, że cokolwiek Bóg postanowi, będzie najlepsze dla niej i dla Elkany.

Mały Samuel

(1 Sm 1,19-25)

Elkana z żonami i dziećmi wrócił do domu. Po kilku miesiącach okazało się, że Anna spodziewa się dziecka. Jakiż to był dla niej szczęśliwy dzień! Nie ustawała w dziękowaniu Bogu.

Anna urodziła ślicznego chłopca. Dała mu imię Samuel, co znaczy „Bóg wysłuchał", ponieważ prosiła Go o dziecko, a On jej wysłuchał.

Teraz, jeśli nawet Peninna dokuczała Annie, wcale ją to nie bolało. Gdy Peninna mówiła „Mam´ więcej synów niż ty, Anno", ona nie zwracała na to żadnej uwagi.

Przez następne trzy lata Anna opiekowała się Samuelem. Bawiła się z nim i modliła. Nauczyła go różnych rzeczy, śpiewała mu piosenki i tańczyła z nim. Często się razem śmiali.

Kiedy Samuel skończył trzy lata, nadszedł czas, by zgodnie z obietnicą daną Bogu przez Annę, oddać go

Helemu. Anna wierzyła, że chłopiec jest darem od Boga. Teraz ufała, że Bóg weźmie jej syna pod Swoją opiekę.

Samuel ofiarowany Bogu

(1 Sm 1,26-2,11)

Anna trzymała Samuela za rękę. Stali u wejścia do namiotu-świątyni w Szilo. — Heli! — zawołała. Kiedy stary kapłan się pojawił, Anna spytała: — Pamiętasz mnie? Jestem tą kobietą, którą pobłogosławiłeś prawie cztery lata temu. Modliłam się wtedy o dziecko. Spójrz, jak wspaniale mi Pan odpowiedział — uśmiechnęła się do Samuela.

Chłopiec wiedział, że jest kimś szczególnym i że od tej pory Heli będzie się nim opiekował. Nie bał się. Matka zapewniła go, że Bóg będzie się o niego troszczył, bez względu na to, gdzie się znajduje. Samuel ufał swojej matce oraz ufał Bogu.

Choć znalazł się w nowym miejscu, wcale nie płakał. Patrzył to na Helego, to znów na matkę. Czekał, kiedy Anna wypuści z dłoni jego rękę. „Wtedy będę mógł płakać", pomyślał.

Anna opowiedziała Helemu o obietnicy, którą złożyła Bogu. Kapłan skinął głową i wyciągnął ręce do chłopca. Samuel spojrzał w jego dobre oczy. Wiedział, że jest bezpieczny.

Posługa w świątyni

(1 Sm 2,18-21; 3,1)

Mały Samuel był u kapłana Helego szczęśliwy. Heli był dla niego jak prawdziwy ojciec. Dzięki Samuelowi również Heli czuł się pocieszony w smutku spowodowanym tym, że jego rodzeni synowie żyli w grzechu. Samuel, w przeciwieństwie do nich, kochał Boga i pragnął Mu służyć.

Każdego roku Anna i Elkana przywozili Samuelowi nową szatę. Ilekroć chłopiec ją zakładał, wspominał rodzinny dom, a także miłość i czułość rodziców. Bardzo dzielnie znosił rozłąkę.

Samuel miał zostać kapłanem i stopniowo przygotowywał się do tego. Pomagał Helemu w świątyni, pilnował, by paliły się w niej wszystkie lampy. Nauczył się o różnych rodzajach ofiar składanych Bogu. Nauczył się również modlić tak, jakby rozmawiał z Panem. Czasem jednak zastanawiał się, dlaczego nigdy nie słyszy, żeby Bóg mu odpowiadał.

Powołanie Samuela

(1 Sm 3,2-18)

Pewnej nocy, we śnie, Samuel usłyszał Głos, wołający go po imieniu: — Samuelu!

— Oto jestem — odpowiedział i pobiegł do Helego. — Wołałeś mnie? Czego ode mnie chcesz, panie? — zapytał.

Zdziwiony starzec usiadł na swym łożu i pogłaskał się po brodzie. — Nie wołałem cię — powiedział — wracaj do łóżka, jest środek nocy! — Samuel zrobił, co mu kazano. Jednak kiedy tylko pogrążył się we śnie, znów usłyszał wołanie: — Samuelu! — Obudził się i powtórnie pobiegł do Helego.

— Tak, Heli — powiedział — oto jestem.

— Nie, chłopcze, nie wołałem cię — odrzekł starzec.

Wkrótce Samuel po raz trzeci usłyszał ten sam Głos: — Samuelu! Samuelu!

Chłopiec nigdy przedtem nie słyszał głosu Boga. Myślał więc, że to Heli go wzywa. Jeszcze raz pobiegł do kapłana. Tym razem starzec pojął, że Samuel musiał słyszeć głos Pana. Upłynęło bardzo wiele czasu od chwili, kiedy Bóg rozmawiał z ludem Izraela. Heli powiedział

chłopcu: — To Pan Bóg cię wołał! Następnym razem odpowiedz: „Mów, Panie, bo sługa Twój słucha!"

Gdy Samuel znów usłyszał wezwanie, postąpił według wskazówek Helego. Wtedy Pan oznajmił mu coś niezwykłego: — Widziałem, ile zła czynią synowie Helego. Zostaną ukarani. A ty Samuelu wiedz, że od tej pory będę przemawiał przez ciebie.

Następnego ranka Samuel powtórzył Helemu wszystko, co mu Pan powiedział. Po raz pierwszy Bóg przemówił do Samuela.

Król zamiast Boga?

(1 Sam 8,1-9,25)

Samuel, gdy dorósł, został wielkim prorokiem. Mówił ludziom, czego od nich żąda Bóg. Jednak ludzie woleli mówić Bogu, czego to od Niego chcą. Pragnęli mieć własnego króla, podobnie jak inne narody.

— Przecież waszym królem jest Bóg — tłumaczył Samuel. Ludzie jednak nie chcieli go słuchać.

— Dobrze — rzekł Samuel. — Będziecie więc mieli króla.

W tym czasie, w najmniejszym z pokoleń Izraela, pokoleniu Beniamina, żył bardzo przystojny mężczyzna. Na imię miał Saul. Pewnego dnia jego ojcu zginęło kilka oślic, wysłał więc syna, by je odszukał.

Saul, wraz ze swym służącym szukali oślic wszędzie, w górach i dolinach. Zajęło im to wiele dni. W końcu Saul postanowił wrócić do domu, lecz służący poradził mu: — Mieszka tu niedaleko Boży prorok, jest bardzo mądry. Może jego spytamy czy wie, gdzie są nasze oślice?

Samuel spodziewał się tej wizyty, gdyż poprzedniego dnia Bóg mu powiedział: — Jutro odwiedzi cię nieznajomy. To on zostanie królem Mojego ludu, Izraela.

Samuel cały dzień wyglądał przybysza. Nadchodzący Saul ujrzał go w drzwiach i spytał: — Czy wiesz, gdzie mieszka mąż Boży?

— To ja nim jestem — odpowiedział Samuel. — Pan już mi o tobie powiedział. Chodź ze mną na szczyt tego wzgórza. Odbywa się tam uczta. Zasiądziesz na honorowym miejscu, ponieważ wkrótce nadejdzie dzień, kiedy staniesz się bardzo ważną osobą.

Saul, podążając za Samuelem na wzgórze, nie wierzył własnym uszom.

Namaszczenie Saula

(1 Sm 9,26-10,8)

Noc po uczcie Saul spędził w domu Samuela. Było bardzo gorąco, więc spali na płaskim dachu. Rano Samuel odprowadził gościa do granic miasta.

Zanim się rozstali, Samuel wylał na głowę Saula trochę oliwy. Oznaczało to, że Saul jest w oczach Boga kimś szczególnym: — Pan wybrał cię, byś przewodził ludowi Izraela i rządził nim jako król.

Saul pochylił głowę. „Jakże to możliwe?", zastanawiał się.

To, co się stało, było tak zadziwiające, że wydawało mu się niemożliwe. „Skąd Samuel wiedział to wszystko?" Odpowiedź była prosta: Powiedział mu to Bóg.

— Saulu, kiedy stąd odejdziesz, spotkasz dwóch ludzi, którzy ci powiedzą: „Oślice, których szukasz, odnalazły się". Wracaj teraz do ojca, zanim zacznie się o ciebie niepokoić.

Saul zostaje królem

(1 Sm 10,9-27)

Kiedy Saul odwrócił się, by odejść, Bóg dokonał czegoś niezwykłego: odmienił jego serce. Gdy spełniło się wszystko, co przepowiedział Samuel, Saul wiedział, że stało się tak za sprawą Boga.

Jeszcze tego samego dnia Saul otrzymał wiadomość o oślicach, dokładnie tak, jak powiedział Samuel.

Wkrótce potem Samuel zwołał cały lud izraelski i zapytał: — Wciąż jeszcze chcecie mieć króla? Dobrze więc, Bóg wybrał wam króla. — I Samuel rzucił losy. Najpierw los padł na plemię Beniamina, następnie wskazał ród Matriego, a w końcu Saula.

W ten sposób Bóg przez losowanie wskazał ludowi Swego wybrańca.

— Gdzie jest ten człowiek? — zapytał Samuel.

Ludzie zaczęli się rozglądać i szukać go, lecz nie znaleźli.

— Samuelu — zawołali — zapytaj Boga, gdzie on jest.

Samuel zwrócił się do Boga, a Pan odpowiedział, że Saul ukrył się wśród worków i koszów.

Ludzie pobiegli tam, znaleźli go i przyprowadzili do Samuela. Gdy Saul stanął pośród całego ludu, przewyższał wszystkich o głowę.

— Zobaczcie, nikt mu nie dorówna. — Oto wasz król!

— Niech żyje król! — zakrzyknęli ludzie.

Samuel ogłosił im prawa, których, mając króla, powinni przestrzegać. Potem spisał je w księdze i złożył przed Bogiem.

Dopóki Saul, rządząc ludem przestrzegał Bożych praw, Bóg mu błogosławił.

133

Namaszczenie Dawida

(1 Sm 15,10-16,13)

Na początku Saul starał się być dobrym królem i rządził według praw nadanych przez Boga. Ale w miarę upływu czasu jego serce stawało się coraz twardsze. Bogu nie podobało się, że król dba jedynie o siebie. Rozkazał więc Samuelowi, żeby wybrał innego władcę.

— Idź do Betlejem i pytaj tam o synów Jessego. Wtedy pokażę ci, kto będzie następnym królem.

Kiedy Samuel dotarł do Betlejem, posłał po synów Jessego. Najstarszy był bardzo urodziwy.

Pan jednak powiedział: — Jestem Bogiem, nie mierzę ludzi według tego, jak wyglądają. Zaglądam do ich serc i widzę to, czego ty nie dostrzegasz.

Kiedy synowie Jessego, a było ich siedmiu, przeszli przed Samuelem, kapłan zwrócił się do ich ojca: — Pan nie wybrał żadnego z nich. Czy masz jeszcze synów?

— Mam jeszcze jednego — odparł Jesse — ale on jest najmłodszy. Pilnuje właśnie owiec. — Następnie posłał po swego najmłodszego syna, Dawida.

Chłopiec miał duże, brązowe oczy i był mocno opalony. Był bardzo ładny i silny.

— To on — powiedział Pan. Wtedy Samuel wylał olej na głowę Dawida. Oznaczało to, że Dawid został namaszczony na króla.

Samuel wrócił do domu. Bóg wybrał Izraelowi nowego króla, lecz

134

nie nadszedł jeszcze czas, by powiedzieć o tym ludowi.

Dawid na dworze Saula

(1 Sm 16,14-23)

Dawid wrócił na pastwisko, by pilnować owiec. Kiedy chciał je zaatakować wilk albo lew, chłopiec odganiał je, rzucając kamieniami z procy. Podczas długich dni spędzanych na łąkach, często grywał na harfie, śpiewając pieśni na chwałę Pana.

W miarę, jak Dawid coraz bardziej zbliżał się do Pana, Saul coraz bardziej stawał się wobec Niego nieposłuszny. Duch Boży go opuścił. Nie mógł spać po nocach, stawał się coraz bardziej przygnębiony. Stracił ochotę na jedzenie. Czasami zawodził go umysł. Zdawało mu się, że widzi rzeczy, których nie było. Innym razem czuł się tak, jakby w jego ciele mieszkał ktoś inny.

Słudzy Saula doszli do wniosku, że należy znaleźć kogoś, kto będzie umiał uspokoić władcę.

— Gdzie znaleźć kogoś takiego? — pytał Saul. Jeden ze służących powiedział: — Słyszałem o jednym z synów Jessego. Pięknie gra na harfie i śpiewa. Jest odważny, małomówny i bardzo przystojny. Ale to nie wszystko, Pan jest z nim.

Kiedy Dawid przybył do króla i zagrał na harfie, Saul był zachwycony. Odtąd król wzywał Dawida, ilekroć czuł się źle. Za każdym razem odczuwał ogromną ulgę i spokój.

Butny olbrzym

(1 Sm 17,1-19)

Przez kilka następnych lat Dawid często odwiedzał pałac, by grać Saulowi na harfie. Czasami Saul musiał opuścić miasto, aby toczyć walki z Filistynami. Wtedy Dawid wracał do domu swego ojca.

Wśród żołnierzy Saula znajdowało się trzech starszych braci Dawida. Ojciec często posyłał im przez Dawida owoce, chleb i ser, a Dawid przynosił o nich wieści.

W trakcie jednej z bitew Saul i jego żołnierze mieli poważny kłopot z powodu Filistyna imieniem Goliat. Był bardzo, bardzo wysokim mężczyzną. Większości Izraelitów wydawał się prawdziwym olbrzymem. Goliat szydził z nich i wzywał do walki:

— Jeżeli któryś z was chce ze mną walczyć, niech spróbuje! Jeżeli zwyciężę, wszyscy będziecie naszymi niewolnikami. Jeżeli wygra ktoś z was, my będziemy wam służyć!

Żołnierze Saula na widok Goliata trzęśli się ze strachu. — Jak zwyciężyć takiego olbrzyma? — szeptali.

Nikt nie śmiał się z nim zmierzyć. Nawet bracia Dawida bali się podjąć walkę z Goliatem.

Obelgi Goliata

(1 Sm 17,20-30)

Przez ponad miesiąc Goliat straszył wojsko Izraelitów. W tym właśnie czasie Jesse poprosił Dawida, żeby zawiózł swym braciom żywność. Dawid z radością do nich pojechał.

Gdy przybył do obozu, zaczął w nim szukać braci. Wtedy wśród żołnierzy Izraela rozległ się krzyk:
— Uciekajmy, ratujmy życie! To olbrzym!
— Ha! — grzmiał Goliat — wiedziałem! Wy, Izraelici, jesteście armią tchórzy! Wyzywam was, udowodnijcie, że się mylę! Wasz Bóg jest słaby! Nawet nie jest w stanie wam pomóc!

To, co powiedział Goliat o Bogu, było rzeczą straszną. Dawid, słysząc te obelgi, wpadł w wielki gniew.

Chłopiec w rozmowie z żołnierzami dowiedział się, że temu, kto pokona Goliata, Saul obiecał nagrodę — wielkie bogactwa i własną córkę za żonę. Postanowił walczyć z Goliatem.

Dawid i Goliat

(1 Sm 17,31-54)

Dawid udał się do Saula. — Pozwól mi walczyć z Goliatem — powiedział. — Nie mogę pozwolić, by lud Boży wyszedł na tchórzy.

— Nie możesz z nim walczyć — odpowiedział Saul. — Jesteś przecież jeszcze chłopcem!

Dawid uniósł głowę: — Potrafiłem obronić moje owce przed lwami i niedźwiedziami!

W końcu Saul zgodził się. Dał Dawidowi swoją zbroję i broń, ale były na niego za duże. Poza tym nigdy dotąd nie używał on pancerza, nie umiał więc się w nim poruszać. Dawid zdecydował: — Będę walczył

z Goliatem ubrany w zwykły strój pasterski.

Nadchodził czas walki z olbrzymem. Dawid wyszukał w pobliskim strumieniu pięć gładkich kamieni i wyszedł mu naprzeciw.

Kiedy Goliat go zobaczył, ryknął: — Co za obraza! Ośmielacie się wysyłać przeciw Goliatowi takiego chłopca!

Dawid jednak odrzekł: — Możesz mieć włócznię i miecz. Moją bronią jest imię Pana Boga Wszechmogącego. To Bóg naszej armii, ten sam, z którego sobie kpiłeś. Dziś Bóg sprawi, że poniesiesz za to karę! Cały świat dowie się, że nie miecze wygrywają bitwy, a moc Boża!

Goliat zbliżył się, by zaatakować Dawida. Nagle chłopiec skoczył z procą ku olbrzymowi. Zakręcił nią wokół głowy i wypuścił kamień, który przeciął powietrze, zanim Goliat zdołał unieść włócznię. Kamień trafił go w głowę. Goliat padł na ziemię martwy.

Przerażeni Filistyni nie wierzyli własnym oczom. Odwrócili się i zaczęli uciekać. Ale Izraelici dopadli ich. Tego dnia wygrali wielką bitwę, ponieważ Dawid polegał na Bogu.

Saul zazdrości Dawidowi

(1 Sm 18,5-30)

Kiedy Dawid zabił Goliata, Saul mianował go wodzem swojej armii. Wiele razy wysyłał go na bitwy. Ilekroć Dawid przystępował do walki, wygrywał ją, stając się coraz większym bohaterem.

Pewnego razu, gdy Dawid wrócił z bitwy, w której zabił wielu Filistynów, kobiety izraelskie śpiewały: — Pobił Saul tysiąc, a Dawid dziesięć tysięcy!

Saula bardzo to rozgniewało i wzbudziło jego zazdrość. „Dawid jest bardziej popularny niż ja" — myślał — „zapewne wkrótce zechce zabrać mi królestwo!"

Saul stał się tak zazdrosny o Dawida, że próbował go nawet zgładzić, powierzając mu bardzo niebezpieczne misje. Dawid jednak cieszył się coraz większą sławą.

Mikal, żona Dawida, która była córką Saula, wiedziała o zamiarach ojca i dlatego bardzo się modliła, aby jej mąż powrócił żywy. Mikal bardzo kochała Dawida. Ponieważ Bóg był z nim, wszystko mu się wiodło. Także tym razem nie było inaczej.

Kiedy wrócił po kolejnym zwycięstwie, Saul jeszcze bardziej zaczął się go obawiać. Zrozumiał, że Bóg jest po stronie Dawida. Również ludzie kochali Dawida i wznosili na jego cześć okrzyki, ilekroć przejeżdżał przez miasto.

Przyjaźń na całe życie

(1 Sm 18,1-4; 19,1-7)

Niedługo po tym, jak Dawid zabił Goliata, Saul zabrał go ze sobą do pałacu. Tam Dawid poznał Jonatana, brata Mikal, najstarszego syna Saula.

Tego dnia, gdy Dawid rozmawiał z Saulem, poczuł, że ktoś stoi za jego plecami. Odwrócił się i zobaczył Jonatana. Przez chwilę dwaj młodzieńcy patrzyli na siebie.

W tej właśnie chwili dusza Jonatana związała się z duszą Dawida. Jonatan wiedział, że znalazł przyjaciela na całe życie. Obaj przyrzekli sobie przyjaźń na zawsze. Na znak oddania i zaufania Jonatan podarował przyjacielowi swój miecz, łuk i pas.

Po latach Saul tak znienawidził Dawida, że rozkazał Jonatanowi i sługom, by go zabili.

Jonatan kochał jednak Dawida, jak brat. Pobiegł do niego i powiedział: — Mój ojciec chce cię zabić! Proszę cię, bądź jutro rano bardzo ostrożny. Musisz się ukryć, a ja porozmawiam z ojcem o tobie.

Następny ranek Jonatan spędził z ojcem. Przekonywał go, że Dawid jest dobry oraz, że Saul postępuje źle, usiłując go zabić.

W końcu Saul obiecał, że nie zrobi Dawidowi krzywdy. Dawid mógł wyjść z ukrycia.

Król jednak nie dotrzymał słowa. Nie minęło wiele czasu, a znów wróciła dawna złość.

Jonatan ratuje Dawida

(1 Sm 19,9-20, 42; Ps 59)

Saulowi nie można było ufać. Pewnego wieczora Dawid grał dla niego na harfie. Nagle Saul zerwał się na nogi, chwycił włócznię i z całej siły cisnął nią w Dawida. Dawid uchylił się i wybiegł z komnaty. Ledwo zdołał uniknąć śmierci.

Tej nocy jego żona, Mikal, pomogła mu w ucieczce przed żołnierzami Saula, którzy mieli go schwytać. Tymczasem Dawid udał się do domu Samuela. Opowiedział mu o wszystkim, co się wydarzyło. Po jakimś czasie Dawid spotkał się z Jonatanem. — Cóż uczyniłem? — pytał z płaczem. — Dlaczego Saul chce mojej śmierci?

Jonatan i Dawid ułożyli plan. Jonatan miał porozmawiać o Dawidzie z Saulem. Potem miał pójść na pole, by ćwiczyć się w strzelaniu z łuku. Jeżeli Saul nadal będzie chciał schwytać i zabić Dawida, Jonatan miał celować w stronę ukrytego przyjaciela i zawołać do chłopca, który przynosił strzały: ,,Zobacz, czy strzała jest dalej, niż stoisz!" To był właśnie ów umówiony sygnał.

Jonatan i Dawid wyszli na pole, na którym mieli się wkrótce spotkać. Czuli, jak bardzo są sobie bliscy. Jonatan wzywał Boga: — Bądź naszym świadkiem! Jeżeli mój ojciec pragnie skrzywdzić Dawida, a ja go nie ostrzegę, niech spotka mnie Twoja kara. Niech moje i jego dzieci będą na zawsze najlepszymi przyjaciółmi. Nie odbieraj Swej życzliwości memu domowi, nawet, kiedy już zniszczysz wszystkich wrogów Dawida!

Po dwóch dniach Jonatan spytał
ojca o Dawida. Saul wpadł w taką
wściekłość, że rzucił w syna włócz-
nią, na szczęście nie trafiając.

Następnego ranka Jonatan pobiegł na pole ćwiczyć się w strzelaniu z łuku. Wystrzelił strzałę
i krzyknął do chłopca, który za nią
pobiegł: — Zobacz czy strzała jest
dalej, niż stoisz? Pospiesz się! — po
czym odesłał sługę do domu. Wtedy
Dawid wyszedł z kryjówki i padł na
ziemię u stóp Jonatana. Przyjaciołom było tak smutno, że objęli się
i zaczęli płakać. Obaj wiedzieli, że
upłynie wiele czasu, zanim znów się
zobaczą.

144

Lojalność Dawida

(1 Sm 24,1-22; Ps 57)

Saul ścigał i tropił Dawida niczym zwierzę. Wiedział, że ukrywa się w miejscu, gdzie jest wiele jaskiń, zaczął więc, wraz ze swymi żołnierzami, przeszukiwać ów teren.

W końcu zmęczony wszedł samotnie do jednej z najbliższych jaskiń, aby odpocząć. Nie mógł wiedzieć, że właśnie w niej ukrywa się Dawid.

— Dawidzie — szepnęli jego ludzie — Bóg ci znów pobłogosławił! Masz możliwość zabicia Saula!

Dawid potrząsnął głową: — Nikt nie może zabić króla, którego wybrał Bóg! — i podczołgał się w stronę śpiącego Saula. Zbliżył się do niego bardzo cicho i odciął mieczem połę królewskiego płaszcza. Potem wrócił do swej kryjówki. Kiedy znalazł się wśród swoich ludzi, zrobiło mu się przykro z powodu tego, co zrobił. Nie chciał skrzywdzić Saula: — Nie powinienem był obcinać jego płaszcza!

Gdy Saul obudził się, wstał i wyszedł z jaskini. Wtedy Dawid pobiegł za nim i padł na ziemię. — Panie mój i królu! — zawołał. Saul odwrócił się zdumiony. Dawid trzymał w ręku połę jego płaszcza. — Spójrz, uciąłem kawałek twojej szaty. Bóg wydał cię tam, w jaskini, w moje ręce. Ale ja nie wyrządziłem ci nic złego! Powstrzymałem nawet swoich ludzi, którzy chcieli cię skrzywdzić. Czy teraz wierzysz, że nie jestem twoim wrogiem? Czy nadal będziesz mnie ścigał?

Saul zrozumiał, że Dawid mógł go zabić, ale tego nie zrobił. — Nikt nie wypuszcza z rąk swego wroga tak, jak ty. Wierzę ci, Dawidzie.

Król Saul zostawił Dawida i jego ludzi w spokoju. Ale tylko na jakiś czas! Wkrótce znów miał złamać dane słowo.

146

miasto stało w płomieniach! Gdy Dawid i jego ludzie byli daleko, kraj najechali Amalekici. Wszyscy mieszkańcy dostali się do niewoli.

Dawid wyruszył w pościg. Towarzyszyło mu sześciuset ludzi. Dwustu, zbyt zmęczonych, by nadążyć za resztą, zostało z tyłu.

Przez cały dzień Dawid tropił Amalekitów. Kiedy się już ściemniło, zaatakował ich. Bitwa trwała całą noc i następny dzień. W końcu Dawid odniósł zwycięstwo. Ocalało tylko czterystu Amalekitów, i to dlatego, że uciekli na wielbłądach.

Śmierć Saula i Jonatana

(1 Sm 31,1-13; 2 Sm 1,1-27; 1 Krn 10,1-14)

Dawid wrócił do domu, do Siklag. Czekały go tam wieści o wielkiej bitwie między Izraelitami a Filistynami. Była to bitwa, do której nie pozwolono mu się przyłączyć.

— To była straszna bitwa — opowiadał posłaniec. — Filistyni zaciekle nacierali na Saula i jego synów. Zabili trzech synów Saula, w tym również Jonatana...

— Nie! — zapłakał Dawid — Tylko nie mój brat Jonatan!

— Król został osaczony — mówił dalej posłaniec. — Nie miał wyboru. Rzucił się na własny miecz i popełnił samobójstwo.

Dawid i jego ludzie rozpaczali i płakali. Przez cały dzień ze smutku nic nie jedli. Król, wybrany niedawno przez Boga, zginął. Był to straszny dzień dla Izraelitów!

Spalone miasto

(1 Sm 29,1-30. 31)

Zawzięci Filistyni znów planowali zaatakowanie Izraela. Wśród ich wodzów był król Akisz z Gat. W czasach, gdy Dawid uciekał przed Saulem, Akisz chronił go. Teraz spytał Dawida i jego ludzi, czy się do niego przyłączą. Chciał walczyć z Izraelitami przy pomocy ich własnych rodaków.

Kiedy filistyńscy dowódcy dowiedzieli się o tym, powiedzieli: — Nie, nie chcemy, by podczas bitwy Dawid był między nami. Co będzie, jeśli postanowi przejść na stronę nieprzyjaciela?

Akisz wysłał więc Dawida i jego ludzi do domu. Dawid wrócił do Siklag, gdzie mieszkał od ponad roku. Czekał go straszny widok. Całe

Dawid królem Izraela

(2 Sm 5,1-10; 13,25; 1 Krn 14,1-7)

Teraz, kiedy Saul i jego synowie nie żyli, do Dawida przybyły plemiona Izraela: — Jesteśmy tobie poddani. Nawet, kiedy Saul był królem, ty byłeś naszym przywódcą. Słyszeliśmy, że Pan wybrał ciebie. Chcemy, żebyś był naszym królem!

Gdy Dawid został królem, postanowił zdobyć Jerozolimę i uczynić z niej stolicę. Była to wówczas mała osada, ale dobrze zabezpieczona i niełatwo było ją pokonać.

Jebusyci, którzy mieszkali w Jerozolimie, kpili z Dawida: — Nie zdołasz pokonać nawet ślepców i kalek z Jerozolimy! — Lecz Dawid miał Boże błogosławieństwo. Zajął miasto, używając sprytnego fortelu.

Po zdobyciu Jerozolimy, uczynił z niej stolicę Judy i Izraela.

Kiedy Filistyni dowiedzieli się, że Dawid został królem, zebrali wszystkie swoje wojska, by go zaatakować. Dawid spytał Boga, co ma robić. Bóg odpowiedział mu: — Nie atakuj ich wprost, ale obejdź od tyłu. Kiedy usłyszysz wśród wierzchołków drzew balsamowych odgłos maszerujących wojsk, nie zwlekaj. Będzie to oznaczało, że Pan jest przed tobą, by w nich uderzyć.

I tak też się stało. Dawid z pomocą Bożą pokonał Filistynów.

Dawid, w chwili, gdy został królem Judy, miał trzydzieści lat. Był jednym z największych królów, jakich kiedykolwiek mieli Izraelici. Rządził Judą i Izraelem przez czterdzieści lat.

Arka w Jerozolimie

(2 Sm 6,12-23; 1 Krn 15,1-16, 43)

Dawid postanowił przenieść Arkę Przymierza do Jerozolimy, która stała się królewską stolicą. Nieśli ją kapłani tak, jak pouczył ich sam Bóg.

Kiedy Arka znalazła się w Jerozolimie, kapłani umieścili ją w specjalnie dla niej przeznaczonym namiocie.

Potem rozpoczęto ucztę i zabawy. Cóż to był za dzień! Przy dźwiękach pięknej muzyki ludzie chwalili Boga i dziękowali Mu za całe dobro, którego od Niego doznali. Wspominali, co obiecał Abrahamowi, Izaakowi i Jakubowi. Przypominali sobie, jak uratował ich od okrutnych Egipcjan, jak Mojżesz i Jozue prowadzili ich do Ziemi Obiecanej, na której teraz żyją. Wyliczali wrogów pokonanych z pomocą Pana.

Tańczono i śpiewano przez cały dzień. Dawid tańczył najwięcej. Z jego tańca płynęła radość, że jest wybranym przez Boga królem oraz, że Arka Boża jest tak blisko niego. Wirował wkoło, podskakiwał, pląsał i śpiewał, jak umiał najgłośniej.

— Niech cieszy się niebo i ziemia raduje. Niech szumi morze i wszystko, co je napełnia. Niech się weselą pola. Niech się radują drzewa leśne przed obliczem Pana.

Dawid był bardzo szczęśliwy, ale jego żona, Mikal, córka Saula, nie podzielała jego radości. Patrzyła na swego męża przez okno z pogardą.

— Czemu Dawid jest taki niemądry? — pytała sama siebie — Dlaczego ośmiesza się przed ludem?

Tej nocy, gdy wrócił do pałacu, powiedziała mu, że się za niego wstydzi. Odtąd, mimo że wcześniej bardzo się kochali, Dawid i Mikal nigdy nie byli już sobie naprawdę bliscy.

Grzech Dawida

(2 Sm 11,1-26)

Dawid był wielkim królem i bardzo kochał Boga. Pewnego jednak dnia przestał stawiać Go w swym życiu na pierwszym miejscu.

Dawid postanowił uwieść żonę innego mężczyzny. Było to wykroczenie przeciw prawom Bożym. Owa kobieta miała na imię Batszeba i była żoną Uriasza Chetyty, jednego z najbardziej zaufanych i oddanych żołnierzy Dawida.

Wkrótce okazało się, że Batszeba nosi w łonie dziecko Dawida. Król wpadł w rozpacz. Chciał za wszelką cenę ukryć swój występek.

Ponieważ trwała wtedy wojna, skłonił jednego ze swych dowódców, by wysłał Uriasza w miejsce, gdzie toczyły się najcięższe walki. Podstępny plan przewidywał, że dowódca w pewnej chwili wycofa inne oddziały, tak by Uriasz zginął z ręki wroga.

Kiedy do Batszeby dotarła wieść o śmierci męża, płakała przez wiele dni. Cierpiała z powodu tego, co się wydarzyło.

Skrucha Dawida

(2 Sm 11,27-12,24)

W jakiś czas po śmierci Uriasza, Dawid sprowadził Batszebę do pałacu i pojął ją za żonę. W kilka miesięcy później urodził im się syn.

Dawid i Batszeba mogliby być szczęśliwi, gdyby nie to, że Bóg był z ich powodu zasmucony. Przecież Dawid popełnił zły czyn, a przed Bogiem nie mógł tego ukryć. Nie dość, że zabrał żonę innemu mężczyźnie, to jeszcze spowodował jego śmierć!

Bóg przysłał więc do Dawida swego proroka, Natana. — Pan mówi — powiedział Natan — że za to, co zrobiłeś, twoi synowie będą walczyć przeciwko sobie, a to dziecko umrze.

Dawid zwiesił głowę. Słowa Pana przeszyły mu serce niczym miecz. Wiedział, że Bóg ma słuszność. Zło, które popełnił, nie mogło mu ujść bezkarnie. — Żałuję, Panie — modlił się — nie powinienem był tak postąpić. Przebacz mi, proszę.

Dziecko zmarło. Ale po roku Batszeba urodziła Dawidowi następnego syna. Otrzymał imię Salomon. Nie był to zwyczajny chłopiec. Bóg uczynił go najmądrzejszym ze wszystkich ludzi, jacy kiedykolwiek żyli na ziemi.

Salomon królem

(1 Krl 3,2-5; Krn 1,7-8)

Gdy Dawid umarł, królem został młody Salomon. Być królem tylko po to, by nosić złoto i klejnoty — to może być bardzo przyjemne. Ale być królem, który wie, co jest najlepsze dla jego poddanych — to bardzo trudne zadanie. Kiedy więc Salomon został królem, nie czuł się zbyt pewnie.

Którejś nocy zdarzyło się, że Salomon miał sen, w którym ukazał mu się Bóg. — Proś Mnie, o co zechcesz — powiedział — a Ja ci to dam.

Niektórzy zapewne poprosiliby o zdrowie, pieniądze czy władzę. Salomon nie poprosił jednak o nic takiego. Było coś, czego pragnął o wiele, wiele bardziej...

Dar mądrości

(1 Krl, 3,6-15; Krn 1,9-13)

Kiedy Bóg spytał Salomona, czego pragnie, odpowiedział: — Panie, pomagałeś memu ojcu, Dawidowi, kiedy był królem. Ufał Tobie. Teraz, w jego miejsce, mnie uczyniłeś królem. Jestem bardzo młody, nie wiem, jak być tak dobrym władcą, jak mój ojciec. Proszę Cię, Panie, o to jedno: daj mi serce pełne mądrości, pomóż mi przewodzić Twojemu ludowi tak, jak Ty tego chcesz. Pomóż mi mądrze sądzić Twój lud. Daj mi poznać, jaka jest różnica między dobrem i złem.

Ta odpowiedź podobała się Bogu: — Ponieważ prosisz o to, a nie o długie życie czy bogactwo, spełnię twoją prośbę. Daję ci mądre serce.

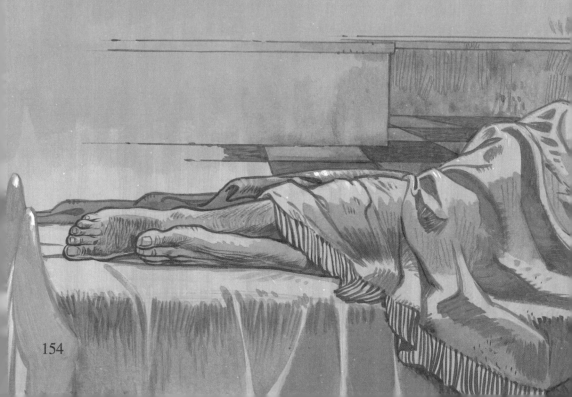

Nigdy nie będzie tak mądrego i tak wielkiego króla, jak ty. Ponadto daję ci to, o co nie prosiłeś — mówił dalej Bóg — bogactwo i szacunek. Jeśli będziesz podążał Moimi drogami, będziesz żył długo.

Salomonowy wyrok

(1 Krl 3,16-28)

Pewnego dnia do króla Salomona
przyszły dwie kłócące się ze sobą
kobiety. Obie trzymały w ramionach
niemowlęta. Dziecko jednej z nich
było martwe, a drugiej — żywe.
Każda z kobiet upierała się, że jest
matką żyjącego dziecka.

— Rozsądź nasz spór, królu —
prosiły.

— Strażniku — rozkazał Salomon — rozetnij dziecko na pół. Jedną połowę daj jednej kobiecie, a drugą, drugiej. — Powiedział tak, wy-
stawiając je na próbę.

— Nie! — krzyknęła pierwsza.
— Nie rób tego! Zabijesz je! Panie,
każ jej oddać dziecko, niech przynajmniej pozostanie ono przy życiu!

Druga kobieta powiedziała: —
Masz rację, królu. Niech dziecko
zostanie przecięte na pół! Wtedy
żadna z nas nie będzie go miała!

Król westchnął i rozkazał strażnikowi: — Oddaj dziecko pierwszej
kobiecie. To ona zachowała się tak,
jak prawdziwa matka.

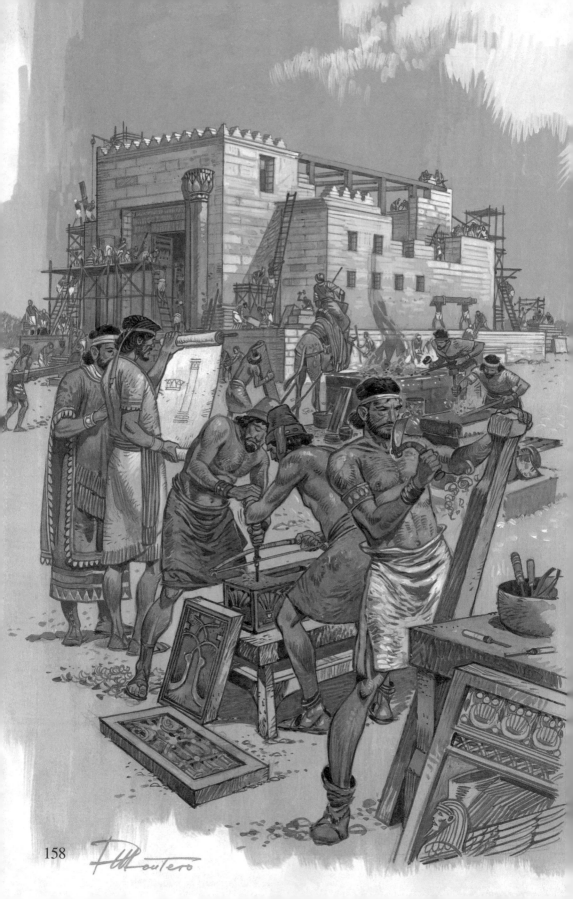

Świątynia Salomona

(1 Krl 15,20-28; 6,1-8,53; 10,4-29; 2 Krn 1,14-9,28)

Najważniejszą rzeczą, której dokonał Salomon, było zbudowanie w Jerozolimie świątyni Boga. Wznoszono ją przez siedem lat, a przetrwała czterysta. Była potężna, piękna i pełna przepychu, zbudowana z najcenniejszych materiałów, przez najlepszych rzemieślników.

Ściany świątyni, od środka i na zewnątrz, były pokryte cedrowym drewnem i złotem. Najzdolniejsi artyści, brązownicy i rzeźbiarze wykonali piękne ozdoby pokrywające strop i ściany.

Kiedy ta wspaniała świątynia była już gotowa, Salomon zwołał cały Boży lud. Kapłani przynieśli Arkę Przymierza, w której znajdowało się Dziesięć Przykazań. Umieścili ją w specjalnie przygotowanym pomieszczeniu w świątyni. Wszyscy wiedzieli, że Bóg jest z nimi.

Salomon modlił się: — Dzięki Ci, Boże, że mogłem wybudować dla Ciebie tę świątynię. Dziękuję Ci, że mój ojciec, Dawid, zaplanował jej budowę. Ale nawet ta świątynia nie jest godna tak wielkiego Boga, jak Ty, który stworzyłeś niebo i ziemię. Proszę Cię, Panie, niech ta świątynia będzie miejscem, gdzie zawsze będziemy mogli Cię spotkać.

Wtedy Bóg odpowiedział Salomonowi: — Jeżeli będziesz czynił to, co ci nakazałem, zamieszkam w świątyni. Będę słuchał modlitw tych, którzy do niej przyjdą.

Salomon zbudował również wspaniałą siedzibę dla siebie. Jego pałac wznoszono trzynaście lat. Sala tronowa była zrobiona ze złota i klejnotów, i nie miała sobie równej.

Potem Salomon wybudował pałac dla jednej ze swych licznych żon. Była córką egipskiego faraona.

Do tych wszystkich prac budowlanych potrzebował Salomon mnóstwo robotników. Zatrudniał więc fachowców z innych krajów.

Salomon był bardzo bogaty. Posiłki jadał ze złotych mis i talerzy, pił ze złotych pucharów. Nawet w ubrania, które nosił, były wplecione złote nici.

W kraju, za jego rządów, panował pokój, jakiego nigdy wcześniej i nigdy później Izrael nie zaznał. Żaden z jego wrogów nie ośmielił się wystąpić przeciw tak potężnemu królowi.

Najważniejsze jednak było to, że był sprawiedliwym sędzią. Salomon śpiewał w swoim psalmie: „Niech król zmiłuje się nad nędzarzem i biedakiem, i ocali życie ubogich, wybawi ich od krzywdy i ucisku." Salomon, bardziej niż czegokolwiek innego, pragnął dobra ludu Bożego. I troszczył się o niego należycie tak długo, dopóki przestrzegał praw Bożych.

Wizyta królowej Saby

(1 Krl 5,9-14; 10,1-13; 2 Krn 9,1-12)

Sława bogactw Salomona i jego mądrości sięgała bardzo daleko. Dotarła też do kraju królowej Saby. Chociaż wiele słyszała o mądrości i wielkości Salomona, nie bardzo wierzyła w te opowieści. Przyjechała więc z daleka, żeby go wypróbować i przekonać się na własne oczy, czy opowiadano jej o nim prawdę.

Królowa przyjechała z orszakiem i wieloma wielbłądami, dźwigającymi drogocenne wonności, złoto, diamenty i rubiny. Kiedy znalazła się w pałacu Salomona, zaczęła zadawać mu niezwykle trudne pytania.

Mądrość, którą Bóg dał Salomonowi, wypełniała jego serce i umysł. Każdy problem rozważał z różnych stron, po czym podawał najlepsze rozwiązanie. — To, co o tobie słyszałam — stwierdziła królowa — tylko w połowie jest prawdą. Jesteś mądrzejszy i bogatszy, niż opowiadają!

Następnie dała Salomonowi wiele cennych podarków, złota, klejnotów i wonności. Nigdy nie było w Izraelu więcej skarbów niż wtedy. Także Salomon ofiarował królowej wiele równie cennych upominków.

W końcu królowa pożegnała się i wróciła do swego dalekiego kraju. Podążały wraz z nią wieści o mądrości Salomona, jeszcze pełniejsze podziwu niż dotąd.

Eliasz i prorocy Baala

(1 Krl 16,29-33; 17,1; 18,19-36)

Żył kiedyś prorok imieniem Eliasz. Prorok to człowiek wybrany przez Boga, który słyszy głos Najwyższego i przekazuje Jego Słowa ludziom. Zadaniem proroka jest zbliżanie ludzi do Boga, jeśli chcą Go słuchać i wypełniać Jego nakazy.

Eliasz żył dużo później niż Salomon. W jego czasach lud Izraela znowu oddawał cześć bożkom. Królem był Achab, królową zaś — Izebel. Byli to bardzo źli ludzie, którzy odwodzili swych poddanych od oddawania chwały prawdziwemu Bogu, nakazując im czcić Baala.

Eliasz wyzwał pogańskich kapłanów na pojedynek. Powiedział królowi Achabowi: — Popełniłeś straszny grzech, oddając cześć Baalowi, fałszywemu bogu. Zbierz cały lud Izraela na górze Karmel. Wezwij też ośmiuset pięćdziesięciu kapłanów Baala, którzy jadają przy stole twojej żony. Zobaczymy wtedy, kto naprawdę jest Bogiem!

Nadszedł czas, by Pan uczynił cud tak wielki, aby Jego lud przestał wątpić w to, że to On jest prawdziwym Bogiem. Przez ostatnie trzy lata suszy ludzie słyszeli, jak ich król i królowa mówili: — Baal sprowadzi deszcz, poczekajcie, zobaczycie.

Bez względu jednak na ich zapewnienia, deszcz nie spadał, a to dlatego, że Baal nie był Bogiem, lecz zwykłą figurą. Tylko prawdziwy Pan Bóg mógł sprowadzić deszcz na spragnioną wody ziemię. Pan chciał poprzez Eliasza przekonać ludzi, że to On jest jedynym Bogiem, którego powinni czcić.

Eliasz rozkazał kapłanom Baala, żeby złożyli swojemu bogu byka na ofiarę układając go na stosie drewna, lecz nie rozpalając ognia. Eliasz miał złożyć ofiarę Panu na innym stosie.

— Wezwijcie teraz waszego boga, by rozpalił stos ogniem i przyjął ofiarę, a ja wezwę mojego Boga — powiedział. — Ten, który odpowie na wezwanie, jest prawdziwym Bogiem!

Wszyscy zgodzili się, że taka próba sił będzie wiarygodna i sprawiedliwa. Kapłani Baala usiłowali wezwać swego bożka. Modlili się od rana do południa: — Baalu, odpowiedz nam! — ale odpowiedzi nie było. Tańczyli i wydawali coraz głośniejsze okrzyki. Zaczęli podskakiwać wokół ołtarza, a nawet zadawać sobie rany. Ale odpowiedzi nadal nie było. Na ich ołtarzu nie zapłonął ogień.

Przyszła kolej na Eliasza. Wylał na ołtarz cztery duże dzbany wody. Robił to trzykrotnie, aż woda wypełniła rów dokoła. Stos drewna i ofiara z młodego byka stały się całkowicie mokre. Było pewne, że tylko cud może rozpalić wilgotne drewno.

163

Koniec klęski suszy

(1 Krl 18,37-46)

Eliasz wzniósł ręce do nieba i zaczął się modlić mocnym i wyraźnym głosem, tak żeby wszyscy go słyszeli.

— Panie, Boże Abrahama, Izaaka i Jakuba, pokaż nam, że jesteś Bogiem. Jestem twoim sługą. Wysłuchaj mnie, Panie. Proszę Cię, odpowiedz mi teraz ogniem!

Nagle z nieba spadł ogień Pana. Drwa, ofiara, a nawet kamienie stanęły w płomieniach. Powstał straszny żar. Chociaż wszystko było przesiąknięte wodą, paliło się.

— Patrzcie! Ogień spadł z nieba! — krzyczał tłum. — To Pan! On jest Bogiem! — wołali ludzie.

Pod królem Achabem ugięły się kolana. — Idź, jedz i pij — powiedział do niego Eliasz — bo słyszę zbliżającą się burzę!

Achab uczynił tak, jak mu polecił prorok i pospieszył do domu. Eliasz zaś na szczycie góry oczekiwał na kolejny cud. Teraz, kiedy lud Izraela nawrócił się do Boga, prorok miał nadzieję, że Pan, po latach suszy, sprowadzi deszcz.

Kazał swym sługom, aby wypatrywali chmur. Z początku nic się nie działo. Raz za razem Eliasz ponawiał polecenie. W końcu służący zawołał: — Spójrzcie! Tam jest chmu-ra wielkości ludzkiej dłoni! Zbliża się znad morza!

W kilka chwil niebo wypełniło się pędzonymi wiatrem, czarnymi chmurami. Zaczął padać ulewny deszcz. Ludzie radowali się. Nareszcie, po tylu latach, doczekali się deszczu!

Ale Bóg sprawił jeszcze jeden cud. Dodał sił Eliaszowi. Kiedy z chmur zaczęły lać się strugi deszczu, Eliasz wstał i zaczął biec do Jizreel. Biegł tak szybko, jak nie potrafi nikt z ludzi. Spoczywała na nim dłoń Pana. Duch Boży dodał mu sił i uczynił z niego tak wspaniałego biegacza. Eliasz biegł szybciej, niż konie ciągnące rydwan króla Achaba. Biegł tak szybko, że dotarł tam przed Achabem!

Eliasz wzięty do nieba

(2 Krl 2,1-12)

Minęło wiele lat. Eliasz bardzo się zestarzał. Przez całe życie starał się prowadzić ludzi ku Bogu.

Stary prorok miał młodego przyjaciela, Elizeusza, który także miał zostać prorokiem Boga.

W końcu nadszedł dla Eliasza czas zakończenia misji. Przed odejściem do Pana obiecał Elizeuszowi, że otrzyma dwukrotnie większą moc, niż miał on sam. Przedtem jednak Elizeusz miał zobaczyć, jak Bóg będzie zabierał Eliasza do Nieba.

Kiedy szli razem rozmawiając, nagle pojawił się między nimi lśniący niczym słońce, ognisty rydwan, zaprzężony w oślepiająco jasne rumaki. Potężny poryw wiatru podniósł Eliasza z ziemi. Został zabrany do Nieba!

Widząc to, Elizeusz wołał za nim:
— Mój ojcze! — Ale Eliasza już nie było. Odszedł do Boga.

Elizeusz prorokiem

(2 Krl 2,13-15)

Elizeusz stał i patrzył, jak Bóg zabiera Eliasza do Nieba. Był to wspaniały widok! Ogniste rumaki mknęły po niebie, ciągnąc rydwan tak jasny, jakby był wykonany z płomieni.

Rydwanem powoził Eliasz. Wiatr huczał w uszach Elizeusza. Światło było tak mocne, że musiał osłonić dłońmi oczy. Wokół niego unosił się porwany wichrem piach.

Nagle wiatr ucichł. Niebo było puste. Elizeusz opuścił ręce i rozejrzał się. Był sam.

Schylił się i podniósł płaszcz pozostawiony przez Eliasza. Obrócił twarz ku rzece Jordan. Uderzył płaszczem o wodę, wołając: — Gdzie jest Pan, Bóg Eliasza?

Kiedy płaszcz dotknął fal, wody rzeki rozstąpiły się, a środkiem powstała sucha ścieżka. Elizeusz przeszedł nią na drugą stronę. Gdy wyszedł na brzeg, fale z potężnym hukiem znów się połączyły.

Życzenie Elizeusza spełniło się. Bóg dał mu tę samą proroczą siłę, którą miał Eliasz. Prorok Elizeusz był teraz gotów udać się wszędzie tam, gdzie poprowadzi go Bóg.

Oliwa wdowy

(2 Krl 4,1-7)

Elizeusz wędrował wzdłuż i wszerz całego kraju. Wszędzie, gdzie się pojawiał, przemawiał w imieniu Boga do ludzi. Starał się powstrzymać ich od czczenia fałszywych bogów. Każdemu, kogo napotykał, opowiadał o miłości Bożej. A ponieważ Duch Boży napełniał go mocą, mógł czynić niezwykłe cuda.

Pewnego dnia spotkał wdowę po jednym z proroków Bożych, który zginął z rąk okrutnej królowej Izebel. Pozostała sama z dwoma małymi synkami. Była bardzo biedna, ponieważ w tamtych czasach trudno było wdowie zarobić na życie, a nie miała nikogo, kto by jej pomógł.

— Proszę cię, panie! — błagała Elizeusza. — Mój mąż nie żyje. Wiesz, że ufam Bogu i jestem Mu posłuszna. Jestem jednak winna pieniądze człowiekowi, który powiedział, że jeżeli ich nie oddam, przyjdzie tu i zabierze moje dzieci. Zostaniemy niewolnikami! Proszę, pomóż mi!

— Jak mogę ci pomóc? — spytał Elizeusz. Potem zastanowił się przez chwilę. — Powiedz mi, czy masz w domu coś, co możesz sprzedać?

Kobieta smutno potrząsnęła głową i przytuliła chłopców. — Nie mam nic, tylko garniec oliwy.

— Idź i poproś sąsiadów, aby pożyczyli ci puste naczynia — polecił Elizeusz. — Weź ich jak najwięcej, przynieś do swego domu i zamknij się z synami. Nalewaj ze swego garnca oliwy do naczyń, a te, które napełnisz, odstaw na bok.

Kobieta uczyniła tak, jak jej polecił Elizeusz. Poszła do sąsiadów i zebrała tyle pustych naczyń, ile zdołała. Potem zamknęła drzwi swego domu i zaczęła nalewać oliwę.

Napełniła pierwsze naczynie, potem drugie, trzecie, czwarte... Mały garniec oliwy, z którego czerpała, zdawał się nie mieć dna. Jak to możliwe, żeby mógł pomieścić w sobie tyle oliwy? W końcu, gdy syn podał ostatnie naczynie, oliwa przestała płynąć.   177

Kobieta spojrzała na całe mnóstwo naczyń z oliwą, wypełniających dom. Potrząsnęła głową z niedowierzaniem. Poszła do Elizeusza, by opowiedzieć mu, co się stało. Prorok odpowiedział: — Teraz idź, sprzedaj oliwę i spłać dług. Resztę pieniędzy przeznacz na żywność dla siebie i swoich synów.

Ucieczka Jonasza

(Jon 1,1-3)

Jonasz był Izraelitą. Pewnego dnia Bóg przemówił do niego: — Chcę, żebyś udał się do miasta Niniwa. Powiedz jego mieszkańcom, że jeśli będą nadal żyli w nieprawości, będę musiał ich ukarać.

Gdy Jonasz usłyszał nazwę miasta, skrzywił się z niechęci. Mieszkańcy Niniwy byli wrogami ludu Bożego. Okrutnie obchodzili się z innymi narodami i żyli w strasznym zepsuciu. Bóg jednak chciał im wybaczyć, dać szansę nawrócenia. Jeśli Bóg potrafił im przebaczyć, potrafi przebaczyć każdemu.

Ale Jonaszowi się to nie podobało. „Dlaczego Bóg chce się o nich troszczyć?" — zastanawiał się. Podjął złą decyzję — postanowił nie posłuchać Boga. Pragnął bowiem, aby Niniwa została zniszczona. Zamiast udać się tam, podążył w przeciwnym kierunku. Tak więc mieszkańcy Niniwy nie mogli zostać ostrzeżeni ani dowiedzieć się, jak bardzo Bóg się na nich gniewa. Jonasz popełnił jednak błąd. Nie ma bowiem na ziemi miejsca, gdzie można się ukryć przed Bogiem. On jest wszędzie i wie wszystko.

Jonasz udał się do nadmorskiego miasta Jafa. Tam przechadzał się po porcie, szukając statku, który mógłby zabrać go jak najdalej od Niniwy. Znalazł w końcu jeden, który płynął do Tarszisz. Jonasz uznał, że to wystarczająco daleko i wsiadł na statek.

Kiedy rozwinięto żagle, odetchnął z ulgą: „Niech teraz tam, w Nini-

wie, otrzymają to, na co zasłużyli", pomyślał.

Burza na morzu

(Jon 1,4-16)

Kiedy statek wypłynął w morze, Jonasz zasnął mocnym snem. Myślał, że może sobie pozwolić na odpoczynek, skoro udało mu się uciec od Boga. Wkrótce miało się okazać, jak bardzo się mylił.

Pan zesłał na morze potężny wiatr i gwałtowną burzę. Olbrzymie fale miotały statkiem w górę i w dół, na wszystkie strony.

— Musi być jakiś powód, że tak się dzieje — mówili marynarze. — Ktoś na naszym statku musiał bardzo rozgniewać swego boga!

Każdy z nich zaczął się modlić do własnego boga, błagając go o ocalenie. Wiatr jednak się wzmagał, a fale stawały się coraz potężniejsze. Statkowi groziło rozbicie.

Kapitan zszedł pod pokład i zobaczywszy Jonasza, potrząsnął nim. — Jak możesz spać podczas takiego sztormu! Módl się do swego Boga, może On nas uratuje!

Kiedy ludzie na pokładzie usłyszeli, że Jonasz jest Izraelitą i że ucieka przed Panem, bardzo się przestraszyli. Dużo słyszeli o potężnym Bogu Izraela. — Chciałeś od Niego uciec? — krzyczeli. Nawet oni wiedzieli, że jest to niemożliwe. Bóg bowiem widzi wszystko.

Wtedy Jonasz pojął, że to z jego powodu rozszalała się burza.

— To twój Bóg tak nas karze. Powiedz, jak możemy powstrzymać ten sztorm? — Jeżeli wyrzucicie mnie za burtę, sztorm ustanie.

Początkowo nie chcieli tego zrobić, ale wkrótce uświadomili sobie, że nie mają innego wyjścia. Jonasz znalazł się za burtą. Morze natychmiast się uspokoiło.

Wielka ryba

(Jon 2,1-11)

Kiedy Jonasz znalazł się w morzu, poczuł, że zbliża się do niego coś zimnego i śliskiego. Gdyby nie był pod wodą, krzyknąłby ze strachu. Wokół niego krążyła ogromna ryba!

Nagle ryba otworzyła paszczę i połknęła Jonasza. Ponieważ była to bardzo wielka ryba, mógł w jej wnętrzu żyć i oddychać. Było tam ciemno i czuć było dziwny zapach.

To niezwykłe zdarzenie nie było przypadkiem. Bóg zesłał tę rybę, by dać Jonaszowi nauczkę. Przed Bogiem nie można ani uciec, ani się ukryć. Pan chciał, żeby Jonasz wykonał to, co mu nakazał i zaniósł Jego przesłanie do Niniwy.

Jonasz poprosił Boga o wybaczenie i podziękował Mu, że o nim nie zapomniał.

Po trzech dniach i trzech nocach Pan nakazał rybie, aby wypluła Jonasza na brzeg.

174

175

Nawrócenie Niniwy

(Jon 3,1-10)

Pan po raz drugi zwrócił się do Jonasza: — Idź do Niniwy i przekaż jej mieszkańcom Moje słowa.

Tym razem Jonasz wykonał zadanie. Niniwa była ogromna. Obejście miasta zajęło Jonaszowi trzy dni. Szedł i wołał: — Za czterdzieści dni Niniwa zostanie zniszczona!

Mieszkańcy Niniwy byli wstrząśnięci. Słowa, które przyniósł Jonasz, napawały strachem. Posłuchali ostrzeżenia Boga i uwierzyli Mu. Wszyscy — od najbiedniejszego żebraka do największego bogacza — modlili się i prosili Boga o przebaczenie grzechów. Nawet król Niniwy zrzucił kosztowne szaty i założył na siebie wór. Rozkazał, by wszyscy uczynili to samo. Nakazał także ścisły post — nawet zwierzętom nie wolno było jeść i pić.

Kiedy Bóg zobaczył, jak bardzo wszyscy żałują i pragną się zmienić, wybaczył im.

Bóg jest dobry

(Jon 4,1-11)

Kiedy Bóg ulitował się i nie zesłał na miasto zapowiedzianej kary, Jonasz znowu nie był zadowolony. — Panie, jak mogłeś zachować Niniwę? To złe miasto, źli ludzie! — wyrzucał Bogu. — Przecież to niesprawiedliwe!

Tego dnia oburzony Jonasz wyszedł za miasto, by oddać się ponurym rozmyślaniom. Siedział w słońcu, patrzył i czekał, co się stanie. Bóg sprawił, że za jego plecami wyrósł krzew, chroniąc go swym cieniem. Dzięki temu Jonaszowi nie było zbyt gorąco. Jonasz myślał, że jest to jedyna dobra rzecz, jaka go w życiu spotkała.

Bóg jednak następnego dnia zesłał na roślinę robaczka, który uszkodził ją, przez co uschła. Zaczął wiać gorący wschodni wiatr, od którego Jonasz zasłabł. Żalił się więc Jonasz przed Bogiem: — Panie, dlaczego uschła ta roślina? Nawet ona mnie zawiodła. Proszę cię, uwolnij mnie od cierpienia.

— Czemu miałbyś gniewać się na roślinę? — spytał Bóg.

— Chcę, żeby znów zaczęła rosnąć — odparł Jonasz.

Wtedy Pan powiedział: — Żal ci, że roślina uschła. Chciałeś, żeby żyła, chociaż jej nie zasadziłeś. Dlaczego Ja nie miałbym zatroszczyć się o ponad sto tysięcy ludzi zamieszkujących Niniwę? Dopóki im tego nie powiedziałeś, nie wiedzieli, że źle postępują. To dlatego cię do nich posłałem. Trzeba było, by się nauczyli odróżniać dobro od zła. Teraz, dzięki tobie, poznali Mnie.

Jonasz wreszcie zrozumiał. Bóg wiele go nauczył.

187

Zagłada Jerozolimy

(2 Krl 25,8-24; 2 Krn 36,18-21; Jr 39,8-52,30)

Przez wiele, wiele lat wysyłał Bóg Swych proroków, by ostrzegali ludzi i wzywali ich do wierności wobec Niego. Pan mówił, że jeśli nie porzucą fałszywych bożków, to Jerozolima zostanie zburzona, a lud Boży pójdzie w niewolę. Ludzie jednak nie chcieli słuchać i uparcie trwali w odstępstwie.

W końcu król babiloński, Nabuchodonozor, zdobył Jerozolimę. Rozkazał swym żołnierzom spalić świątynię Pana i pałac królewski. Wkrótce cała Jerozolima stanęła w płomieniach. Potem armia babilońska zburzyła mury miasta i pojmała w niewolę jego mieszkańców. Wysłano ich do Babilonu jako niewolników.

Kiedy Jerozolima płonęła, król Nabuchodonozor wysłał swych ludzi do pałaców i do świątyni, by zabrali z nich wszystkie skarby. Żołnierze zabierali każdy kawałek złota i srebra, jaki znaleźli, a nawet

wielkie kolumny z brązu. Ze świątyni nie pozostało nic. Nabuchodonozor wywiózł wszystko do Babilonu.

Prorokiem Bożym był wówczas człowiek o imieniu Jeremiasz. Był jednym z niewielu ludzi, których Nabuchodonozor oszczędził. Król wydał rozkaz, by nie wyrządzono mu żadnej krzywdy. Jeden z dowódców armii babilońskiej powiedział Jeremiaszowi: — Wszystko stało się tak, jak przepowiedziałeś. Pan sprowadził na to miejsce klęskę, ponieważ ludzie nie chcieli Go słuchać. Jesteś wolny. Chodź z nami do Babilonu, gdzie będziesz bezpieczny, albo zostań tutaj, jeśli wolisz.

Jeremiasz nie chciał iść do Babilonu, dowódca powiedział więc: — Dobrze, zostań tutaj. — Dał mu trochę jedzenia i pieniędzy, po czym puścił go wolno. Jeremiasz wybrał życie wśród ludu Bożego. Byli to ludzie najbiedniejsi z biednych. Wszystko, co im pozostało — to ruiny Jerozolimy.

179

Daniel i jego przyjaciele

(Dn 1,1-6)

Zanim Jerozolima została zburzona, król Nabuchodonozor wziął w niewolę do Babilonu grupę Izraelitów. Byli to młodzi ludzie, a wśród nich Daniel.

Daniel i jego trzej przyjaciele pochodzili z najznakomitszych rodzin żydowskich. Król Nabuchodonozor rozkazał, by spośród grupy jeńców wybrać najprzystojniejszych, najsilniejszych i najmądrzejszych chłopców i umieścić ich w specjalnej szkole. Mieli w niej pozostawać przez trzy lata pod opieką babilońskich nauczycieli. Najlepszy z nich miał potem służyć u samego króla.

W ten sposób Daniel i jego trzej przyjaciele stali się sługami na dworze wielkiego króla. Musieli się bardzo starać, aby Babilończycy byli z nich zadowoleni. Nie było to łatwe, ponieważ byli Izraelitami.

W obcym świecie

(Dn 1,7-8)

Daniel i jego przyjaciele różnili się od młodych Babilończyków. Ale nie byli tym bynajmniej zmartwieni. Należeli do ludu wybranego przez Boga i byli z tego dumni.

Danielowi towarzyszyli: Chananiasz, Miszael i Azariasz — najmądrzejsi ze wszystkich chłopców uprowadzonych z Izraela. Babilończycy uczyli ich swojej historii i języka, a także dali im babilońskie imiona. Daniel stał się więc Belteszassarem, Chananiasz — Szadrakiem, Miszael otrzymał imię Meszak, a Azariasz — Abed-Nego.

Król Nabuchodonozor rozkazał, żeby wszyscy chłopcy spożywali tylko najlepsze potrawy. Mieli jeść dużo świeżych jarzyn i mięsa, a także codziennie pijać wino.

Powstał jednak problem — mięso i wino, które dostawali od Babilończyków nie było takie, jakie Żydzi powinni spożywać. Prawa, które Pan przekazał Mojżeszowi, określały, jakie mięso wolno im spożywać, a także, w jaki sposób mają zostać zabite zwierzęta, których mięso jest przeznaczone do spożycia. Daniel i jego przyjaciele poznali te przepisy jako mali chłopcy, kiedy mieszkali jeszcze ze swymi rodzinami w Jerozolimie. Postanowili nie łamać praw, które Bóg dał Swemu ludowi.

Próba wierności

(Dn 1,9-13)

Daniel udał się do nadzorcy służby dworskiej. — Panie — powiedział wskazując stół z jedzeniem — pragnę prosić cię o pomoc. Nie mogę wypełnić rozkazu króla.

Nadzorca spojrzał na stojącego przed nim chłopca. Bóg sprawił, że w jego sercu pojawiła się sympatia do Daniela. Zdecydował, że zaryzykuje i pomoże mu. Tłumaczył się jednak: — Ależ Danielu, jeżeli król dowie się, że nie karmię was tak, jak mi rozkazał, zabije mnie. Co zrobię, kiedy zobaczy, że jesteście bledsi i chudsi od innych chłopców?

Daniel przez chwilę nic nie mówił, a potem się uśmiechnął. — Mam pewien pomysł!

Podszedł do strażnika, którego nadzorca wybrał do opieki nad czwórką przyjaciół: — Czy możesz nam dać dziesięć dni? Będziemy jedli tylko jarzyny i pili wodę. Po dziesięciu dniach przekonasz się, czy wyglądamy lepiej, czy gorzej niż inni chłopcy, którzy odżywiają się tak, jak nakazał król. Potem zadecydujesz, co powinniśmy jeść.

Strażnik spojrzał na nadzorcę, a ten skinął głową. Rozpoczęła się próba.

Pojętni uczniowie

(Dn 1,14-20)

Strażnik dotrzymał słowa. Przez dziesięć dni pozwalał Danielowi, Chananiaszowi, Miszaelowi i Azariaszowi jeść tylko jarzyny i pić wyłącznie wodę. Gdy czas próby minął, wszyscy chłopcy stawili się przed nadzorcą służby dworskiej.

Nadzorca nie mógł uwierzyć własnym oczom. Daniel i jego przyjaciele wyglądali o wiele lepiej niż inni. Co więcej, uśmiechali się, a ich oczy lśniły. Kiedy sprawdzono ich kondycję i wytrzymałość, okazało się, że są silni i pełni energii. Pozostali chłopcy, zmęczeni próbą, z zazdrością na nich patrzyli.

Nadzorca nakazał strażnikowi, żeby przez trzy lata, które chłopcy mieli spędzić w szkole, jedli tylko jarzyny i pili wodę. Bóg wciąż im błogosławił, byli więc silni i zdrowi.

Bóg pomógł też czterem przyjaciołom w zdobyciu mądrości i wiedzy. Nauczyli się wszystkiego, co było możliwe, o historii Babilonu i jego prawach. Opanowali także język jego mieszkańców. Daniel zaś otrzymał od Boga dar tłumaczenia snów.

Po trzech latach nadzorca zabrał chłopców do Nabuchodonozora. Król sprawdził, czego się nauczyli. Zadawał im wiele trudnych pytań. Spośród wszystkich zebranych najlepsze odpowiedzi dawali Daniel, Chananiasz, Miszael i Azariasz. Nabuchodonozor wybrał ich więc na swych najbliższych doradców.

Nieudolni wróżbici

(Dn 2,1-13)

Wkrótce po tym, gdy Daniel został doradcą króla, Nabuchodonozor miał dziwny sen. Wezwał więc swoich wróżbitów. — Ten sen zaniepokoił mnie — powiedział im — chcę wiedzieć, co oznacza.

— Tak, wasza wysokość — odpowiedzieli wróżbici. — Opowiedz nam ten sen, a my powiemy ci, co oznacza.

— Nie — powiedział król — to wy mi najpierw powiedzcie, co mi się śniło, a potem — co to oznacza. Jeżeli tego nie zrobicie, zabiję was i zniszczę wasze domy. Jeżeli wam się uda, obsypię was bogactwami i zaszczytami.

Wróżbitom wydawało się, że się przesłyszeli. Jeszcze raz poprosili: — Niech król opowie nam swój sen, wtedy z radością powiemy, co ten sen oznacza.

Król wpadł w gniew: — Chcecie mnie oszukać! Wy niedołęgi! Macie mi opowiedzieć mój sen, abym przekonał się, czy umiecie go wytłumaczyć!

— Królu, to niemożliwe. Jeszcze nikt nigdy nie żądał od wróżbitów czegoś takiego!

Król wpadł w jeszcze większy gniew. — Dosyć tego! Jeżeli nie potraficie wykonać tego rozkazu, zostaniecie straceni! I wydał polecenie zabicia wszystkich swych mędrców i wróżbitów.

Rozkaz ten obejmował także królewskich doradców. Oznaczało to, że Daniel i jego przyjaciele również muszą zginąć!

Wytłumaczenie snu

(Dn 2,14-43)

Daniel modlił się wraz z przyjaciółmi, prosząc Boga o pomoc. Tej nocy
miał widzenie. Poznał treść snu króla. Rano niezwłocznie powiadomił
o tym władcę.

— Czy naprawdę możesz mi powiedzieć, o czym śniłem i wytłumaczyć, co oznacza ów sen? — zapytał
król.

— Ja nie — odrzekł Daniel. —
Ale może to uczynić Bóg w Niebie.
Zobaczyłeś we śnie straszny posąg.
Miał głowę ze złota, pierś i ramiona
ze srebra, brzuch i biodra z miedzi,
nogi z żelaza, a stopy z gliny. Nagle
posąg został zburzony przez kamień,
który rozrósł się w wielką górę
i przykrył całą ziemię. Taki był twój

sen. A oto jego znaczenie: Każda z części posągu oznacza inne królestwo. Ty, jako król Babilonu, jesteś jego głową. Po tobie przyjdzie następne królestwo, a potem kolejne. W końcu nastanie czwarte królestwo, mocne jak żelazo, i będzie stanowić prawa. Ale będzie to królestwo podzielone...

Wieczne królestwo

(Dn 2,44-49)

Bóg w ten sposób mówił królowi, że Babilon w przyszłości ulegnie Persji, potem Grecji, a na koniec Rzymowi. To właśnie Rzym miał być podzielonym królestwem. Potem Bóg dokona największego ze swych cudów — da ludziom Swego Syna, Jezusa Chrystusa. On zaprowadzi zupełnie inne królestwo, w którym będzie panował pokój. Daniel zaczął o tym opowiadać:

— Kiedy światem rządzić będzie podzielone królestwo, Bóg ustanowi inne królestwo, które nigdy nie ulegnie zniszczeniu. Będzie trwało wiecznie. Jego symbolem jest wielki kamień, który oderwał się od góry. Został on strącony przez samego Boga.

— Twój Bóg jest największy i najmądrzejszy! — stwierdził król. Zaraz też uczynił Daniela najpotężniejszym człowiekiem w Babilonie.

Trzej młodzieńcy

(Dn 3,1-18)

Minęło wiele lat. Król Nabuchodonozor zapomniał, niestety, o swoim podziwie dla jedynego Boga, którego czcił Daniel. Kazał natomiast postawić olbrzymi posąg ze złota i ogłosił, że to jest jego bóg. Wydał rozkaz: „Ilekroć zabrzmi królewska muzyka, wszyscy mają paść na ziemię i modlić się do posągu. Kto tego nie uczyni, zostanie wrzucony do rozpalonego pieca."

Nie upłynęło wiele czasu, a król dowiedział się, że Daniel i jego trzej przyjaciele nie oddają czci złotemu posągowi. Gdyby to zrobili, złamaliby prawo prawdziwego Boga. Prawo to mówi: „Nie będziesz miał cudzych bogów obok Mnie".

Kiedy Nabuchodonozor się o tym dowiedział, wezwał przyjaciół Daniela i zwrócił się do nich używając ich babilońskich imion:

— Szadraku, Meszaku, Abed-Nego, czy to prawda, że nie oddajecie czci mojemu posągowi?

— Tak królu! — przyznali. Nie wolno nam oddawać czci bożkom. Nawet, jeśli zostaniemy za to wrzuceni do rozpalonego pieca, nasz Bóg potrafi nas z niego wybawić!

Rozpalony piec

(Dn 3,19-30)

Nabuchodonozor zapłonął gniewem. Rozkazał żołnierzom, by związali wszystkich trzech przyjaciół: — Zabrać ich! Piec ma być siedem razy gorętszy niż zwykle!

Żołnierze wrzucający przyjaciół Daniela do pieca natychmiast zginęli od gorąca. Ale trzem dzielnym młodzieńcom nic się nie stało!

Co więcej, nie mieli już na rękach więzów! Przechadzali się spokojnie wśród płomieni, nie odczuwając żadnego cierpienia. A ponadto był z nimi jeszcze ktoś. Jego postać lśniła jaśniej niż ogień.

Zdumiony król rozkazał, by mężczyźni wyszli z pieca. Kiedy to uczynili, czwarta postać zniknęła. Król potrząsnął głową. — To niewiarygodne! — zawołał. — Wasz Bóg jest największy. Ocalił was, którzy Mu zaufaliście.

Uczta Baltazara

(Dn 5,1-12)

Król Nabuchodonozor umarł w późnej starości. Następnym królem Babilonu został Baltazar. Daniel zaś był jego doradcą.

Pewnego dnia, kiedy Daniel był już starym człowiekiem, wydarzyło się coś dziwnego.

Król Baltazar wydawał wielką ucztę. Był pijany i bardzo dobrze się bawił. Nagle pomyślał, że zrobi coś dla żartu. Kazał przynieść złote i srebrne naczynia zrabowane ze świątyni w Jerozolimie.

— Dziś będziemy pić ze świętych naczyń, jak bogowie! — zawołał do gości.

— Dobra myśl — odkrzyknęli dworacy. Pijąc wino, wychwalali bożków, którym oddawali cześć.

Nagle, nie wiadomo skąd, pojawiła się w powietrzu dłoń. Zaczęła coś pisać na ścianie królewskiego pałacu. Król z przerażenia zbladł, czuł, jak trzęsą się pod nim kolana.

— Szybko! — krzyknął. — Sprowadźcie wróżbitów, magów i mędrców! Muszę wiedzieć, co napisała ta dłoń! Temu, który to odczyta, dam sowitą nagrodę!

Zwołani pospiesznie wróżbici robili, co mogli, ale żaden z nich nie potrafił odczytać napisu na ścianie.

— Wasza Wysokość — przypomniała sobie nagle królowa. — Jest ktoś, kto może ci pomóc. To człowiek, który przewodzi wszystkim mędrcom. Pomógł już Nabuchodonozorowi wyjaśnić jego sny. Daniel na pewno potrafi pomóc i tobie.

Napis na ścianie

(Dn 5,13-31)

Wkrótce przed królewskie oblicze przyprowadzono Daniela. — Słyszałem, że potrafisz wyjaśniać sny — zwrócił się do niego Baltazar. — Powiedz mi, co ta straszna ręka napisała na ścianie, a sowicie cię wynagrodzę. Będziesz mógł nosić królewską purpurę, dostaniesz też złoty łańcuch.

— Zatrzymaj swoje dary — odpowiedział Daniel. — Nie chcę żadnej nagrody. Wyjaśnię ci znaczenie tych słów, bo objawił mi je Najwyższy. Czy pamiętasz lekcję, jakiej musiał się nauczyć król Nabuchodonozor? On wiedział, że tylko Bóg postanawia, kto ma być królem. Ale ty nie wziąłeś sobie tego do serca. Nie okazałeś Panu należnego szacunku tak, jak to kiedyś nakazał Nabuchodonozor. Stałeś się pyszny do tego stopnia, że kazałeś przynieść naczynia ze świątyni Boga i dałeś swym gościom, by z nich pili. To dlatego ręka wypisała na tej ścianie przesłanie dla ciebie.

Napis oznacza: „Bóg położy wkrótce kres twojemu królestwu. Zostałeś osądzony, nie przeszedłeś próby. Królestwo zostanie podzielone między Medów i Persów."

Kiedy Daniel skończył mówić, król wpadł w przerażenie. Jeszcze tej samej nocy stało się to, co przepowiedział Daniel. Baltazar został zabity, a jego królestwo zostało podbite przez Medów i Persów.

193

Daniel w jaskini lwów

(Dn 6,1-28)

Na gruzach imperium babilońskiego powstało nowe państwo. Jego władcą został Medyjczyk — Dariusz. Wyznaczył on trzech ludzi do zarządzania swym królestwem. Jednym z nich był Daniel.

Daniel był już bardzo stary. Ze wszystkich sił, całym sercem i umysłem służył Bogu. Był człowiekiem modlitwy i widział wielkie rzeczy, jakich dokonywał Pan. Bóg w zamian pobłogosławił go niezwykłą mądrością.

Dariusz wkrótce zauważył, że ze wszystkich jego doradców Daniel jest najlepszy. Chciał go mianować zarządcą całego królestwa. Nie spodobało się to jednak pozostałym dworzanom, którzy uknuli przeciw Danielowi spisek. Próbowali znaleźć coś, co mogłoby świadczyć przeciwko niemu. Chcieli udowodnić, że jest kłamcą albo oszustem. Było to jednak niemożliwe — Daniel był prawym człowiekiem. W końcu wpadli na pomysł, jak mu zaszkodzić. Poszli do króla. — Wasza wysokość — powiedzieli. — Mamy nadzieję, że podpiszesz ten rozkaz. Mówi on, że jesteś bogiem. Przez następnych trzydzieści dni każdy, kto będzie modlił się do innych bogów, ma zostać wrzucony do jaskini lwów.

Królowi spodobał się ten pomysł, więc rozkaz podpisał.

Chociaż Daniel wiedział o zakazie, nie przestawał modlić się do Pa-na. Przez całe swoje życie modlił się co najmniej trzy razy dziennie. Klęcząc przy oknie skierowanym w stronę Jerozolimy, dziękował Bogu za wszystkie błogosławieństwa. Modlił się także za swój lud. Miał nadzieję, że wkrótce nadejdzie dzień, kiedy Żydzi będą mogli wrócić do Jerozolimy.

Wrogowie Daniela widzieli z ulicy, jak się modli. Zaraz poszli do króla. — Pamiętasz o wydanym przez ciebie zakazie modlenia się do innego boga niż ty? Oto Daniel złamał ten zakaz! Wciąż modli się do swojego Boga!

Kiedy król to usłyszał, zasmucił się. Zrozumiał, że został przechytrzony. Przez cały dzień zastanawiał się nad sposobem ocalenia Daniela. Nic jednak nie mógł zrobić. Rozkaz został już wydany.

Straże przyprowadziły do niego Daniela. — Nic nie mogę zrobić — powiedział Dariusz. — Mam nadzieję, że twój Bóg cię ocali.

Daniel został wtrącony do jaskini, w której trzymano lwy. Jej wejście zawalono ogromnym kamieniem. Co teraz będzie? Czy to koniec?

Następnego dnia, gdy tylko słońce wzeszło, król pospieszył do jaskini. Gdy stanął przy kamieniu zamykającym wejście, jego głos drżał: — Danielu, sługo Boga żywego! Czy twój Bóg zdołał cię uratować przed lwami? — król wstrzymał oddech.

— Tak, Wasza Wysokość! — usłyszał odpowiedź. — Ocalałem! Bóg przysłał Anioła, który zamknął pasz-

cze lwów. Bóg mnie ocalił, nic mi
nie jest. Nie zrobiłem przecież nic
złego, królu!

Król natychmiast wezwał straże,
by otworzyły jaskinię. Kiedy strażnicy wyciągnęli z niej Daniela, okazało się, że nie został nawet draśnię-
ty. Dariusz kazał przyprowadzić ludzi, którzy uknuli spisek przeciw
Danielowi, po czym kazał ich wtrącić do tej samej jaskini. Nim dosięg-
nęli dna, pochwyciły ich lwy i roz-
szarpały.

Król wtedy rozkazał: — W całym
moim królestwie wszyscy mają sza-
nować Boga Daniela. To jest żywy
Bóg, którego królestwo będzie trwać
wiecznie, który czyni znaki i cuda.
To On ocalił Daniela od lwów!

Próżny król

(Est 1,1-8; 2,5-7)

Nie wszyscy Żydzi, którzy dostali się do babilońskiej niewoli, zamieszkali w stolicy. Większość rozsiana była po całym imperium perskim. W jednym z takich miejsc żyła piękna żydowska dziewczyna imieniem Estera. Po śmierci rodziców mieszkała u swego stryja, Mardocheusza.

W tym czasie królem perskim był Aswerus. Jego królestwo rozciągało się od Indii aż do Etiopii.

Aswerus był bardzo próżnym królem. Nic nie dawało mu większej przyjemności, niż pokazywanie ludziom, jaki jest wielki i potężny. Przez pół roku wszyscy ważniejsi poddani musieli oglądać jego skarby, pałac, konie i wojska. Na koniec wydał ucztę, która trwała siedem dni.

Goście przybyli do królewskiego ogrodu. Siadali na kanapach zdobionych złotem i drogimi kamieniami, patrzyli na zwieszające się ze ścian pałacu zasłony przetykane złotymi nićmi. Pili wino ze złotych pucharów i jedli przysmaki ze srebrnej zastawy. Rozmawiali i tańczyli pośród fontann.

196

Nieposłuszna królowa

(Est 1,19-22)

Król Aswerus przechwalał się: — Jestem najbogatszym ze wszystkich królów. Moje wojska są najpotężniejsze. Mam też najpiękniejszą królową!

Wszyscy obecni na uczcie słyszeli o piękności królowej Waszti. — Pokaż ją nam! Chcemy zobaczyć królową! — wołali.

Królewscy słudzy pobiegli po królową, która właśnie wydawała osobną ucztę dla kobiet. — Król rozkazał, byś ukazała się jego gościom — powiedzieli.

Królowa oparła dłonie na biodrach. — Dlaczego? — spytała.

— Król chce im pokazać, jaka jesteś piękna!

Ku zdziwieniu służących, królowa potrząsnęła głową. — Nie! Powiedzcie mu, że przyjdę później. Nie widzicie, że teraz jestem zajęta?

Służący byli zaskoczeni. Nikt dotychczas nie odważył się odmówić królowi. Pospieszyli z tą wieścią do władcy. Jego goście też byli zaskoczeni. Wszyscy patrzyli na Aswerusa, ciekawi, co zrobi. Król wpadł w furię. Wezwał swych doradców. — Jak mam ukarać królową za to, że nie wykonała tego, co jej kazałem? — spytał.

— Musisz działać szybko — odpowiedzieli. — W przeciwnym wypadku żony wszystkich książąt w całym kraju przestaną być posłuszne swoim mężom. Ogłoś, że Waszti nie jest już królową i poszukaj kogoś, kto ją zastąpi.

Królowi spodobał się ten pomysł. Rozkaz został przepisany w wielu językach, tak by wszyscy mogli go zrozumieć. Król rozpoczął poszukiwania nowej królowej.

Estera zostaje królową

(Est 2,1-20)

Król Aswerus rozesłał po całym kraju swych najbardziej zaufanych ludzi. Mieli wyszukać najpiękniejsze dziewczęta i przywieźć je do pałacu. Wśród nich znalazła się Żydówka imieniem Estera.

Przez cały rok dziewczęta były traktowane jak księżniczki. Codziennie służące dbały o ich urodę: namaszczały wonnościami, czesały i ubierały w najpiękniejsze szaty.

Mieszkając w pałacu, Estera starała się, aby nikt nie dowiedział się, że jest Żydówką. Poradził jej to stryj Mardocheusz, który zawsze traktował ją jak ojciec. Estera posłuchała go.

Kiedy ludzie króla zabrali Esterę do pałacu, Mardocheusz podążył za nimi. Każdego ranka, przez cały rok, podchodził do pałacowych murów, by się dowiedzieć, jak się miewa Estera.

Nadszedł dzień, kiedy król miał rozstrzygnąć, która z dziewcząt jest najpiękniejsza i zostanie nową królową.

W końcu przyszła kolej na Esterę, by stanąć przed królewskim obliczem. Wszyscy byli zgodni, że nigdy dotąd nie widzieli piękniejszej panny. — Estera nie ma sobie równej! — orzekł król. I tak piękna Estera została królową Persji.

Wyrok na Żydów

(Est 2,21-3,15)

Mardocheusz każdego ranka podchodził do murów pałacu. Czekał na wieści od Estery. Była teraz królową. Miała wszystko, czego mogła zapragnąć, Mardocheusz jednak wciąż martwił się o nią, jak o własną córkę.

Był na dworze królewskim bardzo wpływowy człowiek imieniem Haman. Swą potęgą ustępował jedynie samemu królowi. Haman wymagał, by wtedy kiedy przechodzi, padano przed nim na kolana.

Znalazł się jednak człowiek, który w pałacowej bramie nie padał przed Hamanem na kolana. Był to Mardocheusz. Wiedział, że Haman pochodzi z plemienia Agagitów, najbardziej zapamiętałych wrogów Izraela, nie chciał więc się przed nim ukorzyć.

Za każdym razem, gdy Haman przechodził obok Mardocheusza, ten nie oddawał mu pokłonu.

Haman wpadał w coraz większy gniew. W końcu powiedział królowi: — Są ludzie, którzy nie wypełniają rozkazów. Zapłacę ci, tylko pozwól mi ich pozabijać.

Haman pragnął śmierci nie tylko dla Mardocheusza. Chciał, żeby zginęli wszyscy Żydzi! Król dał mu swoją zgodę, nie wiedząc nawet, kogo Haman ma na myśli. Rozkaz został rozesłany po całym kraju. Mówił, że należy zabić wszystkich Żydów — młodych i starych, kobiety i dzieci — i to w ciągu jednego ustalonego dnia!

Plan Estery

(Est 4,1-5,12)

Na wieść o królewskim rozkazie, by zabić wszystkich Żydów, Mardocheusz rozdarł szaty i chodził ulicami miasta, głośno lamentując: — Kto zdoła nas ocalić?

Mardocheusz i Estera przez cały czas porozumiewali się ze sobą. Teraz przesłał bratanicy wiadomość: „Musisz iść do króla i błagać go o nasze życie".

Estera, gdy zrozumiała, o co prosi jej stryj, zbladła ze strachu. — Przecież król widuje tylko tych, których sam wezwał! Jeżeli przyjdę do niego nieproszona, może mnie zabić! Jedyna szansa w tym, że wyciągnie nade mną swe złote berło i zechce mnie wysłuchać...

Mardocheusz był niewzruszony. — Nie ocalejesz tylko dlatego, że jesteś królową! Jeżeli nadal będziesz milczeć w takiej chwili, Bóg uratuje Swój lud w inny sposób. Może właśnie dlatego zostałaś królową!

Estera zaczęła się modlić. Po chwili powiedziała: — Przekażcie Mardocheuszowi, że się zgadzam. Zaryzykuję życiem, aby ocalić mój naród.

Po trzech dniach modlitwy, Estera weszła do sali tronowej. Kiedy król ją ujrzał, uśmiechnął się i wyciągnął ku niej berło. — Estero, czy czegoś chcesz? Oddam ci wszystko, nawet połowę królestwa!

— Jeśli to się królowi spodoba, chciałabym zaprosić dziś ciebie

i Hamana na ucztę. — Estera z nadzieją czekała na odpowiedź.

— Ależ oczywiście, przyjdziemy! — zgodził się król.

Tego i następnego wieczoru Estera spożywała kolację w towarzystwie króla i Hamana. Po pierwszym wieczorze Haman wrócił do domu i chwalił się przyjaciołom: — Jestem tak wielki, że nawet król i królowa jadają ze mną przy jednym stole!

Estera ratuje swój naród

(Est 7,1-6)

Drugiego wieczoru, gdy Haman i król jedli kolację razem z Esterą,

nadeszła chwila, o którą się modliła. Na stole znalazły się najlepsze potrawy. Król z wielkim zadowoleniem spoglądał na żonę.

— Powiedz mi, moja droga — spytał w końcu — po co to wszystko? Jakie masz życzenie?

Estera wzięła głęboki oddech. — Chcę błagać cię o swoje życie, a także o ocalenie mojego narodu. Wszyscy musimy zginąć. Wszyscy! — i pochyliła głowę.

— Jak to możliwe? — krzyknął król. — Jakiż człowiek mógłby to zrobić? Kto to jest?

— Oto nasz wróg! — Estera wskazała Hamana.

Ukaranie Hamana

(Est 7,7-8,2)

Król wpadł we wściekłość. Wybiegł z komnaty Estery do ogrodu. Haman rzucił się do jej stóp, by błagać o litość.

Gdy król wrócił do komnaty i zobaczył, jak Haman obejmuje stopy Estery, stracił panowanie nad sobą. — Ty! — krzyknął — ty śmiesz nastawać na królową? Nie dotykaj jej!

Przybiegły królewskie straże.

— Powieście tego człowieka! — powiedział król.

Dom Hamana podarował Aswerus Mardocheuszowi, a wszystko, co posiadał, otrzymała królowa. Estera powiedziała królowi, że Mardocheusz jest jej krewnym, ale kocha go, jak ojca. Wtedy król podarował mu swój pierścień, zaś Estera przekazała Mardocheuszowi wszystkie dobra Hamana.

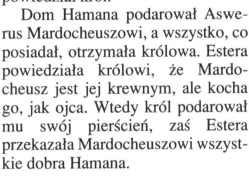

Wstawiennictwo Estery

(Est 8,3-17)

Estera, znów ryzykując życiem, jeszcze raz poszła do króla. Jeżeli król nie wyciągnie ku niej swego berła, tego samego dnia może zginąć.

Kiedy Estera zobaczyła króla, padła do jego stóp zalana łzami. Król wyciągnął ku niej berło. Była bezpieczna. — Czy jest jakiś sposób, by ocalić mój naród przed wykonaniem strasznego rozkazu Hamana?

Estera wiedziała, że gdy król raz wyda jakiś rozkaz, nie można go cofnąć. Aswerus wpadł jednak na pewien pomysł. Wezwał do siebie Mardocheusza: — Masz mój pierścień, Mardocheuszu. Wydaj zatem rozkaz, który uratuje Żydów.

Mardocheusz rozkazał: „Wszystkim Żydom zezwala się na walkę z przeciwnikiem, który zaatakuje ich w dniu bitwy".

Kiedy wieść się rozeszła, wszyscy Żydzi ucieszyli się. Wiedzieli już, kto zwycięży w zbliżającej się bitwie.

Ocalenie przed zagładą

(Est 9,1-10; 9,20-10,3)

Nadszedł dzień wyznaczony na zagładę Żydów. Wszystko jednak, co się wydarzyło, w niczym nie przypominało tego, co zaplanował Haman. Bóg pobłogosławił Żydom i sprawił, że stali się wspaniałymi wojownikami. Tymi, którzy tego dnia zginęli, byli wrogowie ludu Bożego. W dniu bitwy wszyscy książęta i dowódcy przeszli na stronę Mardocheusza, pomagając ludowi Bożemu w obronie przed wrogami.

Wtedy Mardocheusz wydał w imieniu króla jeszcze jeden rozkaz. Była w nim mowa o tym, że Żydom z całego królestwa nie wolno nigdy, przenigdy zapomnieć o tym, jak Bóg ich ocalił. Co roku mieli to z wdzięcznością wspominać i świętować, radując się i obdarowując biednych.

Nowy

Zwiastowanie

(Łk 1,26-38)

Izraelici oczekiwali, że pewnego dnia Bóg ześle Mesjasza. Bóg postanowił, że nadszedł odpowiedni czas i objawił światu obiecanego Zbawiciela. Przyszedł On w osobie Jezusa.

Matką Jezusa była młoda dziewczyna, Maria. Któregoś ranka obudziło ją olśniewające światło. W jej pokoju pojawił się Anioł Gabriel. Przywitał ją i powiedział: — Zdrowaś Mario, błogosławiona jesteś między niewiastami.

Maria w pierwszej chwili się zmieszała, jednak Anioł ją uspokoił:

Testament

— Nie bój się, znalazłaś bowiem łaskę u Boga. Oto poczniesz i porodzisz Syna, któremu nadasz imię Jezus.

Maria miała wkrótce wyjść za mąż za Józefa. Gdy usłyszała więc słowa Anioła, była bardzo zaskoczona. Zaraz jednak powiedziała: — Niech mi się stanie według twego słowa! — Wierzyła, że Bóg się Nią zaopiekuje.

Gabriel powiedział Marii, że jej krewna, Elżbieta, choć już niemłoda, też będzie miała dziecko. — Dla Boga bowiem nie ma nic niemożliwego.

Nawiedzenie

(Łk 1,5-25; 39-45)

Elżbieta, krewna Marii, była kobietą w podeszłym wieku. Wraz z mężem długo pragnęli dziecka. Teraz ich marzenie miało się spełnić. Bóg zapowiedział, że ich dziecko będzie kimś wyjątkowym.

Po odwiedzinach Gabriela, Maria wyruszyła ze swojego domu w Nazarecie, w Galilei, w podróż do Judei, by spotkać się z mieszkającą tam Elżbietą.

Już z daleka, widząc dom krewnej, Maria zawołała: — Witaj, Elżbieto!

211

Na dźwięk jej głosu Elżbieta wy-biegła i powiedziała: — Błogosła-wiona jesteś między niewiastami i błogosławiony jest owoc twojego łona. Jak to możliwe, że Matka mo-jego Pana przychodzi do mnie? Gdy tylko usłyszałam twoje pozdrowie-nie, poruszyło się z radości dzieciąt-ko w moim łonie. Jesteś naprawdę błogosławiona, bo to Ty urodzisz Syna Bożego.

Wątpliwości Józefa

(Mt 1,18-19)

Po jakimś czasie Maria wróciła do Nazaretu. Musiała powiedzieć Józe-fowi o tym, że spodziewa się Dzie-cka. Jak mu to wyjaśnić? Modliła się, by Bóg pomógł jej i by przygo-tował serce Józefa na tę wiadomość.

Kiedy spotkali się, opowiedziała mu o wszystkim. Chciał jej wierzyć,

ale po ludzku sądząc, to co usłyszał, było przecież niemożliwe.

Mieli właśnie się pobrać, jednak już teraz Maria spodziewała się Dziecka. Józef był szlachetny i nie chciał jej winić, ani tym bardziej oskarżać. Ale przez głowę przemknęła mu myśl: „Czyżby inny mężczyzna był ojcem tego Dziecka?"

Aby nie narazić jej na zniesławienie, postanowił odejść z Nazaretu. Wtedy oskarżenia ludzi spadną na niego. Nie była to jednak łatwa decyzja.

Sen Józefa

(Mt 1,20-24)

Wkrótce po tym, gdy powziął to postanowienie, Józefowi ukazał się we śnie Anioł Pański. Polecił mu: — Józefie, synu Dawida, nie bój się przyjąć Marii, twojej żony. Dziecko, które ma się narodzić, poczęło się z Ducha Świętego. Nadaj Synowi imię Jezus, bo On wybawi ludzi od ich grzechów.

Józef przebudził się i z wiarą przyjął to, co usłyszał. Dopiero teraz odzyskał pokój w swoim sercu.

Przez cały ten czas Maria modliła się za Józefa. Kiedy po nocnym widzeniu przyszedł do niej, okazało się, że jej modlitwa została wysłuchana.

Józef poślubił Marię i wziął ją do swego domu.

Narodziny Jezusa

(Mt 1,25; Łk 2,1-7)

Był wczesny poranek. Józef zapakował podróżne bagaże na osiołka, a Maria usadowiła się między przywiązanymi tobołkami. Mieli wyruszyć do Betlejem, małego miasteczka w Judei.

Rzymski władca, Cezar August, ogłosił spis ludności. Każdy musiał pojechać do miasta, z którego pochodziła jego rodzina. Rzymscy rachmistrze, na podstawie sporządzonych zapisów, mieli zliczyć ludność w całym Izraelu. Rodzina Józefa pochodziła z Betlejem, więc tam musieli się udać.

— Dlaczego jedziemy właśnie teraz, kiedy już wkrótce urodzi się Dziecko? — martwił się Józef.

Maria wiedziała, że będzie to trudny dzień. Dziecko w jej łonie było już tak duże, że często traciła równowagę i trudno jej było utrzymać się na osiołku.

Wędrowali wiele godzin. Gdy wstało słońce, zrobiło się bardzo gorąco. Marii chciało się spać, ale wiedziała, że gdyby zasnęła, mogłaby spaść. Trochę szła, lecz tak bardzo ją to męczyło, że Józef znów wsadził ją na osiołka.

W końcu dotarli do Betlejem. Ulice były zatłoczone, wszędzie kręciły

214

się dzieci. I ten hałas! Maria poczuła skurcz.

— Józefie! Dziecko! Chyba zaczyna się rodzić.

Józef zbladł. — Musimy wydostać się z tego tłumu i znaleźć jakieś spokojne miejsce — powiedział.

Szli od domu do domu, pytając o wolny pokój. Ale nikt ich nie przyjął.

W pewnej chwili Józef wykrzyknął: — Czy naprawdę nigdzie nie ma miejsca, gdzie moglibyśmy zatrzymać się na noc?!

Jakiś właściciel gospody poradził im: — Możecie wyjść za miasto. W pobliżu pastwisk, na zboczu wzgórza jest duża grota. Rozłóżcie tam sobie świeże siano. Nikt nie będzie wam przeszkadzał i przynajmniej jest cicho.

Józef podziękował mu i pobiegł do Marii. Wyszli z miasta.

Odetchnęli, gdy znaleźli się wreszcie w grocie. Józef wciąż modlił się, by wszystko dobrze się skończyło. Bardzo się martwił, że jego żona urodzi Dziecko w grocie dla zwierząt, nie mieli jednak innego wyjścia.

Gdy Maria urodziła Syna, Józef wziął Go na ręce i obydwoje spojrzeli na Niego z miłością. — Będzie się nazywał Jezus — powiedziała Maria.

Hołd pasterzy

(Łk 2,8-17)

Niedaleko groty, wśród pobliskich wzgórz, spali pasterze. Nagle obudził ich donośny głos.

— Patrzcie! — zawołał jeden z nich, wskazując na niebo. W górze zobaczyli gwiazdę jaśniejszą od wszystkich innych. Zdawała się zbliżać coraz bardziej.

— Słuchajcie! Czy słyszycie te głosy? — Nadstawili uszu. Z daleka usłyszeli coraz wyraźniejszy śpiew.

Nagle całe niebo rozjaśniło się. Pasterze zobaczyli Anioła stojącego tuż przed nimi. Rzekł: — Nie lękajcie się! Dziś w mieście Dawida narodził się wam Zbawiciel. Poznacie to, gdy znajdziecie Niemowlę owinięte w pieluszki i leżące w żłobie.

Zaraz też wielu Aniołów otoczyło pasterzy! Śpiewali: — Chwała Bogu na wysokościach, a na ziemi pokój ludziom Jego upodobania. — Muzyka anielska była kojąca i słodka, a jednocześnie poruszała do głębi ich serca.

Pasterze upadli na kolana. Wysławiali Boga za to, że pozwolił im zobaczyć i usłyszeć tak niezwykłe rzeczy. Kiedy znów zrobiło się ciemno, popatrzyli na siebie z niedowierzaniem. Ktoś zapytał: — Czy to był sen?

Jednak wszyscy wiedzieli, że wydarzyło się to naprawdę. Spędzili owce i wyruszyli do Betlejem.

Zbliżając się do miasteczka, zauważyli dużą gwiazdę, która zawisła nieruchomo nad jednym ze wzgórz. Poszli w tym kierunku. Zobaczyli grotę i ludzi wewnątrz niej. Podeszli bliżej, żeby się lepiej przyjrzeć. Znaleźli Niemowlę, o którym mówili im Aniołowie! A więc to jest oczekiwany przez wszystkich Mesjasz. Z radością uklękli i wielbili nowo narodzonego jako Króla i Zbawiciela. Maria zaś z Józefem przyglądali się temu ze zdziwieniem. Wiedzieli, że nigdy nie zapomną tej cudownej nocy.

Mędrcy ze Wschodu

(Mt 2,1-10)

Wkrótce Marię i Józefa odwiedzili bardzo dostojni goście. Byli mędrcami z dalekich krain Wschodu. Kiedy zobaczyli jasną gwiazdę na niebie, zrozumieli, że wydarzyło się coś niezwykłego. Wybrali się więc w daleką podróż do Jerozolimy. Wstąpili do króla Heroda i powiedzieli: — Wiemy, że narodził się Król żydowski, bo ujrzeliśmy Jego gwiazdę na Wschodzie. Przybyliśmy, by złożyć Mu pokłon.

Herod przestraszył się. Nie wiedział nic o narodzinach Jezusa, a bardzo nie chciał stracić władzy. Zapytał więc swych doradców: — Gdzie miał się narodzić nowy Król żydowski?

— W Betlejem — odpowiedzieli. Znali odpowiedź, ponieważ prorocy zapowiedzieli te narodziny już wiele, wiele lat wcześniej.

— Kiedy ukazała się gwiazda? — wypytywał Herod mędrców. Chciał jak najwięcej dowiedzieć się o tym nowym Królu, nie z życzliwości jednak, ale z obawy przed utratą tronu. Obmyślił szybko okrutny plan, a mędrcom polecił: — Idźcie i oddajcie Mu pokłon. A kiedy Go znajdziecie, wróćcie i powiedzcie mi, gdzie przebywa, chcę bowiem uczynić to samo.

Mędrcy wyruszyli do Betlejem. Szli za gwiazdą wskazującą im drogę, aż ta zatrzymała się. Weszli do domu i zobaczyli Jezusa w ramionach Marii. Ucieszyli się, że osiągnęli cel długiej podróży. Znaleźli Króla!

Dary dla Króla
(Mt 2,11-12)

Mędrcy zdjęli ładunek z wielbłądów. Przywieźli dla Jezusa cenne i piękne podarunki. Maria i Józef

wpatrywali się w nie zaskoczeni. — Ale to są przecież dary dla króla — wyszeptała Maria, a Józef jej przytaknął.

Jeden z mędrców skłonił się: — Przybyliśmy z daleka. To gwiazda wskazywała nam drogę. Proszę, oto jest złoto dla wielkiego Króla królów.

Potem podszedł drugi mędrzec. — Niezwykle rzadko zdarza się, by nagle pojawiła się tak jasna gwiazda. To Dziecko będzie największym z ludzi. — Położył naczynie z mirrą u stóp Dzieciątka. Mirra to specjalne perfumy, których używają jedynie bardzo ważne osobistości.

Trzeci z przybyłych uśmiechnął się i powiedział: — Oto kadzidło, które palone, czyni powietrze słodkim. Ten zapach jest miły Bogu. Nie rozumiemy tego, ale wierzymy, że ten Król jest jednocześnie Bogiem.

Maria i Józef podziękowali przybyszom. Wszyscy pochylili głowy w modlitwie. Dziękowali Bogu za to, że posłał Jezusa na świat.

W nocy, przed zamierzonym powrotem do domu, mędrcy mieli dziwny sen. Bóg ostrzegł ich, żeby nie wracali do króla Heroda. Przyjęli to ostrzeżenie i wrócili do ojczyzny inną drogą.

Ucieczka do Egiptu

(Mt 2,13-18)

Gdy mędrcy odjechali, Józef miał w nocy sen. Anioł Pański mówił do niego: — Wstań, weź Dziecię i Jego matkę i uchodź do Egiptu; pozostań tam, aż ci powiem; bo Herod będzie szukał Dziecięcia, aby Je zgładzić.

Józef przebudził się natychmiast. Sen był tak przekonujący, że uwierzył od razu. Był pewny, że Bóg kieruje wszystkim. Ukłąkł więc i modlił się: — Dobrze, Panie, uczynię, jak każesz.

Obudził Marię i opowiedział jej o śnie. Szybko spakowali rzeczy i objuczyli nimi osiołka. Józef delikatnie podniósł śpiącego Jezusa i podał Go matce. Potem wyprowadził osiołka i odjechali.

Król Herod ciągle czekał na powrót mędrców. Rozgniewał się bardzo, kiedy się nie pojawili. Chciał ich oszukać, lecz wkrótce zrozumiał, że to oni wywiedli go w pole.

Herod nie mógł znieść myśli o innym niż on królu. „Kto by to nie był, zabiję go! Nie muszę wiedzieć, gdzie się teraz znajduje, wiem przecież, że wciąż jest niemowlęciem!"

Nakazał swoim żołnierzom, by przeszukali całe Betlejem. Dom, w którym mieszkali Maria i Józef, był już jednak pusty, a rodzina bezpiecznie zmierzała do Egiptu.

Powrót do Nazaretu

(Mt 2,19-23; Łk 2,39-40)

Minęło kilka lat i król Herod umarł. Józef, Maria i Jezus spędzili ów czas w Egipcie.

I znów pewnej nocy Anioł Pański ukazał się Józefowi we śnie. — Wstań, weź Dziecko i Jego matkę i idź do ziemi Izraela — nakazał Anioł.

Następnego ranka Józef przekazał Marii tę dobrą wiadomość i wkrótce byli już w drodze do domu. Powrócili do swojego miasta, Nazaretu.

Józef otworzył w Nazarecie warsztat stolarski. Ludzie przychodzili

do niego z połamanymi krzesłami czy stołami, a on przez cały dzień piłował, heblował i naprawiał. Gdy Jezus podrósł, często przychodził do warsztatu i chętnie pomagał Józefowi.

Wieczorami Józef i Maria uczyli Jezusa historii Izraela i opowiadali Mu o miłującym Ojcu w Niebie. Widzieli, że ich Syn wie o Bogu naprawdę dużo. W ciągu dziecięcych lat Jezusa uczyli się od siebie nawzajem.

Jezus w świątyni

(Łk 2,41-52)

Kiedy Jezus ukończył dwanaście lat, Maria i Józef zabrali Go do Jerozolimy na święto Paschy.

Ostatniego dnia święta Maria i Józef wyruszyli w drogę powrotną do domu, bez Jezusa. Myśleli, że jest wśród krewnych, którzy też wracali do Nazaretu.

Po całym dniu drogi, gdy Go nie znaleźli, zaczęli pytać dzieci: — Czy widzieliście Jezusa? — Dzieci przecząco kręciły głowami.

Maria i Józef spojrzeli na siebie. Wyglądało na to, że Jezus wciąż jeszcze był w Jerozolimie! W jaki sposób Go teraz znajdą? Wrócili szybko do miasta. Szukali Go wszędzie, widzieli mnóstwo dzieci, ale nie było wśród nich Jezusa.

Po trzech dniach poszukiwań byli już niemal załamani. W końcu udali się do świątyni, gdzie Żydzi celebrowali szabat i święta.

Gdy weszli do środka, Józef spostrzegł grupę uczonych pilnie kogoś słuchających. Właśnie tam, wśród starszych, siedział Jezus. To Jego wszyscy słuchali.

Maria i Józef zaczęli przeciskać się do Jezusa. Kiedy do Niego dotarli, Maria zapytała: — Synu, dlaczego nie poszedłeś z nami? Szukaliśmy Cię wszędzie. Byliśmy tak bardzo zmartwieni.

Jezus odparł: — Dlaczego Mnie szukaliście? Czy nie wiedzieliście, że powinienem być w tym, co należy do mego Ojca?

Jezusowi chodziło o to, że skoro jest Synem Bożym, powinien być w świątyni, która jest domem Jego Ojca. Kiedy razem z Jezusem opuszczali świątynię, słyszeli, że wiele osób dziwiło się: — Jak taki młody chłopiec może mówić z taką mądrością?

Jezus zaś wrócił z Rodzicami do Nazaretu i był im we wszystkim posłuszny.

222

Chrzest Jezusa

(Mt 3,1-17; Mk 1,1-11; Łk 3,1-22; J 1,29-34)

Jezus miał kuzyna zwanego Janem Chrzcicielem, syna Elżbiety, krewnej Marii.

Kiedy Jan dorósł, Bóg polecił mu zapowiadać przyjście Mesjasza. Jan więc nawoływał ludzi: — Przygotujcie drogę Panu, prostujcie ścieżki dla Niego!

Tłumy siadały na brzegu rzeki, by go słuchać. Przyjmowano chrzest z jego rąk. Chrzest polegał na zanurzeniu w wodzie.

Ludzie kolejno podchodzili do Jana, by dać się ochrzcić. Jan podniósł wzrok, żeby zobaczyć, kto następny. Był to Jezus! Patrzyli na siebie przez chwilę.

Jezus wszedł do wody, modląc się. Nagle, niebo jakby się rozdzieliło — zstąpił Duch Święty pod postacią gołębicy unoszącej się nad Jego głową.

Z nieba odezwał się potężny głos: — Tyś jest Mój Syn umiłowany, w Tobie mam upodobanie. — To Bóg mówił ludziom, że powinni słuchać Jezusa.

Jezus i Jan Chrzciciel

(J 1,19-34)

Często, kiedy Jan Chrzciciel nauczał, jego słuchaczami byli przywódcy religijni. Chcieli wiedzieć,

czy Jan naprawdę jest prorokiem zesłanym przez Boga. — Kim jest ten dziwny człowiek nauczający pośrodku rzeki? — pytali jedni drugich.

Pewnego dnia zapytali Jana wprost: — Kim jesteś?

Jan odparł: — Nie jestem Mesjaszem. — Jan wiedział, że to Jezus jest zapowiedzianym Mesjaszem-Chrystusem.

— Więc dlaczego chrzcisz, jeśli nie jesteś ani Mesjaszem, ani prorokiem?

— Ja was chrzczę wodą; lecz idzie mocniejszy ode mnie, któremu nie jestem godzien rozwiązać rzemyka u sandałów. — Faryzeusze rozglądali się wokół w poszukiwaniu kogoś ważnego, lecz nikogo takiego nie dostrzegli.

Kilka dni później Jan znowu zobaczył Jezusa wśród tłumu. Zawołał: — Oto Baranek Boży! On gładzi grzechy świata. Ja chrzciłem was wodą, a On chrzcić was będzie Duchem Świętym! Jest Synem Bożym, ale wy Go jeszcze nie znacie!

Gdy faryzeusze usłyszeli te słowa, zmieszali się i rozgniewali. Patrzyli, jak Jezus przechodzi wśród tłumu. — Niedobrze, że Jan ma tylu zwolenników. A jeżeli ten Jezus stanie się bardziej popularny niż Jan, to możemy mieć jeszcze większe kłopoty — mówili między sobą. Postanowili przyjrzeć się bliżej obydwom — Janowi i Jezusowi.

Kuszenie Jezusa

(Mt 4,1-12; Mk 1,12-14; 6,17-20; Łk 3,19-4,13)

Po chrzcie Jezus wyszedł na pustynię, aby się modlić. Wróg Boga, Szatan, chciał popsuć Boże plany. Nienawidził Jezusa i nie chciał, by ludzie poznali Go i kochali.

Jezus, jako Syn Boży, mógł mieć wszystko, czegokolwiek zapragnął. Jednak Szatan zamierzał skłonić Go, by wykorzystał Swoją moc w zły sposób. Przyszedł do Niego i Go kusił.

Jezus przebywał na pustyni przez czterdzieści dni i nocy. Przez cały ten czas nic nie jadł. Wszystkie Jego myśli skupiały się wyłącznie na Ojcu w Niebie.

Szatan wiedział, że Jezus był głodny. Próbował więc najpierw skusić Go jedzeniem: — Jeśli jesteś Synem Bożym, powiedz temu kamieniowi, by stał się chlebem.

Lecz Jezus wiedział, że ważniejsze od jedzenia jest czynienie tego, czego chce Ojciec w Niebie. Nie dał

się skusić i rzekł: — Nie samym chlebem żyje człowiek, lecz każdym słowem, które pochodzi z ust Bożych.

Wtedy diabeł zaprowadził Jezusa na szczyt wysokiej góry. Pokazując Mu wszystkie pałace i najwspanialsze królestwa świata, zaproponował: — Jeśli oddasz mi hołd i nazwiesz mnie królem, dam Ci wszystkie te bogactwa.

Jezus odpowiedział: — Panu, Bogu swemu, będziesz oddawał pokłon i Jemu samemu służyć będziesz.

W końcu Szatan zaprowadził Jezusa do Jerozolimy i postawił na narożniku świątyni. Było to bardzo wysoko. Powiedział Mu: — Skocz. Jeżeli Bóg rzeczywiście Cię miłuje, wyśle Swych Aniołów, by Cię ponieśli.

Tym razem Jezus odparł: — Nie będziesz wystawiał na próbę Pana, Boga swego. Idź precz, bo nie zamierzam robić tego, co chcesz. Jestem tu, by pełnić wolę Mego Ojca.

Wtedy Szatan opuścił Go, a przybyli Aniołowie, by Mu służyć.

Po powrocie z pustyni Jezus usłyszał smutną wieść, że król Herod Antypas wtrącił Jana Chrzciciela do więzienia.

Pierwsi uczniowie

(J 1,35-51)

Niedługo przed aresztowaniem, Jan Chrzciciel stał z dwoma swoimi uczniami. Jeden miał na imię Andrzej. Gdy zobaczyli Jezusa, uczniowie poszli za Nim, a On odwróciwszy się zapytał: — Czego szukacie?

Zapytali, czy mogą pójść z Nim tam, gdzie mieszka, aby posłuchać Jego nauki. Jezus zgodził się.

Uczniowie ci słyszeli od Jana, jak ważne jest słuchanie prawdy. Jan Chrzciciel powiedział przecież, że po nim przyjdzie Ten, który go przewyższa i że powinni pójść za Nim.

Słuchając słów Jezusa, Andrzej pomyślał: „Muszę powiedzieć wszystkim, że to właśnie jest człowiek, o którym mówił Jan." Udał się zaraz do swego brata, Szymona, i zawołał: — Szymonie, znaleźliśmy Mesjasza! Chodź, zaprowadzę cię do Niego.

Szymon nie wiedział, co o tym sądzić. Poszedł jednak z bratem. Gdy Jezus spojrzał na niego, powiedział: — Ty jesteś Szymon, syn Jana. Będziesz się nazywał Kefas, to znaczy Piotr. — Odtąd wszyscy nazywali go Szymon Piotr, a potem Piotr. Imię to znaczy „Skała, Opoka".

Następnego dnia Jezus udał się do Galilei. Tam spotkał Filipa i wezwał go, mówiąc: — Pójdź za Mną.

Filip z kolei poszedł do swego przyjaciela, Natanaela i powiedział: — Znaleźliśmy Tego, którego zapo-

228

wiadali Mojżesz i prorocy. To Jezus z Nazaretu!

Natanael jednak zaśmiał się. Nie wierzył, by w tak nędznym mieście jak Nazaret, mógł znaleźć się ktoś tak dobry. Kiedy spotkał Jezusa, Ten powiedział do niego: — Znam cię Natanaelu. Wierzysz w Boga i bardzo starasz się czynić to, czego On chce. Wiem, że siedziałeś pod drzewem figowym i rozmyślałeś, gdy zawołał cię Filip.

Natanael był bardzo zaskoczony tym, że Jezus wiedział o wszystkim. Odpowiedział Mu: — Wierzę, że Ty jesteś Synem Bożym. Ty jesteś Królem Izraela.

Jezus uśmiechnął się: — Tak łatwo uwierzyłeś? Zapewniam cię, zobaczysz jeszcze więcej niż to.

Niezwykły połów

(Mt 4,18-22; Mk 1,16-20; Łk 5,1-11)

Po spotkaniu z Jezusem obaj bracia, Andrzej i Piotr, wrócili do domu. Byli rybakami i musieli zająć się swoimi łodziami i sieciami.

Podczas przygotowań do połowu Piotr zobaczył wielkie tłumy idące w jego kierunku. To zbliżał się Jezus, a z Nim wielu ludzi chcących słuchać Jego nauki.

Jezus podszedł do Piotra, wsiadł do łodzi i poprosił, żeby odbił trochę od brzegu. Potem usiadł w łodzi i zaczął nauczać ludzi, którzy zebrali się na brzegu.

Gdy Jezus skończył mówić, zwrócił się do Piotra: — Wypłyń na głębszą wodę i zarzuć sieci na połów.

— Mistrzu, całą noc pracowaliśmy, lecz nic nie złowiliśmy. Zrobię jednak tak, jak mówisz — odrzekł Piotr. Posłusznie zarzucił sieć, a kiedy zaczął ją wciągać z powrotem, czekała go ogromna niespodzianka. Sieć była całkowicie wypełniona! Piotr musiał prosić rybaków z drugiej łodzi, żeby mu pomogli. Gdy wreszcie wyciągnęli ryby na pokład, obie łodzie niemal się zanurzały pod ich ciężarem.

Widząc to Piotr wykrzyknął do Jezusa: — Tak, Ty jesteś Mesjaszem! Proszę cię jednak, Panie, odejdź ode mnie, bo jestem człowiekiem grzesznym.

Jezus zaś odezwał się do niego i Andrzeja: — Nie bójcie się!

Chodźcie za Mną, a uczynię was rybakami ludzi. — Wtedy obaj odłożyli sieci, zostawili na brzegu łodzie pełne ryb i poszli za Jezusem.

Idąc brzegiem, spotkali znajomych rybaków, braci Jakuba i Jana. Jezus podszedł i rzekł im: — Pójdźcie za Mną. — Bracia ze zdziwieniem spojrzeli na Niego. Poczuli jednak, jak ich serca zwracają się ku Jezusowi i przyłączyli się.

Ci mężczyźni stali się najbliższymi przyjaciółmi Jezusa. Chodzili z Nim wszędzie, obserwowali Go i uczyli się od Niego. Byli pomocnikami Jezusa, Jego uczniami.

Wesele w Kanie

(J 2,1-11)

Nieco później Jezus wraz z uczniami został zaproszony na wesele w rodzinnym mieście Natanaela, Kanie Galilejskiej. Była tam również Maria, matka Jezusa. To było naprawdę huczne wesele. Przybyło mnóstwo ludzi, a stoły uginały się pod jedzeniem — było mięso, orzechy, placki pszenne, owoce i ciasta.

W czasie zabawy i tańców goście pili sporo wina, aż w samym środku przyjęcia pan młody zauważył nagle, że wino się kończy. Zmartwił się, gdyż to on był odpowiedzialny za to, by wszystkiego starczyło. Gdyby zabrakło wina, źle świadczyłoby to o nim, jako gospodarzu. Byłaby to po prostu klęska!

Maria dostrzegła kłopot pana młodego. Poszła do swego Syna i powiedziała: — Nie mają już wina. Jezus odpowiedział: — Dlaczego mnie o to prosisz? Wiesz, że nie nadszedł jeszcze czas, aby ludzie poznali, kim jestem.

Mimo to Maria, znając dobroć Jezusa, zawołała służących i powiedziała, by zrobili wszystko, co im każe. Jezus polecił służbie, aby napełnili wodą sześć wielkich dzbanów.

Kiedy to wykonali, powiedział: — Zaczerpnijcie z nich i zanieście staroście weselnemu.

Gdy starosta spróbował, rzekł do pana młodego: — To jest najlepsze wino, jakie kiedykolwiek piłem!

Pan młody nie wiedział, skąd pochodziło to wino, lecz Maria wiedziała.

Oczyszczenie świątyni

(J 2,13-25)

Tuż przed żydowskim świętem Paschy Jezus i Jego uczniowie przybyli do Jerozolimy. Udali się do świątyni, tej samej, w której Maria i Józef odnaleźli Jezusa, gdy zgubił im się jako dziecko.

Gdy tym razem Jezus przybył do domu Swego Ojca, nie podobało Mu się to, co tam zobaczył. Zamiast ludzi modlących się i studiujących Słowo Boże, ujrzał, że ze świątyni uczyniono targowisko.

Sprzedawano tu zwierzęta ofiarne: owce, kozy i ptaki. Cała świątynia rozbrzmiewała odgłosami beczenia, ryczenia i nawoływaniami sprzedawców. Uczniowie spojrzeli

na Jezusa — zobaczyli, że był zagniewany. Wziął do ręki bicz i idąc przez dziedziniec świątynny zaczął wypędzać zwierzęta i ludzi, głośno wołając: „Weźcie to stąd, a z domu Mego Ojca nie róbcie targowiska!"

Poprzewracał stoły bankierów i porozrzucał ich monety. Zwierzęta uciekały, ludzie krzyczeli. Uczniowie stali z ustami otwartymi ze zdziwienia.

Gdy w świątyni zapanował spokój, Jezus zaczął nauczać ludzi, którzy przyszli tu za Nim. Przez kilka kolejnych dni Paschy opowiadał im o Bogu i czynił cuda. Wielu ludzi uwierzyło Jego słowom. Chcieli Go słuchać i przyrzekali, że pozostaną z Nim na zawsze.

Rozmowa z Samarytanką

(J 4,1-26)

Jezus wraz z uczniami przechodzili przez Samarię. Tamtejsi mieszkańcy, Samarytanie, byli odwiecznymi wrogami Żydów. Żaden Żyd nie chciał nawet z nimi rozmawiać.

Mimo to, gdy Jezus zatrzymał się przy studni w Samarii, rozpoczął rozmowę z kobietą samarytańską. Był bardzo zmęczony drogą i poprosił ją, by dała Mu pić.

Samarytanka była zdziwiona, że Żyd do niej się odezwał.

— Dlaczego ty, będąc Żydem, zwracasz się do mnie, kobiety samarytańskiej? — zapytała.

— Gdybyś wiedziała, jakie życie może ci dać Bóg i gdybyś wiedziała, kim jestem, to ty prosiłabyś Mnie o wodę. A Ja dałbym ci wody żywej od Boga. Kto będzie pił wodę, którą Ja mu dam, nie będzie pragnął na wieki — odparł Jezus.

— Proszę, daj mi tej wody! — powiedziała kobieta.

Niespodziewanie Jezus poprosił, by zawołała męża. Gdy odparła, że nie ma męża, Jezus powiedział jej wszystko o jej życiu. Wiedział, ilu miała mężów oraz to, że mieszka teraz z kimś, kto nie jest jej mężem.

Kobieta poczuła się bardzo zakłopotana. Zastanawiała się, skąd znał wszystkie jej tajemnice. Zrozumiała, że mężczyzna, który z nią rozmawia, jest kimś niezwykłym. Skruszona przyznała, że niewiele wie o Bogu, ale słyszała o Mesjaszu, który ma przyjść na ziemię.

Wtedy Jezus odkrył przed nią prawdę: — Mesjasz już przyszedł. Ja nim Jestem.

Wiara Samarytan

(J 4,27-42)

Uczniowie wracali z miasta z kupioną żywnością. Gdy zobaczyli, że Jezus rozmawia z jakąś kobietą, byli zaskoczeni. — Nie powinien tego robić, ona jest przecież Samarytanką — mówili między sobą.

Gdy kobieta zobaczyła zagniewane twarze uczniów, odeszła od Jezusa. Jego słowa dały jej dużo do myślenia. Zapomniała o dzbanie na wodę i pospieszyła do miasta. Tam mówiła ludziom: — Chodźcie zobaczyć człowieka, który powiedział mi wszystko o moim życiu! Czy to możliwe? Czy to może być Mesjasz?

Opowieść ta zaciekawiła ludzi. Uwierzyli kobiecie i przyszli do Jezusa. Słuchali tego, co im mówił i czuli, jak ich serca i umysły otwierają się na Jego słowa. Prosili Go nawet, by z nimi został.

Ten pomysł nie podobał się uczniom. Wcale nie mieli ochoty zostawać u Samarytan na dłużej. Jezus jednak okazywał miłość wszystkim ludziom i zatrzymał się w mieście przez dwa dni. Wielu uwierzyło wtedy, że On jest Mesjaszem. Niektórzy wierzyli ze względu na historię opowiedzianą przez kobietę, jednak jeszcze więcej uwierzyło, ponieważ sami słyszeli Jezusa. Uczył ich o Bogu i spędził z nimi dużo czasu, chociaż był Żydem, a oni Samarytanami.

W pewnej chwili czterej mężczyźni niosący na noszach chorego usiłowali przejść pomiędzy ludźmi. — Przepuśćcie nas, przepuśćcie nas do Jezusa! — wołali. Ale tłum był tak wielki, że w żaden sposób nie mogli przedostać się do drzwi. Dwóch z nich weszło więc na dach i rzucili pozostałym liny, by wciągnąć nosze na górę.

Na noszach leżał całkowicie sparaliżowany człowiek, który w ogóle nie mógł się poruszać. Przyjaciele przynieśli go, ponieważ wiedzieli, że Jezus może go wyleczyć.

Mężczyźni zaczęli robić otwór w dachu! Ludzie słuchający Jezusa wewnątrz domu usłyszeli dziwne odgłosy dobiegające z góry. Gdy podnieśli wzrok, nagle obsypał ich kurz i ujrzeli, jak przez dziurę są opuszczane nosze, na których ktoś leży!

Jezus widział, jak bardzo przyjaciele chorego starali się mu pomóc. — Odpuszczają ci się twoje grzechy. Wstań, weź swoje łoże i idź do domu! — rzekł.

Mężczyzna podniósł się z noszy i zaczął poruszać się tak, jakby nigdy nie był chory. Wszyscy widząc to, cieszyli się i wielbili Boga.

Uzdrowienie paralityka

(Mt 9,2-8; Mk 2,1-12; Łk 5,18-26)

Pewnego dnia Jezus nauczał w domu swego przyjaciela. Przyszło mnóstwo ludzi i wszyscy tłoczyli się wokół maleńkiego budynku. Każdy pragnął usłyszeć, co mówił Mesjasz.

Powołanie celnika

(Mt 9,9-13; Mk 2,14-17; Łk 5,27-32)

Przechodząc obok komory celnej, gdzie pobierano cło i podatki, Jezus zobaczył celnika, Mateusza. Żydzi nienawidzili celników, bo pracowali na rzecz Rzymian, którzy byli wrogami Izraela, a ponadto często oszukiwali i żądali wyższych opłat, niż się należały.

Mijając celnika, Jezus powiedział: — Pójdź za Mną!

Mateusz już wcześniej słyszał o Jezusie. Chciał iść za Nim, bał się jednak, że Jezus się nie zgodzi — był przecież celnikiem. Gdy Jezus powołał go, aż podskoczył z radości. Zostawił wszystkie księgi podatkowe, pieniądze i poszedł z Jezusem.

Wkrótce Mateusz zaprosił Jezusa i Jego uczniów na przyjęcie do swojego domu. Wśród gości znajdowali się także inni celnicy. Wielu z nich miało na sumieniu oszustwa i kłamstwa. Obserwujący ucztę faryzeusze i uczeni w Piśmie byli oburzeni. — Dlaczego jecie i pijecie z celnikami i grzesznikami? — pytali Jezusa i Jego uczniów.

Jezus odpowiedział im: — Nie potrzebują lekarza zdrowi, ale ci, którzy się źle mają. Zastanówcie się — radził im — czy nie lepiej jest zatroszczyć się o ludzi, którzy przeżywają trudności, zamiast ich potępiać?

Takie nauczanie było czymś zupełnie nowym. Religijni przywódcy przyzwyczaili się myśleć, że Bóg dał ludziom przykazania po to, by sądzić i karać tych, którzy ich nie przestrzegają. Jezus zaś uczył, że Bóg dał przykazania po to, by ludzie odróżniali dobro od zła. Powinni więc się miłować i pomagać sobie nawzajem. Grzesznicy także mogą być zbawieni, jeżeli się nawrócą.

238

Uzdrowienie chorego

(J 5,1-9)

Pewnego dnia Jezus wybrał się nad sadzawkę w Jerozolimie, zwaną po hebrajsku Betesda. Prowadziły do niej schody, na których zawsze leżało wielu chorych. Wszyscy czekali na zstąpienie Anioła, który poruszał wodę w sadzawce. Ten, kto pierwszy wchodził do wody po jej poruszeniu, zostawał wyleczony ze swojej choroby.

Przechodząc, Jezus widział chorych i słyszał ich jęki. Niektórzy byli nawet umierający. Wśród nich znajdował się człowiek kaleki, który czekał tam już trzydzieści osiem lat.

Jezus zapytał tego człowieka:

— Czy chcesz być zdrowy?

— Nie mogę zdążyć do sadzawki, gdy woda się poruszy, bo nie mam nikogo, kto by mi pomógł — odrzekł chory.

Jezus powiedział do niego:

—Wstań, weź swoje łoże i chodź!

Mężczyzna poczuł, jak jego ciało przenika niezwykła moc. W jednej chwili wyzdrowiał, podniósł swoje łoże i zaczął chodzić!

240

Wybór Dwunastu

(Mt 10,1-23; Mk 3,13-19, Łk 6,12-16)

Po uzdrowieniu wielu osób, Jezus odszedł sam na wysoką górę i tam przez całą noc modlił się do Swego Ojca.

Kiedy wzeszło słońce, przywołał uczniów. Wybrał spośród nich dwunastu, których nazwał Apostołami. Mieli oni się stać Jego specjalnymi pomocnikami. To oni mieli być Mu najbliżsi i nauczać ludzi wtedy, gdy wstąpi do Nieba.

Jezus wybrał Piotra, Jakuba i Jana, którzy podobnie jak Andrzej, byli rybakami, oraz Mateusza i Szymona, zwanego Gorliwym, który był żarliwym żydowskim patriotą. Pozostali z Dwunastu to Filip, Bartłomiej, Tomasz, drugi Jakub, Tadeusz i Judasz Iskariota.

Po dokonaniu wyboru Jezus zlecił Dwunastu specjalne zadanie do wykonania. Wysłał ich, by uzdrawiali chorych, oczyszczali trędowatych, a z opętanych wypędzali złe duchy. Uczył ich, żeby nie brali nic na drogę, ani też nie przyjmowali od nikogo pieniędzy. Chciał, aby nauczyli się ufać Bogu w każdych okolicznościach.

W ten sposób Jezus przygotowywał swoich Apostołów do pracy, którą mieli wykonywać, gdy Jego już z nimi nie będzie. To właśnie oni mieli głosić Dobrą Nowinę o zbawieniu.

Kazanie na Górze

(Mt 5,1-12; Łk 6,20-23)

Pewnego dnia Jezus przemawiał na wzgórzu do tłumów. Wyjaśniał im, co jest w Jego nauce najważniejsze. Ta Jego przemowa została nazwana Kazaniem na Górze.

Jezus opowiadał ludziom o prawdziwym szczęściu. Dziwili się Jego słowom, bo wydawało im się, że „wywrócił wszystko do góry nogami". Zamiast mówić, że zwycięzcami są ludzie bogaci, silni i energiczni, nauczał, iż naprawdę szczęśliwi są biedni i słabi, gdyż polegają na Bogu. Czegoś takiego ludzie nigdy dotąd nie słyszeli.

W oczach Boga najwyższą wartość mają ludzie biedni. To litościwi i wrażliwi są niezwykli. Oni bowiem pragną, by wszędzie panowała sprawiedliwość i troszczą się o innych.

Jezus powiedział: — Błogosławieni jesteście, gdy ludzie wam urągają i prześladują was, i gdy z Mego powodu mówią kłamliwie wszystko złe na was. Cieszcie się i radujcie, albowiem wasza nagroda wielka jest w Niebie.

Sól ziemi

(Mt 5,13-16)

Prości ludzie słuchający Jezusa byli zupełnie zaskoczeni. Nigdy przedtem nie słyszeli takiej nauki. Dzięki niej czuli się kochani i wyróżnieni przez Boga.

— Wy jesteście solą ziemi — powiedział Jezus.

— Co to znaczy? Jak my możemy być solą? — pytali jeden drugiego.

Odpowiedź jest prosta: to właśnie prości i skromni ludzie czynią świat lepszym. Rodzice wychowują swoje dzieci, rozjemcy zbliżają ludzi do siebie. Ci, którzy ciężko pracują, po powrocie do domu bawią się z dziećmi. To oni ratują świat przed zniszczeniem. Są jak sól, która zapobiega zepsuciu czy zmarnowaniu żywności. Tak jak sól nadaje jedzeniu dobry smak — podobnie dobrzy ludzie, a nie bogaci i wszechwładni, zmieniają „smak świata" ze złego w dobry.

— Wy jesteście światłością świata. Pamiętajcie, że nie może się ukryć miasto położone na wzgórzu, bo jego światła są widoczne z daleka — dodał Jezus.

Światła nie chowa się też pod naczyniem, bo nie przynosiłoby żadnej korzyści. Dlatego też ci, którzy chcą być w swoim życiu posłuszni Bogu, nie powinni się bać postępować zgodnie z tym, czego nauczał Jezus. Każdy, kto kocha Boga, mężczyzna, kobieta czy dziecko, powinien świadczyć, jaki jest Bóg, okazując miłość wszystkim ludziom.

Ukryty skarb

(Mt 6,19-34; Łk 12,22-32)

Podczas Kazania na Górze Jezus uczył o ukrytym skarbie. Powiedział: — Gdzie jest twój skarb, tam będzie i serce twoje. — Co miał na myśli?

Człowiek myśli i marzy o tym, co najbardziej kocha i lubi. Niektórzy marzą o tym, żeby mieć więcej zabawek, szybciej biegać, ładniej śpiewać. Czy jest coś, czego pragniemy bardziej niż wszystkiego innego na świecie?

Jezus uczył, że skarby takie, jak te, można utracić. Ukrytego skarbu trzeba szukać nie tutaj na ziemi, ale w Niebie. — Nie możecie kochać pieniędzy i Boga jednocześnie — mówił Jezus.

— Nie troszczcie się za bardzo o to, czy macie dosyć jedzenia i picia ani za co kupić nowe ubranie. Postawcie Boga na pierwszym miejscu, a zobaczycie, że wszystko inne

ułoży się pomyślnie. Bóg jest większy i mocniejszy od wszystkich problemów, jakie często macie. Nie zapominajcie jednak mówić Mu o nich w modlitwie.

Wskazując na ptaki, Jezus dalej mówił: — Przypatrzcie się im, Ojciec wasz Niebieski je żywi. Czyż nie jesteście ważniejsi niż one? A o ubranie czemu się zbytnio troszczycie? Przypatrzcie się polnym kwiatom, nawet król Salomon w całym swoim przepychu nie był tak przystrojony, jak jeden z nich.

Bóg wie najlepiej, czego ludzie potrzebują. Najważniejsze jest, aby iść za Nim, słuchać Go i kochać innych tak, jak On. O całą resztę zatroszczy się sam Bóg.

Dom na skale i na piasku

(Mt 7,24-29; Łk 6,46-49)

Swoje Kazanie na Górze Jezus zakończył słowami: — Każdego więc, kto tych słów Moich słucha i wypełnia je, można porównać z człowiekiem roztropnym, który swój dom zbudował na skale.

Co dzieje się z domem zbudowanym na skale? Stoi niewzruszenie bez względu na to, jak wielki deszcz pada czy jak silny wicher wieje.

— Każdego zaś, kto tych słów Moich słucha, a nie wypełnia ich, można porównać z człowiekiem nierozsądnym, który dom swój zbudował na piasku.

Co dzieje się z domem zbudowanym na piasku? Może być bardzo piękny. Jednak gdy tylko nadejdzie powódź, natychmiast zostaje podmyty i wali się z wielkim hukiem!

Każdy, kto słyszy naukę Jezusa, ma wybór. Może odejść i żyć nadal tak, jak dotąd. Ale może też postępować według tego, co usłyszał. Może pozwolić, by słowa Jezusa odmieniły jego życie.

Nawrócona grzesznica

(Łk 7,36-50)

Pewnego wieczoru faryzeusz Szymon zaprosił Jezusa do swojego domu na przyjęcie. Faryzeusze byli przywódcami religijnymi. Wielu z nich nie lubiło Jezusa, ponieważ cieszył się większym autorytetem niż oni. Zamiast zanudzać ludzi napomnieniami, uczył o Bożej miłości i przebaczeniu.

Podczas posiłku do domu weszła jakaś kobieta. — Patrzcie, to grzeszna kobieta — mówili goście. Jak ona śmie tu przychodzić?

Kobieta podeszła wprost do Jezusa i uklękła u Jego stóp.

— Co ona robi? — wykrztusił Szymon.

Jezus nic nie mówił. Kobieta natomiast rozpłakała się. Łzy spływały jej po twarzy i obmywały stopy Jezusa, a ona całowała je i ocierała swoimi włosami.

Jezus nie sprzeciwiał się temu, zaś oburzony Szymon rozmyślał:

„Gdyby On był prorokiem, wiedziałby, co to za jedna i jak wielką jest grzesznicą."

Tymczasem kobieta wyjęła maleńką buteleczkę bardzo drogich perfum. Takie perfumy kobiety żydowskie trzymają przez całe życie, zachowując je na niezwykle wyjątkową okazję. Wylała ten cenny olejek na stopy Jezusa na znak, że uważa Go za swojego Króla. Pokój napełnił się cudownym zapachem.

Szymon stawał się coraz bardziej zdenerwowany. Jezus poznał jego myśli i w końcu rzekł: — Szymonie, chcę ci coś powiedzieć.

Było dwóch mężczyzn. Jeden miał ogromny dług, drugi zaś niewielki. Kiedy nie mogli zwrócić pieniędzy, długi zostały darowane im obu. Który z nich będzie bardziej wdzięczny?

— Ten, który był więcej winien. — odparł Szymon.

— Tak, masz rację — powiedział Jezus. A potem ciągnął dalej: „Widzisz tę kobietę? Wszedłem do twego domu, a nie podałeś Mi wody do obmycia nóg; ona zaś łzami oblała Mi stopy i swymi włosami je otarła. Nie dałeś Mi pocałunku; a ona, odkąd wszedłem, nie przestaje całować nóg Moich. Głowy nie namaściłeś Mi oliwą; ona zaś cennym olejkiem namaściła Moje nogi. Posłuchaj więc uważnie: Odpuszczone są jej liczne grzechy, dlatego, że bardzo umiłowała. A ten, komu mało się odpuszcza, mało miłuje."

Przypowieść o siewcy

(Mt 13,1-9; Mk 4,1-9; Łk 8,4-8)

Nauczając Jezus często używał przypowieści. Pewnego razu opowiedział taką:

— Oto siewca wyszedł siać. A gdy siał, niektóre ziarna padły na drogę, nadleciały ptaki i wydziobały je. Inne padły na miejsca skaliste, gdzie niewiele miały ziemi; i wnet powschodziły, bo gleba nie była głęboka. Lecz gdy słońce wzeszło, przypaliły się i uschły, bo nie miały korzenia. Inne znowu padły między ciernie, a ciernie wybujały i zagłuszyły je. Inne w końcu padły na ziemię żyzną i plon wydały, jedne stokrotny, drugie sześćdziesięciokrotny, a inne trzydziestokrotny.

Opowiadając Jezus uważnie przyglądał się słuchającym ludziom, by się przekonać, czy rozumieją sens przypowieści.

Ziarno Słowa Bożego

(Mt 13,10-23; Mk 4,10-20; Łk 8,9-15)

Wielu z tych, którzy słuchali przypowieści o siewcy, a nawet Apostołowie, nie rozumieli tego, co Jezus miał na myśli.

Przypowieści Jezusa były sposobem na wytłumaczenie ludziom, jak mają Go naśladować. Ci, którzy szukali w opowiadaniu ukrytej myśli, mieli szansę ją odkryć i żyć tak, jak uczył Jezus. Dla tych, których serca były zatwardziałe, przypowieści były tylko zwykłymi opowieściami.

Jezus postanowił wytłumaczyć przypowieść o siewcy: — Ziarno to Moja nauka. Niektórzy ludzie słuchają Słowa Bożego, ale nie przyjmują do swych serc tego, co usłyszeli. Wtedy nieprzyjaciel Boga — Szatan, przychodzi i kradnie, tak jak ptaki w przypowieści, tę odrobinę prawdy, która do nich dotarła. To są ziarna posiane na drodze.

Gleba skalista oznacza ludzi, którzy chętnie słuchają Słowa. Przez chwilę starają się naśladować Mnie, ale wystarczy mała trudność, a już wracają do starych przyzwyczajeń.

Gleba ciernista to ludzie, którzy słyszą i rozumieją Słowo oraz chcą według niego żyć. Później jednak pozwalają, żeby codzienne problemy, jak chwasty, zagłuszyły ich nowe życie. Zamartwiają się, gonią za pieniędzmi czy sławą i przestają widzieć cel drogi, którą zaczęli kroczyć.

W końcu, jest także dobra, żyzna ziemia. Są nią ludzie, którzy słuchają i stosują to, czego nauczyli się ode Mnie. Proszą Boga o wybaczenie grzechów i ze wszystkich sił starają się zmienić na lepsze. Ci ludzie będą nawet innych uczyć naśladowania Mnie poprzez swoje postępowanie.

Jezus uczył, że każdy, kto w Niego wierzy, może zdecydować, co uczyni z ziarnem prawdy i czy jego życie będzie dobrą, czy też nieurodzajną glebą.

Przypowieść o chwaście

(Mt 13,24-30; 36-43)

Jezus opowiedział swoim uczniom jeszcze jedną przypowieść związaną z siewem.

— Królestwo Niebieskie podobne jest do człowieka, który posiał dobre nasienie na swojej roli. Lecz gdy ludzie spali, przyszedł jego nieprzyjaciel, nasiał chwastu między pszenicę. A gdy zboże wyrosło i wypuściło kłosy, wtedy pojawił się i chwast.

Słudzy gospodarza pytali go, czy mają powyrywać chwasty, lecz on im odpowiedział: „Nie, byście zbierając chwast nie wyrwali razem z nim i pszenicy. Pozwólcie obojgu róść aż do żniwa; a w czasie żniwa powiem żeńcom: Zbierzcie najpierw chwast i powiążcie go w snopki na spalenie; pszenicę zaś zwieźcie do mego spichlerza."

Jezus wyjaśnił, że tym, kto sieje dobre ziarno jest On sam, zaś polem cały świat. Pszenicą są ci, którzy naśladują Jezusa, zaś chwastem ludzie, którzy Go odrzucają. Nieprzyjaciel to diabeł, zaś żniwo oznacza koniec świata i sąd.

Inne przypowieści

(Mt 13,31-35; Mk 4,30-34; Łk 13,18-21)

Apostołowie często pytali Jezusa o Królestwo Boże. Wiedzieli, że każdy może do niego wejść, gdy tylko zdecyduje się naśladować Jezusa. Wiedzieli też, że Bóg jest Królem, lecz nie mogli sobie wyobrazić Jego Królestwa.

Jezus mówił im, że Królestwo Niebieskie jest jak ziarnko gorczycy, najmniejsze ze wszystkich ziarenek. Gdy jednak zapuści korzenie i wyrośnie, jest wysokie jak drzewo i nawet ptaki budują na nim swoje gniazda.

Tę samą prawdę Jezus przekazał za pomocą innej przypowieści: — Królestwo Niebieskie podobne jest do zaczynu drożdżowego, który pewna kobieta wzięła i wlała w trzy miary mąki, aż się wszystko zakwasiło. Zaczyn miał moc, aby w piecu zamienić ciasto w bochen chleba.

Obie przypowieści ukazują, jak maleńkie początki Królestwa Bożego mogą w cudowny sposób się rozrosnąć. Nawet czyjaś myśl: „Tak, Jezu, wierzę", może być początkiem prawdziwie wielkiej wiary.

Jezus nauczał ludzi przez przypowieści po to, aby mogli wyobrazić sobie to, o czym mówił. Wyjaśniał je później Apostołom, gdyż chciał, żeby się uczyli, wzrastali w mądrości i coraz więcej rozumieli.

Uciszenie burzy

(Mt 8,18; Mk 4,35-38; Łk 8,22-24)

Pod koniec dnia spędzonego na uzdrawianiu chorych, Jezus wsiadł na znajdującą się w pobliżu łódź. — Przeprawmy się na drugą stronę — polecił Apostołom. — Chcę oddalić się od tłumów, by odpocząć po wyczerpującym dniu.

— To będzie miła przejażdżka — rzekł któryś z uczniów, wskazując na pogodne niebo i spokojną taflę jeziora.

— Niekoniecznie — odparł drugi. — Wiesz, jak szybko ta woda może stać się groźna, chociaż w tej chwili wygląda niewinnie.

Wydawało się, że minęło zaledwie kilka chwil, a już łódź z trudem utrzymywała się na wodzie. Wpadli w sam środek burzy i wyglądało na to, że będą mieć kłopoty.

Któryś rzucił się, by złapać uchwyt steru. Potężny wicher wciąż zmieniał kierunek i darł żagle. Kilku uczniów poślizgnęło się. W ostatniej chwili zdołali się złapać burty i to uratowało ich przed zmyciem do wody przez ogromne fale.

Woda przelewała się przez obie burty. Przerażeni ludzie nie wiedzieli, co robić; ktoś walczył ze sterem. Łódź trzeszczała i przechylała się niebezpiecznie z boku na bok. Wszyscy czuli się zupełnie bezradni.

Nagle przypomnieli sobie o Jezusie: — Gdzie On jest? — pytali.

Zobaczyli, że śpi w tyle łodzi. Zaczęli więc Go budzić.

— Nauczycielu, nic Cię to nie obchodzi, że giniemy? Ratuj nas!

Jezus spojrzał na ich przerażone twarze, a potem wstał. Rozłożył szeroko ręce i rozkazał wichrowi i wodzie: — Milcz, ucisz się!

Pan żywiołów

(Mt 8,26-27; Mk 4,39-41; Łk 8,25)

Gdy tylko Jezus wypowiedział te słowa, wicher się uciszył, a jezioro uspokoiło. Piotr wyjrzał za burtę i zobaczył swoje odbicie w spokojnej tafli wody. Przypadł z powrotem do Jezusa i odetchnął z ulgą.

Jezus zapytał: — Czemu jesteście tak bojaźliwi? Jakże wam brak wiary. Czy nie wiedzieliście, że jestem z wami?

Nikt nie ośmielił się odpowiedzieć, tak byli zaskoczeni i przestraszeni. Dopiero po chwili zaczęli pytać jeden drugiego: — Kim właściwie On jest, że nawet wicher i jezioro są Mu posłuszne?

Uzdrowienie opętanego

(Mt 8,28-34; Mk 5,1-20; Łk 8,26-39)

Kiedy Jezus wraz z Apostołami przybił do brzegu, ukazał im się niezwykły widok. Przybiegł do nich człowiek opętany przez złe duchy.

Nie panował już nad swoim zachowaniem. Nie wiedział, co mówi, był bez ubrania, a ręce i stopy krwawiły mu od łańcuchów, którymi starano się go powstrzymać. Mieszkał w grobach i włóczył się po górach, krzycząc i tłukąc kamieniami jak szaleniec.

Zobaczywszy Jezusa, upadł Mu do stóp. Jezus od razu poznał, że jest dręczony przez demony.

— Wyjdźcie, duchy nieczyste, z tego człowieka! — rozkazał.

W pobliżu pasła się trzoda świń. Jezus nakazał złym duchom, by opuściwszy mężczyznę weszły w zwierzęta. Demony posłuchały,

a wtedy oszalała trzoda popędziła po zboczu, wpadła do jeziora i utonęła.

Pasterze pilnujący świń przestraszyli się i pobiegli do miasta, opowiadając wszystkim, co się wydarzyło. Ludzie zbiegli się i ujrzeli człowieka, który jeszcze przed chwilą szalał, siedzącego spokojnie u stóp Jezusa. Był ubrany i uśmiechał się.

Zebrani zaczynali się obawiać mocy Jezusa. Stracili świnie, a teraz bali się, że mogą ponieść jeszcze większe straty. Prosili Go więc, żeby odszedł z ich miasta. Zanim wrócił do łodzi, uzdrowiony mężczyzna chciał iść z Nim, jednak Jezus nie zgodził się na to. Polecił mu natomiast wrócić do domu i rozpowiadać wszystkim o tym, co dla niego uczynił.

Człowiek ten opowiadał więc w całej okolicy o tym, jak Jezus go uzdrowił, a wszyscy ludzie ogromnie się dziwili.

257

Uzdrowienie niewidomych

(Mt 9,27-31)

W czasach Jezusa ludzie niewidomi nie mieli żadnej szansy na normalne życie. Nie było książek pisanych alfabetem Braille'a, które można czytać, dotykając wypukłości na stronie. Nie było psów-przewodników, pomagających niewidomym przechodzić przez ulicę. W żaden sposób nie mogli znaleźć pracy, aby przeżyć.

Wszędzie, dokądkolwiek udał się Jezus, podążali za Nim ludzie cierpiący na ciele lub umyśle. Błagali, żeby ich uleczył. Pewnego dnia szło za Jezusem dwóch niewidomych. Wołali: — Ulituj się nad nami, Synu Dawida!

Jezus wszedł do domu przyjaciela, a oni weszli za Nim. Wtedy odwrócił się i zapytał: — Wierzycie, że mogę was uzdrowić?

Niewidomi byli przyjaciółmi. Obaj słyszeli wiele opowieści o Jezusie i wierzyli, że jest Mesjaszem. Szli za Nim, potykając się i wpadając na innych. — Tak, Panie — odpowiedzieli na Jego pytanie.

Jezus wyciągnął ręce i dotknął ich oczu mówiąc: — Niech stanie się to, w co wierzycie.

Nagle mężczyźni zobaczyli światła i kolory, a potem zamazany świat stopniowo zaczął wyłaniać się przed ich oczami. Krzyknęli z radości, widząc uśmiechającego się do nich Jezusa.

Szczęście przepełniało ich! Nie mogli powstrzymać się od opowiadania wszystkim napotkanym ludziom o tym, co ich spotkało.

Śmierć Jana Chrzciciela

(Mt 14,1-21; Mk 6,14-29)

Podczas gdy Jezus nauczał i uzdrawiał ludzi, Jan Chrzciciel przebywał w więzieniu. Wtrącił go tam król Herod Antypas, ponieważ Jan upominał go, że nie powinien się żenić z kobietą, która była żoną jego brata.

Ta kobieta miała na imię Herodiada. Nienawidziła Jana i z całych sił pragnęła jego śmierci. To ona spowodowała jego uwięzienie.

W dniu swoich urodzin król urządził wielką ucztę. Zaprosił wszystkich przyjaciół, całą rodzinę, doradców, dowódców i inne ważne osoby, które mu służyły. Pałac wypełnił się ludźmi, którzy bawili się, jedli i pili.

Muzykanci zaczęli grać jakąś piękną melodię, a goście odwrócili się, by obserwować smukłą dziewczynę, która właśnie zaczęła tańczyć. Tańczyła z niesłychanym wdziękiem. Jej stopy zdawały się prawie nie dotykać podłogi. Była urzekająco piękna i oczarowała wszystkich.

— To córka mojej żony, Herodiady — rzekł dumny Herod. — Nikt nie tańczy tak pięknie, jak ona.

Dziewczyna w tańcu zbliżała się do stołu Heroda. Wkrótce była tuż przed nim, by wraz z ostatnim obrotem i pochyleniem głowy znaleźć się u jego stóp.

Spoglądając w jej oczy, król czuł się zachwycony i oszołomiony. — Proś o cokolwiek, a dam ci to — przysiągł dziewczynie.

Pobiegła do matki po radę. Herodiada namówiła córkę, by poprosiła o głowę Jana Chrzciciela. Miała to być zemsta za to, że wytykał jej grzechy.

Król Herod zasmucił się, gdy po powrocie dziewczyna przedstawiła swoją prośbę. „Jan jest przecież dobrym człowiekiem — myślał. — Jak mógłbym rozkazać go zabić?" Rozejrzał się dookoła — wszystkie ważne osobistości przyglądały mu się wyczekująco, czy dotrzyma pochopnie danej obietnicy? Nie mógł wytrzymać tego wzroku, poczuł się słaby i bezsilny. Nie, w żaden sposób nie mógł złamać królewskiego słowa. — Świetnie — powiedział do służby. — Przynieście tu zaraz na misie głowę Jana.

Tak też się stało.

Kiedy uczniowie i przyjaciele Jana usłyszeli, że nie żyje, przyszli do więzienia prosić o jego ciało. Chcieli pochować je godnie. Przekazali też wiadomość o śmierci Jana Jezusowi, a On bardzo się zasmucił.

Potrzeba wytchnienia

(Mt 14,13; Mk 6,30-33; Łk 9,10; J 6,1-3)

Przy Jezusie gromadziły się coraz większe tłumy. Gdziekolwiek się pojawił, natychmiast przybywali ludzie. Niektórzy chodzili za Nim nieustannie, tak że Jezus i Apostołowie nie mieli czasu nawet na posiłki. Smutek z powodu śmierci Jana Chrzciciela, który przecież był kuzynem Jezusa, powiększał jeszcze Jego zmęczenie.

Jezus zawołał więc Piotra i wskazując na łódź przycumowaną w pobliżu poprosił, by odpłynęli w pustynne miejsce i trochę odpoczęli.

Tam modlili się za siebie nawzajem, prosząc Boga, żeby dodał im sił i podtrzymywał ich. Wzmocnieni Jego obecnością znów mogli oddać się służbie dla innych.

Ludzie jednak zauważyli, jak Jezus i uczniowie odpływali, i wkrótce znów zewsząd zbiegli się do Niego.

Nauczanie tłumów

(Mt 14,14-15; Mk 6,34; Łk 9,11-12)

Gdy łódź z Jezusem i uczniami przybiła do brzegu, wiele osób wybiegło im naprzeciw.

Przez całe popołudnie Jezus mówił, nauczając o miłości Boga do człowieka. Zebrał się tak wielki tłum, że rozciągał się aż po horyzont. Był piękny i pogodny dzień; świeciło słońce i śpiewały ptaki. Ludzie usiedli na piasku i na trawie, wsłuchując się w słowa Jezusa. Patrzyli, jak uzdrawia chorych, jak modli się za nich do Ojca.

Gdy słońce chyliło się ku zachodowi, zaczęli odczuwać głód. Apostołowie przyszli do Jezusa, proponując aby rozesłał ludzi do domów na posiłek. — Niech idą do okolicznych osiedli i kupią sobie coś do jedzenia — powiedzieli.

Jak nakarmić tłumy?

(Mt 14,16-18; Mk 6,37; Łk 9,13; J 6,4-9)

Jezus popatrzył na tysiące ludzi zebranych wokół Niego. Wszyscy poruszeni tym, co usłyszeli w ciągu całego dnia, nadal pragnęli słuchać. Jezus zapytał więc Filipa, gdzie można by kupić jedzenie dla tylu ludzi.

Filip patrzył zaskoczony: — Przecież trzeba by pracować przez wiele miesięcy, żeby zapłacić za posiłek dla tylu osób! A i wówczas dostaliby tylko po kawałku chleba.

Wtedy podszedł do Jezusa Andrzej, brat Piotra, mówiąc: — Jakiś chłopiec ma pięć chlebów i dwie ryby, ale przecież to tak mało...

— Wy dajcie im jeść — zdecydował Jezus.

Uczniowie nie wiedzieli, że Jezus celowo polecił im nakarmić tych ludzi. Chciał udzielić im jeszcze jednej lekcji dotyczącej zaufania Bożej miłości.

Rozmnożenie chleba i ryb

(Mt 14,19-21; Mk 6,39-44; Łk 9,14-17; J 6,10-14)

Jezus polecił ludziom, by usiedli w małych grupkach. Wziął od chłopca chleb i ryby. Podniósł je do góry.

Wszyscy się uciszyli, a Jezus skierował wzrok ku niebu i wysławiał Boga za dary, które im dał. Odmówił błogosławieństwo i zaczął łamać chleb, podając go Apostołom, aby rozdawali zebranym.

I wtedy stało się coś niezwykłego! Jezus wciąż podawał chleb Swoim uczniom. Gdy wracali z pustymi koszami, podawał im kolejne bochenki i ryby. Następne i następne! Trwało to tak długo, aż tysiące mężczyzn, kobiet i dzieci zaspokoiło głód.

Apostołowie zebrali kawałki chleba i resztki ryby, które zostały po posiłku. Dopiero wtedy zrozumieli... z pięciu bochenków chleba i dwóch rybek zebrali dwanaście koszy resztek! To był cud!

265

Jezus chodzi po jeziorze

(Mt 14,22-27; Mk 6,45-52; J 6,15-21)

Po nakarmieniu tłumów Jezus nakazał Apostołom, by wzięli łodzie i przeprawili się na drugi brzeg. Sam natomiast polecił ludziom wracać do domów. Mimo że zebranych było kilka tysięcy, wszyscy posłuchali.

Gdy odeszli, Jezus udał się na pobliską górę, aby się modlić.

W tym czasie Apostołowie usiłowali przedostać się na drugą stronę jeziora. Jednak zapadające ciemności i ciągle zmieniający się wiatr bardzo im to utrudniały. Zaczynała się burza.

Zapadł zmrok, gdy sztorm rozszalał się na dobre. Wiatr walił ze wszystkich stron, fale przewalały się przez łódź, a oni mieli wciąż daleko do brzegu. Nagle Jan krzyknął, że widzi ducha idącego po wodzie.

Gdy wszyscy ujrzeli postać kroczącą po falach, ogarnął ich strach i stłoczyli się w jednym końcu łodzi.

To oczywiście nie był duch — to Jezus przechodził obok łodzi.

— Odwagi, Ja jestem, nie bójcie się! — przemówił. Uczniowie nie ukrywali jednak przerażenia.

Zwątpienie Piotra

(Mt 14,28-33)

Wiatr wciąż wył, a fale napierały na łódź.

— To Jezus — powiedział Piotr i podszedł bliżej burty, by przyjrzeć Mu się lepiej.

Stopy Jezusa dotykały wody, ale nie tonął. Zbliżał się do łodzi, gdy Piotr zawołał: — Panie, jeżeli to Ty jesteś, każ mi przyjść do Siebie po wodzie!

— Przyjdź! — wezwał go Jezus.

Piotr przełożył jedną nogę przez burtę, potem drugą i stanął. Nie tonął!

Zrobił krok... potem następny... i jeszcze jeden... wciąż wpatrując się w Jezusa. Szedł po wodzie!

Po chwili jednak odwrócił wzrok od Pana i spojrzał w bok. Zobaczył wysokie fale i zwątpił. Zamiast ufać Jezusowi, zaczął się bać. Kiedy tylko opanował go strach, zalały go fale i zaczął tonąć. — Panie, ratuj mnie — zawołał.

Jezus wyciągnął rękę i przytrzymał go: — Czemu zwątpiłeś, małej wiary?

Wsiedli obaj do łodzi, a burza nagle się uciszyła. Apostołowie, całkowicie zaskoczeni, nie mogli wyjść z podziwu. Upadli Mu do nóg i wielbili Go. Nie dość, że widzieli Piotra kroczącego po jeziorze, to jeszcze zobaczyli, że Jezus panuje nawet nad żywiołami natury.

Wiara poganki

(Mt 15,21; Mk 7,24-30)

Boży plan przewidywał, że Jezus najpierw będzie nauczał naród izraelski. Dopiero potem Dobra Nowina o Bożej miłości miała być głoszona po całym świecie.

Wielu Żydów nie uwierzyło Jezusowi, lecz inni, zarówno Żydzi jak i poganie, uwierzyli, że jest On Synem Bożym. Wśród nich była także kobieta, która miała bardzo chorą córeczkę.

Kobieta przyszła do domu, w którym zatrzymał się Jezus. Uklękła u Jego stóp i błagała: — Proszę, pomóż mi! Moja córeczka jest bardzo chora!

Jezus jednak nic nie odpowiedział. Chciał się przekonać, jak głęboka jest jej wiara.

Czasem Bóg nie odpowiada na nasze modlitwy natychmiast. Nie mówi ani „tak", ani „nie", lecz „poczekaj". Wtedy właśnie nasza wiara buduje się i wzmacnia, podobnie jak wyrabiają się mięśnie, gdy ćwiczymy.

Drugą przyczyną milczenia Jezusa było to, że kobieta nie była Żydówką. Nie nadszedł jeszcze czas, żeby nauczać i uzdrawiać nie-Żydów.

Uczniowie nalegali, aby Jezus odprawił kobietę, ale ona ciągle błagała:

— Proszę, Panie! Ulecz moją córkę!

Jezus wyjaśnił jej, że jest posłany tylko do narodu wybranego: — Pozwól wpierw nasycić się dzieciom, bo niedobrze jest zabierać chleb dzieciom, a rzucać psom.

Ona jednak nie ustępowała: — Tak, Panie, lecz i szczenięta pod stołem jadają z okruszyn dzieci.

Gdy Jezus usłyszał te słowa, Jego serce wezbrało miłością.

— Kobieto, wielka jest twoja wiara. Przez wzgląd na swoją wiarę idź, twoja córka wyzdrowiała.

Po powrocie do domu kobieta zastała dziewczynkę spokojnie śpiącą i zdrową.

Uzdrowienie niewidomego

(Mk 8,22-26)

Jezus udał się do małego miasteczka, Betsaida. Tam ludzie przyprowadzili do Niego niewidomego człowieka, prosząc, żeby go uzdrowił.

Jezus wziął mężczyznę za rękę i wyprowadził go za miasto.

Ślepiec zupełnie nie wiedział, co myśleć, gdy szedł z Jezusem i czuł Jego rękę. Przyjaciele mówili mu, że Jezus uzdrawiał ludzi. Może i jego wyleczy...

Jezus zatrzymał się i mężczyzna poczuł, że puszcza jego rękę. Po chwili ręce Jezusa dotknęły jego oczu.

Jezus zapytał mężczyznę: — Czy widzisz coś?

Niewidomy otworzył oczy. Widział olśniewające światło i jakieś niewyraźne kształty.

Wtedy Jezus ponownie położył dłonie na jego powiekach, a on zamrugał oczami i zaczął widzieć coraz wyraźniej. Po chwili widział wszystko! Kolory tańczyły przed jego oczami, przyjaciele uśmiechali się, a on po raz pierwszy przyglądał się światu. — Widzę! Widzę! — powtarzał. Wszyscy zgromadzili się wokół niego, ściskali go i całowali. Dziękowali Jezusowi za cud.

Wyznanie Piotra

(Mt 16,13-19; Mk 8,27-29; Łk 9,18-20)

Jezus zaprowadził Apostołów w okolice Cezarei Filipowej i tam zadał im bardzo ważne pytanie: — Za kogo ludzie Mnie uważają?

— Jedni za Jana Chrzciciela, inni za Eliasza, jeszcze inni za Jeremiasza albo za jednego z proroków — odpowiedzieli uczniowie.

— A wy, za kogo Mnie uważacie? — zapytał Jezus.

Wtedy Piotr wystąpił naprzód. Czuł, że jakiś głos w sercu każe mu odpowiedzieć: — Ty jesteś Mesjasz, Syn Boga żywego.

— Jesteś wyjątkowy i błogosławiony, Piotrze — zwrócił się do niego Jezus. — Nie mógłbyś wiedzieć tego sam z siebie, lecz Ojciec Mój przemówił do ciebie w twoim sercu i objawił ci to o Mnie.

Jezus położył ręce na ramionach Piotra i popatrzył mu w oczy: — Ty jesteś Piotr, czyli Skała.

Skała to materiał, z którego buduje się domy, twierdze i zamki. Jezus zapowiedział Piotrowi, że żywy Kościół będzie zbudowany z ludzi takich, jak on, czyli wierzących, że Jezus jest Chrystusem, to znaczy posłanym przez Boga Mesjaszem. Piotr będzie skałą, na której Bóg zbuduje Kościół.

W podobny sposób wszyscy wierzący w Jezusa budują swoje życie na skale, którą jest prawda o Nim. Taki dom, czyli takie życie wzniesione na skale, przetrwa każdą burzę.

Przemienienie Jezusa

(Mt 17,1-9; Mk 9,2-10; Łk 9,28-36)

Sześć dni później Jezus przywołał Piotra oraz braci, Jakuba i Jana. Chciał ukazać im coś, czego pozostali nie mogli zobaczyć. Razem weszli na pobliską górę, aby się modlić. W pobliżu wierzchołka uczniowie położyli się na ziemi, by odpocząć.

Już usypiali, a Jezus wciąż się modlił. Nagle Jego wygląd zmienił się zupełnie! Z Jego twarzy zdawało się promieniować światło, a odzież stała się lśniąco biała.

Potem, zupełnie nagle, pojawiło się dwóch mężczyzn. Jednym z nich był Mojżesz — ten, który wyprowadził naród izraelski z Egiptu i otrzymał od Boga Dziesięć Przykazań. Drugim był Eliasz, największy ze wszystkich proroków! Mojżesz zmarł około 1200 lat wcześniej, zaś Eliasz został zabrany do Nieba około 800 lat przed narodzinami Chrystusa. Teraz opuścili Niebo i zstąpili na ziemię, żeby rozmawiać z Jezusem.

Trzej Apostołowie obudzili się natychmiast. — Co się dzieje? — wyszeptali. Słyszeli, jak Jezus mówi o bliskim już czasie Swojej podróży do Jerozolimy oraz opuszczenia uczniów.

Piotr był przerażony. Powiedział: — Panie, tak dobrze jest być tutaj z Tobą. Zbudujemy trzy namioty: dla Ciebie, dla Mojżesza i dla Eliasza. — Chciał na dłużej zatrzymać niezwykłych przybyszy.

Wtedy nad wzgórzem pojawił się jasny obłok. Wyglądał jak biała mgiełka i osłonił ich. Z obłoku odezwał się głos: — To jest mój Syn umiłowany, w którym mam upodobanie, Jego słuchajcie!

Przerażeni Apostołowie upadli na ziemię.

Po chwili Jezus podszedł do nich i powiedział: — Wstańcie, nie lękajcie się!

Uczniowie rozejrzeli się. Nikogo już nie widzieli oprócz Jezusa. Wyglądał tak, jakby nic zupełnie się nie wydarzyło.

276

Spór o pierwszeństwo

(Mt 18,1-4; Mk 9,33-37; Łk 9,46-48)

Apostołowie szli z Jezusem, zastanawiając się, który z nich jest najważniejszy. Jeden wymienił Piotra, inny Jana i tak zaczęli się między sobą sprzeczać.

Kiedy zapytali o to Jezusa, nie odpowiedział wprost. W pobliżu bawiło się jakieś dziecko. Jezus przywołał je do siebie i wziął na kolana. — Czy widzicie to dziecko? — zapytał. — Ten, kto stanie się jak ono, ufające i skromne, kto uniży się, ten jest największy w Królestwie Niebieskim.

Kto zatem opiekuje się dzieckiem, uczy je o Bogu, ten i Mnie okazuje swoją przyjaźń. Ale ludzie, którzy krzywdzą dziecko albo odciągają je ode Mnie, ściągną na siebie karę. Lepiej byłoby dla nich, gdyby im wielki kamień przywiązać do szyi i wrzucić ich do morza!

Na samą myśl o tym uczniowie zadrżeli. Popatrzyli na małe dziecko siedzące ufnie na kolanach Jezusa. Nie mogli zrozumieć, że dziecko może być tak ważne.

— Troszczcie się o dzieci — mówił dalej Jezus — i kochajcie je tak, jak pasterz kocha swoje owce. Pasterz gotowy jest przez całą noc szukać jednej owieczki, która się zagubiła. Każde dziecko jest tak samo cenne dla Boga. On je wszystkie miłuje.

Nigdy nie jesteśmy sami

(Mt 18,15-20)

Innym razem Apostołowie pytali Jezusa: — Co robić, gdy ktoś nas oszukuje? Jak się zachować, gdy ktoś wyrządza nam krzywdę?

Jeżeli ktoś grzeszy — powiedział Jezus — trzeba najpierw samemu go upomnieć, delikatnie spróbować pokazać mu popełnione zło i pomóc je naprawić. Jeśli to nie przynosi skutku, należy pójść do tej osoby z przyjaciółmi i powtórnie ją napomnieć. Gdyby i wtedy nie chciał przyznać, że popełnił zło i opamiętać się, trzeba zawiadomić przełożonych Kościoła.

Pan uśmiechnął się swoim łagodnym uśmiechem: — Pamiętajcie, że zawsze będę z wami. Ilekroć się zgromadzicie, będę słuchać waszych wspólnych modlitw. Gdzie są dwaj albo trzej zebrani w imię Moje, tam Ja jestem pośród nich.

Dlatego nigdy nie jesteśmy sami. Nawet jeśli nie możemy Jezusa zobaczyć, On jest tuż przy nas, czuwając nad nami.

Uzdrowienie z trądu

(Łk 17,11-16)

Jezus zmierzał do Jerozolimy. Kiedy zbliżał się do pewnej wsi, wyszło Mu naprzeciw dziesięciu trędowatych, którzy mieli nadzieję, że ich uzdrowi.

Z powodu ich choroby nie wolno im było zbliżać się do ludzi zdrowych. Dlatego z pewnej odległości zawołali do Jezusa: — Jezusie, Mistrzu, ulituj się nad nami! — Na głowach mieli kaptury, zaś ich twarze były zasłonięte chustami, żeby inni nie musieli patrzeć na okropne rany, które spowodował trąd. Błagali Jezusa, żeby ich wyleczył.

— Idźcie, pokażcie się kapłanom! — powiedział im Jezus, wskazując na pobliskie miasto. W ten sposób mówił trędowatym, że zostali wyleczeni, bo tylko będąc zdrowi, mogli stawić się przed kapłanami.

Mężczyźni uczynili tak, jak im Jezus polecił. Idąc czuli, że w ich ciałach dzieje się coś dziwnego. Jeden z mężczyzn podciągnął rękaw i zobaczył, że skóra stała się znów zdrowa.

— Chwała niech będzie Bogu! — wykrzyknął. — Wysławiajmy Pana Wszechmogącego! Jestem uzdrowiony!

Natychmiast zawrócił i najszybciej jak potrafił pobiegł do Jezusa. Upadł obejmując Mu nogi. — O, Panie, dzięki Ci, dzięki! — mówił płacząc ze szczęścia.

Niewdzięczność

(Łk 17,17-19)

Jezus spojrzał na człowieka wysławiającego Boga i zapytał: — Czy nie dziesięciu zostało oczyszczonych z trądu? Gdzie jest pozostałych dziewięciu? Ty zaś wstań i idź, twoja wiara cię uzdrowiła — rzekł na pożegnanie.

Dlaczego wrócił tylko jeden człowiek? Możliwe, że pozostałych dziewięciu uzdrowionych nie podziękowało z tych samych powodów, dla których ludzie i dzisiaj nie dziękują Bogu.

Może jeden z trędowatych zapomniał podziękować, inny mógł być zbyt nieśmiały, jeszcze inny zbyt dumny. Może któryś z chorych tak przejął się tym, że wyzdrowiał, iż zgubił się i nie mógł znaleźć Jezusa. Któryś mógł być zbyt zajęty, bo chciał nadrobić czas stracony przez chorobę. Ktoś nie wrócił do Jezusa, bo kapłan powiedział mu, że nie musi, a on zawsze robił to, co inni mu kazali, bez zastanawiania się, czy się z tym zgadza. Inny nie podziękował, gdyż nie rozumiał, co się naprawdę zdarzyło. Następny nie zawrócił do Jezusa, bo po prostu nie widział takiej potrzeby — nigdy przecież nikomu za nic nie dziękował. A jeszcze któryś był może tak szczęśliwy, że ledwo zauważył, dokąd idzie.

Tylko jeden z dziesięciu trędowatych zobaczył i zrozumiał, że Jezus uzdrawia całą osobę, nie jedynie ciało. Jak to często bywa, inni przyjęli Boży dar jako coś oczywistego, coś co im się należy. Bóg zawsze daje nam to, co Jego zdaniem jest nam potrzebne. Jak często dziękujemy Mu za to?

Szansa na nowe życie

(J 8,1-11)

Jezus wrócił do Jerozolimy i nauczał w świątyni. Pewnego ranka uczeni w Piśmie przyprowadzili przed Niego kobietę szlochającą ze strachu i rzucili ją do Jego stóp.

— Mistrzu — powiedzieli — tę kobietę przyłapano, gdy grzeszyła z mężczyzną, który nie jest jej mężem. Prawo Mojżesza każe ją ukamienować. Co Ty o tym sądzisz?

Kobieta nawet nie podniosła oczu. Wiedziała, że razem z mężczyzną, z którym była, popełniła bardzo zły czyn. Obydwoje wyrządzili wielką krzywdę swoim współmałżonkom.

Jezus pochylił się i w milczeniu pisał coś palcem na ziemi. — Więc jak? — dopytywali się faryzeusze. — Jak myślisz, co powinniśmy z nią zrobić?

Wtedy Jezus wstał i powiedział: — Kto z was jest bez grzechu, niech pierwszy rzuci w nią kamień. — Chciał nauczyć ich, żeby pochopnie nie osądzali innych, gdyż sami są grzesznikami.

Ludzie patrzyli na siebie nawzajem. Każdy wiedział, że ma coś na sumieniu. Przecież nikt nie jest doskonały. I tak, jeden po drugim, zaczęli odchodzić. Starsi opuścili świątynię jako pierwsi, potem w ślad za nimi wyszli młodzi, aż wreszcie nawet faryzeusze i uczeni w Piśmie odwrócili się i podążyli za tamtymi. Nikt nie powiedział ani słowa.

W końcu pozostali tylko Jezus i kobieta, która ciągle klęczała przed Nim.

— Kobieto, gdzież oni są? Nikt cię nie potępił? — zwrócił się do niej Jezus.

Ona podniosła oczy i zdumiona rozejrzała się wokoło. Nie było nikogo.

— Więc i Ja ciebie nie potępiam. Idź, a od tej chwili już nie grzesz! Wróć do swego męża i rozpocznij nowe życie.

Kobieta zaczęła płakać, lecz tym razem były to łzy radości, nie strachu.

281

Miłosierny Samarytanin

(Łk 10,25-37)

Któregoś dnia, gdy Jezus nauczał tłumy, pewien mężczyzna zadał Mu bardzo ważne pytanie. Człowiek ten spędził wiele lat na studiowaniu Bożego Prawa i chciał być pewny, co trzeba robić, żeby dostać się do Nieba.

Jezus odpowiedział mu pytaniem: — Co mówi na ten temat Prawo Boże? Jak sądzisz?

— Będziesz miłował Pana, Boga swego, całym swoim sercem, całą swoją duszą, całą swoją mocą i całym swoim umysłem; a bliźniego swego jak siebie samego — odparł mężczyzna.

Gdy Jezus upewnił go, że to dobra odpowiedź, ten zapytał: — Ale kto to jest bliźni? Kogo powinienem miłować?

Jezus wytłumaczył to, opowiadając taką przypowieść:

— Pewien człowiek podróżował samotnie z Jerozolimy do Jerycha. Droga była odludna, kamienista, pełna wybojów i zakrętów. Nagle, nie wiadomo skąd, wyskoczyli rabusie i napadli na niego. Poturbowali go i ukradli mu wszystko, co miał, nawet ubranie.

Krwawiący mężczyzna leżał na skraju drogi. Przechodził tamtędy kapłan. Był wstrząśnięty, gdy zobaczył nieszczęśnika. Zatrzymał się i popatrzył. Pobity z trudem uniósł głowę, by błagać o pomoc. Kapłan jednak odwrócił się i odszedł najszybciej, jak potrafił.

Mężczyzna leżał w skwarze, jęcząc. Po chwili przechodził obok nauczyciel Prawa Mojżesza. Zobaczył człowieka we krwi, wydającego jakieś dziwne dźwięki. Pomyślał:

„Och, on wygląda okropnie. Nie mógłbym go nawet dotknąć, na szczęście na pewno go nie znam." Pospiesznie minął cierpiącego człowieka i oddalił się w swoją stronę.

Wkrótce pewien Samarytanin przechodził tą drogą. Ten, którego pobito, był Żydem. Od stuleci Żydzi i Samarytanie są wrogami. Mimo to Samarytanin ulitował się i zbliżył do umierającego. Delikatnie podniósł jego głowę i otarł mu usta. Przyniósł trochę wody, żeby dać mu się napić i obmyć oczy z krwi. Oczyścił jego rany winem i polał oliwą, żeby się szybciej zagoiły. Wreszcie podniósł go, posadził na swojego osiołka i zawiózł do miasta.

Umieścił rannego w gospodzie, zostawiając gospodarzowi pieniądze na jego utrzymanie. Poprosił, żeby troszczył się o niego, nie szczędząc mu niczego, co będzie potrzebne, aż wyzdrowieje.

Kończąc, Jezus zwrócił się z pytaniem: — Który z tych trzech okazał się, według twego zdania, bliźnim tego, który wpadł w ręce zbójców?

Znawca żydowskiego Prawa nie musiał długo szukać odpowiedzi: — Ten, który mu pomógł.

— Idź i ty czyń podobnie — poradził mu Jezus.

Słuchacze tej przypowieści wiedzieli, kogo Jezus nakazuje miłować. Bliźni to nie tylko przyjaciele. Jezus pragnie, żeby Jego uczniowie kochali każdego, a zwłaszcza tych, którzy są odtrąceni przez innych lub potrzebują pomocy.

Marta i Maria

(Łk 10,38-42)

Jezus chce być Przyjacielem wszystkich ludzi — dobrych i złych, dalekich i bliskich. Kiedy żył na ziemi, miał poza uczniami troje bardzo bliskich przyjaciół. Były to siostry Marta i Maria oraz ich brat, Łazarz, którzy otworzyli swój dom i serca Jezusowi. Mógł zatrzymywać się u nich zawsze, kiedy tylko zapragnął. Ponieważ dużo wędrował, często spotykał się z Martą, Marią i Łazarzem. Ich dom stał się miejscem, gdzie mógł odpocząć i na chwilę uwolnić się od tłumów.

Pewnego razu, podczas takich odwiedzin, Marta nauczyła się czegoś ważnego. Jezus odpoczywał w dużym pokoju, rozmawiając z Marią. Marta zaś, bardzo przejęta tym, że Jezus jest ich gościem, chciała, by wszystko było „zapięte na ostatni guzik". Krzątała się, przygotowując kolację i nocleg, pochłonięta zupełnie swoimi zajęciami.

„Wszystko musi być idealnie przygotowane na wieczór", myślała.

Pracy miała jednak tyle, że trudno jej było samej ze wszystkim nadążyć. Krążyła tam i z powrotem, zbierając w ogrodzie potrzebne zioła, przyprawy i warzywa, gotując przysmaki i przygotowując posłania dla wszystkich.

W pewnej chwili dostrzegła, że jej siostra, Maria, nie pracuje. Siedziała u stóp Jezusa i przysłuchiwała się temu, co mówił. Coś ukłuło Martę w samo serce: „Dlaczego choć trochę mi nie pomoże? Jest przecież tyle do zrobienia! Zaraz załatwię to z Jezusem."

Poirytowana podeszła do Niego. — Panie, czy Ci to obojętne, że moja siostra zostawiła mnie samą przy usługiwaniu? Powiedz jej, żeby mi pomogła!

Jezus jednak odpowiedział inaczej, niż tego oczekiwała: — Marto, Marto, troszczysz się i niepokoisz o wiele, a przecież nie to jest najważniejsze. Maria obrała najlepszą cząstkę, której nie będzie pozbawiona. Czemu i ty nie uczynisz jak ona?

Marta zrozumiała, co Jezus miał na myśli. Uspokoiła się i rozpogodziła. Na twarzy pojawił się uśmiech w miejsce troski ciążącej jej od rana. Skinęła głową i usiadła przy siostrze. Teraz już razem słuchały słów Jezusa.

Odtąd Marta zawsze pamiętała, żeby pracy dla Jezusa nie uczynić ważniejszej od poznawania Jego Samego i pozostawania z Nim w bliskości. O tym powinni też pamiętać wszyscy uczniowie Jezusa.

285

Dobry Pasterz

(J 10,1-21)

Wielu ludzi zastanawiało się, kim jest Jezus i skąd przybył. Wciąż na nowo stawiali te pytania. Jezus, wiedząc o tym, wytłumaczył to w taki sposób:

— Ja jestem Dobrym Pasterzem. Pasterz stoi przy bramie zagrody. Wie, które owce są jego i przepuszcza je przez bramę. Przepędza dzikie zwierzęta, które mogłyby zagrozić jego stadu. Dobry pasterz stara się dbać i troszczyć o swoje owce najlepiej jak potrafi. Jest nawet gotów umrzeć, by je ratować. Kocha je tak, że nie waha się oddać swojego życia za każdą z nich. Nie ucieka, gdy

286

zbliża się wilk i nie pozostawia ich samych w niebezpieczeństwie, jak mógłby zrobić ktoś wynajęty do tej pracy.

Ja jestem Dobrym Pasterzem i znam owce Moje, a one Mnie znają. Życie Moje oddaję za owce. Oddaję Moje życie, aby je potem znów odzyskać. Nikt Mi go nie zabiera, lecz Ja sam je oddaję. Mam moc je oddać i mam moc je znów odzyskać. Taki nakaz otrzymałem od Mojego Ojca.

Wielu ludziom podobało się to, co mówił Jezus. Uwierzyli, że mają w Nim swojego Dobrego Pasterza, na którego zawsze mogą liczyć.

287

Wskrzeszenie Łazarza

(J 11,1-46)

Po jakimś czasie Jezus dowiedział się, że Jego przyjaciel, Łazarz, jest bardzo chory. Wybrał się jednak do niego dopiero po kilku dniach. Gdy wraz z uczniami dotarli do domu Marty i Marii, okazało się, że Łazarz umarł.

Marta wybiegła Jezusowi na spotkanie, mówiąc: — Panie, gdybyś tu był, mój brat by nie umarł. Lecz i teraz wiem, że Bóg da Ci wszystko, o cokolwiek byś Go prosił.

Jezus odparł, że Łazarz zmartwychwstanie, ale ona nie rozumiała, co miał na myśli. Wyjaśnił więc: — Kto we Mnie wierzy, choćby i umarł, żyć będzie. Każdy, kto żyje i wierzy we Mnie, nie umrze na wieki.

Maria, zobaczywszy Jezusa, upadła Mu do nóg. Powtórzyła za siostrą: — Panie, gdybyś tu był, mój brat by nie umarł. Płakała, a łzy spływały jej po policzkach.

Jezus, widząc jak wszyscy są smutni, wzruszył się bardzo i sam również zapłakał.

— Gdzie go pochowaliście? — zapytał. — Zaprowadzili go do grobu zamkniętego wielkim kamieniem. Jezus kazał zdumionym ludziom odsunąć głaz.

Następnie zwrócił się do Ojca, dziękując Mu i wielbiąc Go. A potem zawołał głośno: — Łazarzu, wyjdź na zewnątrz!

Wtedy z wnętrza grobu wyłonił się dziwny kształt. Wyszedł Łazarz cały owinięty płóciennymi opaskami, z głową zakrytą chustą. Jezus polecił, by go rozwiązać i pozwolić mu chodzić.

Maria i Marta rzuciły się naprzód. Gdy zdjęto chusty, tłum zaczął krzyczeć i płakać z radości. Łazarz był żywy i zdrowy!

Przypowieści o Niebie

(Łk 15,1-10)

Każde dziecko, każdy mężczyzna i kobieta stanowią dla Boga ogromną wartość. On niczego bardziej nie pragnie, niż tego, by każdy osobiście zwrócił się do Niego.

Pewnego razu Jezus tłumaczył, jak ważni są dla Boga wszyscy ludzie, nawet grzesznicy. Porównał On grzesznego człowieka do zagubionej owcy.

— Gdybyście mieli sto owiec — zapytał Jezus — i zgubili jedną z nich, czy nie szukalibyście tej, która zaginęła? A po jej znalezieniu, czy nie przynieślibyście jej z powrotem do stada? Czy nie cieszylibyście się z jej odzyskania razem ze swymi przyjaciółmi?

Tak samo w Niebie, większa będzie radość z jednego grzesznika, który się nawraca, niż z dziewięćdziesięciu dziewięciu sprawiedliwych, którzy nawrócenia nie potrzebują.

Kiedy ktoś powraca do Boga, wszyscy Aniołowie w Niebie śpiewają z radości.

Potem Jezus opowiedział przypowieść o cennych monetach.

— Pewna kobieta miała dziesięć srebrnych monet — zaczął Jezus. — Ale zgubiła jedną z nich. Czyż nie przeszuka ona całego domu, aby ją znaleźć? Zapali światło i będzie szukać wszędzie: pod meblami, w szafach, pod dywanem, aż ją odnajdzie. A wtedy rozraduje się, zwoła przyjaciółki i sąsiadki, żeby mogły się cieszyć razem z nią.

Podobnie jest w Niebie. Wszyscy się cieszą i radują, gdy jakiś grzesznik wyznaje, że wierzy Bogu i dzięki mocy Jezusa postanawia zmienić swoje życie.

Ludzie byli bardzo zaskoczeni tym, co Jezus im powiedział. Jego słowa oznaczają, że nawet ludzie źli są kochani przez Boga i oczekiwani w Niebie. Jeśli tylko uznają swoje złe postępowanie i poproszą o wybaczenie, Bóg z radością ich przyjmie, przebaczy i da siłę, aby rozpoczęli nowe życie.

W swych przypowieściach Jezus pokazywał słuchaczom drogę do Królestwa Bożego poprzez miłość do Boga i do innych ludzi.

Syn marnotrawny

(Łk 15,11-19)

Jezus opowiedział kiedyś taką przypowieść:

— Żył raz człowiek, który miał dwóch synów. Pewnego dnia młodszy powiedział do ojca: — Ojcze, daj mi część majątku, która na mnie przypada. Chcę dostać te pieniądze jeszcze dzisiaj. — Ojciec nie uważał tego za dobry pomysł, jednak w końcu się zgodził. Kilka dni później młodszy syn opuścił dom.

Długo podróżował i przebył daleką drogę, aż dotarł do jakiegoś kraju. Tam roztrwonił pieniądze na hulanki i rozrywki. Gdy pieniądze się skończyły, znajomi go opuścili. Został sam, nie mając nawet za co kupić jedzenia.

Chodził od domu do domu, błagając o resztki. Wreszcie znalazł się w jakimś gospodarstwie, gdzie pasał świnie. Był tak głodny, że chętnie jadłby razem ze zwierzętami, lecz nie było mu wolno.

Wkrótce pomyślał, że robotnicy jego ojca mają jedzenia pod dostatkiem, podczas gdy on głoduje! Zaczął się zastanawiać, czy nie wrócić do domu i prosić ojca o przebaczenie... W końcu zostawił świnie i wyruszył w kierunku rodzinnego domu.

Przebaczający ojciec

(Łk 15,20-32)

Opowiadając historię o synu marnotrawnym, Jezus chciał, aby ludzie zrozumieli, że Bóg przebaczy każdemu, kto żałuje za swoje złe czyny. Każdy może zacząć od nowa.

Jezus kończył swoją przypowieść:

— Ten młody człowiek nie wiedział, że jego ojciec wypatrywał go codziennie od chwili, gdy opuścił dom. Patrząc na drogę, modlił się, by Bóg przyprowadził syna do domu.

Wreszcie ojciec zobaczył go, kiedy był jeszcze bardzo daleko i wybiegł mu na spotkanie. Wziął go w ramiona i długo przytulał, ciesząc się z jego odzyskania.

Syn jednak zwiesił głowę: — Już nie zasługuję na to, by nazywać się

twoim synem. Straciłem wszystkie pieniądze i...

Lecz ojciec nie pozwolił mu dokończyć. Zwołał służbę i zarządził:
— Przynieście szybko najlepszą szatę i ubierzcie go; dajcie mu też pierścień na rękę i sandały na nogi! Przyprowadźcie utuczone cielę i zabijcie: będziemy ucztować i bawić się, ponieważ ten syn mój był jak umarły, a znów ożył; zaginął, a odnalazł się.

Marnotrawny syn był wzruszony i bardzo szczęśliwy, gdyż przekonał się, jak bardzo ojciec go kocha. Odczuł ogromną ulgę, że znowu jest w domu, wśród swoich. Wkrótce uczta była gotowa.

Tymczasem starszy syn wrócił z pola po całym dniu pracy. Usłyszał muzykę i śmiechy dobiegające z domu i zdziwił się. Nic nie wiedział o powrocie brata. Zapytał sługę, a kiedy ten wyjaśnił, co się wydarzyło, bardzo się rozgniewał.

— To nie jest sprawiedliwe. Przez tyle lat starałem się być dobrym synem i ciężko dla ciebie pracowałem. Ale nigdy nie dałeś mi nawet koźlęcia, żebym mógł urządzić przyjęcie dla swoich przyjaciół. Skoro jednak wrócił mój brat, który roztrwonił twój majątek, kazałeś zabić dla niego utuczone cielę.

— Przecież ty również jesteś moim synem — odrzekł ojciec. — Zawsze jesteś przy mnie i wszystko moje do ciebie należy. A trzeba się weselić, że twój brat powrócił i znowu jest z nami. Popełnił w życiu błąd, ale się poprawił.

Ostrzeżenie przed chciwością

(Łk 16,10-14)

Przywódcom religijnym nie podobało się nauczanie Jezusa o miłości i przebaczeniu. Większość z nich troszczyła się wyłącznie o pieniądze i władzę.

Jezus wytykał im: — Nie możecie żyć dla pieniędzy i jednocześnie podobać się Bogu. Nie możecie kochać majątku bardziej niż Boga.

Kto w drobnej rzeczy jest wierny, ten i w wielkiej będzie wierny.

Ludzie, którzy są uczciwi w sprawach pieniędzy, są też godni zaufania w innych, ważniejszych sprawach, na przykład w trosce o bliźnich.

Jezus próbował wytłumaczyć faryzeuszom, że muszą wybrać pomiędzy miłością do pieniędzy a miłością do Boga. Muszą zdecydować, co jest ważniejsze.

300

Bogacz i Łazarz

(Łk 16,19-31)

Pewnego razu Jezus opowiedział przypowieść o dobrym i złym sposobie życia.

— Żyło dwóch ludzi: bogaty i biedny. Ubogi Łazarz wyglądał nędznie. Całe jego ciało było pokryte ranami i wrzodami, ubrany był w łachmany. Nie pozostało mu nic innego, jak tylko żebrać. Leżał więc przy schodach domu bogatego człowieka i błagał o litość. Prosił choćby o okruszyny, ale nikt nie chciał mu ich dać. Psy przychodziły i lizały jego rany.

Bogacz nie zwracał uwagi na biedaków czy potrzebujących, takich jak Łazarz. Był samolubny i chciwy, nosił piękne ubrania, wydawał mnóstwo pieniędzy i niczym się nie przejmował.

Łazarz umarł i Aniołowie zanieśli go do Nieba. Przebywał teraz w bliskości Abrahama. Nie odczuwał już bólu ani głodu. Był szczęśliwy.

Potem umarł też bogacz i trafił do piekła. Okrutnie cierpiał, ale mógł stamtąd zobaczyć Abrahama i Łazarza. Prosił więc: — Ojcze Abrahamie, ulituj się nade mną i poślij Łazarza. Niech umoczy koniec swego palca w wodzie i ochłodzi mój język, bo strasznie cierpię w tych płomieniach.

Abraham rzekł: — Czy nie pamiętasz? Otrzymałeś swoje dobra za życia, a Łazarz przeciwnie, niedolę. Teraz on doznaje pociechy, a ty cierpisz męki.

Bogacz prosił więc, żeby Łazarz wrócił na ziemię i ostrzegł jego pięciu braci. Abraham odpowiedział mu jednak, że Mojżesz i prorocy już wskazali ludziom, jak żyć, aby trafić do Nieba. Ostrzegali i przywoływali ludzi do Boga.

Bogacz mógłby pójść do Nieba, gdyby zdecydował się zmienić i być posłusznym Bogu wtedy, gdy miał na to jeszcze czas — za życia na ziemi! Teraz jednak, po śmierci, było już za późno!

Wytrwała modlitwa

(Łk 18,1-8)

Modlitwa to rozmowa z Bogiem. Jezus pragnie, żebyśmy mówili Mu o wszystkim, jak najlepszemu, najbliższemu Przyjacielowi.

Czasem, gdy modlimy się do Boga, wydaje się nam, że On nas nie słyszy. A jednak Bóg zawsze słyszy, gdy do Niego mówimy, chociaż zdarza się, że Jego odpowiedzią na modlitwę jest: „Zaczekaj". Pojawia się wtedy pokusa, aby przestać się modlić. Trzeba ją jednak przezwyciężyć. Aby nas o tym przekonać, Jezus opowiedział kolejną przypowieść. Uczy ona, że powinniśmy wytrwale i bezustannie się modlić, nie rezygnując z prośby, bez względu na to, co się dzieje.

— Żył kiedyś zły sędzia, który nikogo się nie bał. Uboga wdowa przyszła prosić go o ochronę przed wrogiem. Z początku sędzia odprawił ją z niczym. Ona jednak nie miała dokąd się udać po pomoc, więc wciąż wracała do niego, błagając o ratunek. Wreszcie sędzia wziął ją w obronę, ustępując naleganiom kobiety.

Jeżeli w ten sposób zachowują się nawet źli sędziowie, to czego dopiero możemy spodziewać się po Bogu? On przecież jest pełen miłości i zawsze chce nam pomagać.

Nierozerwalność małżeństwa

(Mt 19,3-11; Mk 10,2-9)

Niekiedy mąż i żona opuszczają siebie nawzajem i rozwodzą się. Rozwód wyrządza krzywdę wszystkim, lecz najbardziej cierpią z jego powodu dzieci.

Jezus wie, że rozwód rani ludzi. Wie także, iż czasem mąż i żona nie chcą być razem. Kiedyś faryzeusze zapytali Go: — Czy wolno oddalić swoją żonę?

Jezusowi nie podobało się to pytanie. Odrzekł: — Bóg stworzył mężczyznę i kobietę, by połączyli się ze sobą i stali się jednością. Nie chce, żeby mężowie i żony niszczyli swoje małżeństwa.

Wtedy przywódcy religijni zapytali Jezusa, dlaczego w takim razie Prawo Mojżesza pozwala na rozwód. Jezus im odpowiedział:

— Przez wzgląd na zatwardziałość waszych serc pozwolił wam Mojżesz oddalać wasze żony. Ale od początku tak nie było. Kiedy mężczyzna i kobieta decydują się zawrzeć małżeństwo, powinni w nim pozostać aż do końca życia.

Uczniowie, którzy to usłyszeli, stwierdzili, że w takim razie chyba lepiej w ogóle się nie żenić!

Jezus potwierdził, że nie wszyscy są powołani, aby wstępować w związki małżeńskie, ale małżeństwo, które trwa przez całe życie, to prawdziwy dar Boga.

Jezus błogosławi dzieci

(Mt 19,13-15; Mk 10,13-16; Łk 18,15-17)

Jezus jest szczególnym Przyjacielem dzieci. Powiedział kiedyś swoim uczniom, że Aniołowie chroniący dzieci są w Niebie zawsze bardzo blisko Boga. Bóg uważa każde dziecko za bezcenny skarb.

Wiedzieli o tym rodzice słuchający Jezusa i pewnego dnia przyprowadzili do Niego swoje dzieci. Prosili, żeby położył na nie ręce i pomodlił się za nie.

Apostołowie jednak nie dopuszczali ich, mówiąc: — Odejdźcie. Czy nie widzicie, że Nauczyciel potrzebuje odpoczynku? Nie marnujcie Jego czasu! Ma znacznie ważniejsze sprawy niż zajmowanie się dziećmi!

Jezus słysząc to, zdecydowanie zaprzeczył: — Nie, nie odsyłajcie dzieci. Pozwólcie im przyjść do Mnie.

Królestwo Niebieskie należy do tych, którzy są tak ufni, jak małe dzieci i tak jak one, przyjmują Boże dary. Tylko ci, którzy uniżą się i będą tacy szczerzy, jak dzieci, wejdą do Mojego królestwa.

Jezus wyciągnął ręce i dotykał po kolei wszystkich małych główek wokół Siebie. Brał dzieci na ręce, przytulał je i obejmował. Szeptał coś do małych uszek i łaskotał je. Mamy radowały się, gdy dzieci szczęśliwe wracały do nich.

Apostołowie przyglądali się, a w końcu sami zaczęli się uśmiechać i przyłączyli się do zabawy.

Dzieci najlepiej wiedziały, co Jezus miał na myśli, gdy mówił: „Przyjdźcie do Mnie."

Bogaty młodzieniec

(Mt 19,16-22; Mk 10,17-23; Łk 18,18-23)

Pewien młody człowiek zapytał Jezusa: — Nauczycielu dobry, jak mogę wejść do Królestwa Bożego? Co mam robić, żebym żył na wieki?

Jezus wiedział, że młodzieniec był bardzo bogaty. Wiedział też, że przez wiele lat uczył się i chciał zostać przywódcą religijnym. Odpowiedź Jezusa nie była dla młodzieńca niczym nowym. — Zachowuj przykazania — rzekł krótko.

Młody człowiek stwierdził, że przestrzega ich przez całe swoje życie. Pytał, czego mu jeszcze brakuje. Chciał być pewien, że na pewno otrzyma życie wieczne.

Jezus patrzył na niego z miłością. Wiedział jednak, że coś jeszcze oddziela tego młodzieńca od Boga. Miłował Boga i przestrzegał przykazań, lecz bogactwo umiłował jeszcze bardziej.

Jezus zatem odpowiedział mu: — Jeśli chcesz być doskonały, idź, sprzedaj, co posiadasz i rozdaj ubogim, a będziesz miał skarb w Niebie. Potem przyjdź i pójdź za Mną!

Gdy młodzieniec usłyszał te słowa, bardzo się zasmucił. Spuścił głowę i odwrócił się. W głębi serca wiedział, że nie przyznał Bogu pierwszego miejsca w swoim życiu. Nie chciał zrezygnować z bogactw i pójść za Jezusem. Był do nich za bardzo przywiązany. Odszedł więc ze smutkiem.

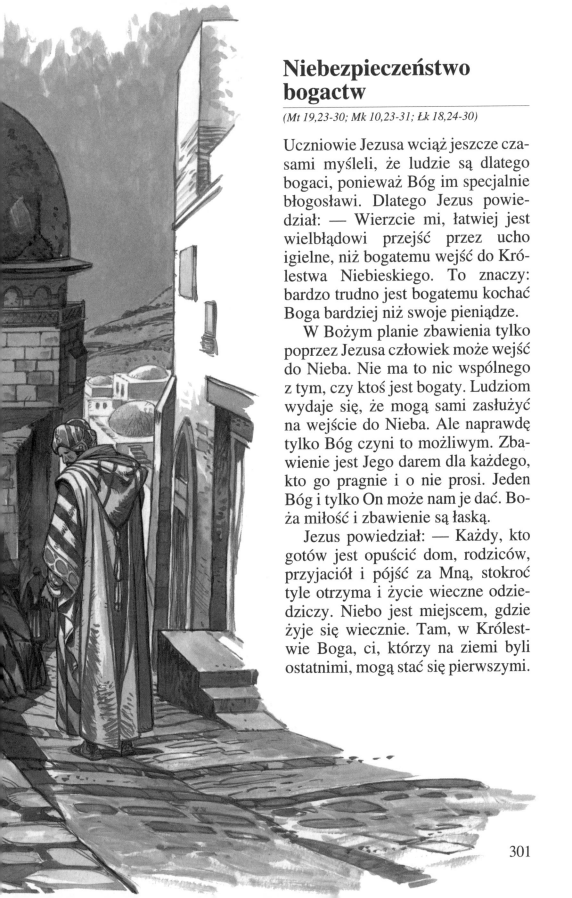

Niebezpieczeństwo bogactw

(Mt 19,23-30; Mk 10,23-31; Łk 18,24-30)

Uczniowie Jezusa wciąż jeszcze czasami myśleli, że ludzie są dlatego bogaci, ponieważ Bóg im specjalnie błogosławi. Dlatego Jezus powiedział: — Wierzcie mi, łatwiej jest wielbłądowi przejść przez ucho igielne, niż bogatemu wejść do Królestwa Niebieskiego. To znaczy: bardzo trudno jest bogatemu kochać Boga bardziej niż swoje pieniądze.

W Bożym planie zbawienia tylko poprzez Jezusa człowiek może wejść do Nieba. Nie ma to nic wspólnego z tym, czy ktoś jest bogaty. Ludziom wydaje się, że mogą sami zasłużyć na wejście do Nieba. Ale naprawdę tylko Bóg czyni to możliwym. Zbawienie jest Jego darem dla każdego, kto go pragnie i o nie prosi. Jeden Bóg i tylko On może nam je dać. Boża miłość i zbawienie są łaską.

Jezus powiedział: — Każdy, kto gotów jest opuścić dom, rodziców, przyjaciół i pójść za Mną, stokroć tyle otrzyma i życie wieczne odziedziczy. Niebo jest miejscem, gdzie żyje się wiecznie. Tam, w Królestwie Boga, ci, którzy na ziemi byli ostatnimi, mogą stać się pierwszymi.

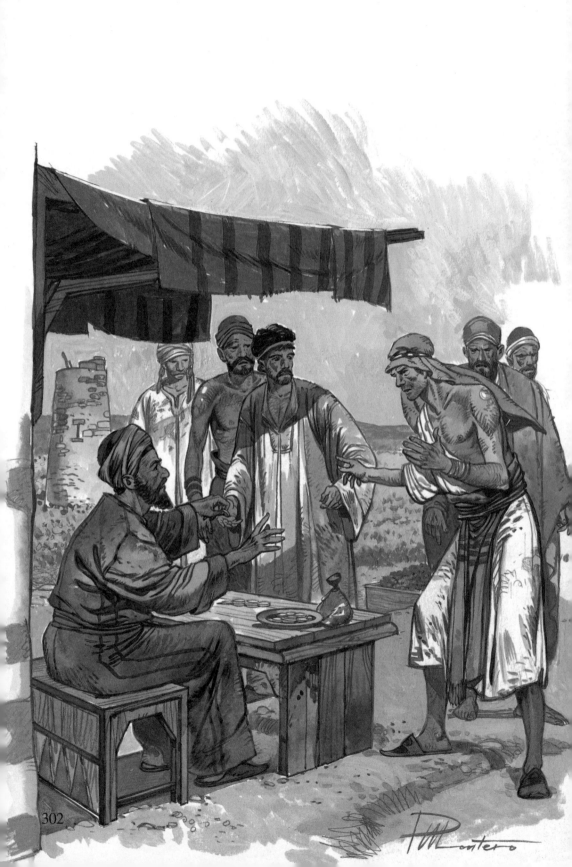

Robotnicy w winnicy

(Mt 20,1-16)

Jezus opowiedział też swoim uczniom następującą przypowieść:

— Pewien gospodarz wyszedł z domu wcześnie rano, żeby wynająć mężczyzn do pracy w winnicy. Umówił się z nimi co do zapłaty za cały dzień pracy, zgodnie z przyjętą wówczas stawką. Kilka godzin później spotkał innych, bezczynnie stojących na ulicy i ich także przyjął do pracy do końca dnia.

Kiedy gospodarz wyszedł ponownie w południe i po południu, znów zobaczył ludzi szukających pracy. Ich także wysłał do swojej winnicy. Wreszcie pod koniec dnia trafił na jeszcze jedną grupę mężczyzn. Zapytał ich: — Czemu tu stoicie cały dzień bezczynnie?

— Nikt nie zaproponował nam pracy — odpowiedzieli.

— Idźcie do mojej winnicy i pomóżcie przy zbiorze — odparł właściciel.

Godzinę później przyszła pora wypłaty. Gospodarz nakazał zarządcy, by zwołał robotników i zapłacił im, zaczynając od tych, którzy rozpoczęli pracę jako ostatni.

Ostatnia grupa robotników otrzymała wypłatę w wysokości pełnej stawki dziennej, chociaż pracowali tylko przez godzinę! Podobnie pracownicy wynajęci w ciągu dnia i tak dalej, aż przyszła kolej na tych, którzy pracowali przez cały dzień. Każdy z robotników otrzymał tyle samo pieniędzy.

Ci jednak, którzy zostali wynajęci jako pierwsi, skarżyli się: — Spodziewaliśmy się dostać więcej pieniędzy. Ci ostatni pracowali tylko przez godzinę, a my przecież trudziliśmy się w upale przez cały dzień.

Słysząc ich narzekania, właściciel powiedział: — Przyjaciele, postępuję uczciwie. Zapłaciłem wam tyle, ile wcześniej uzgodniliśmy. Nie powinniście oburzać się na to, że tyle samo otrzymali ci, którzy pracowali krócej od was. Nie ma powodu, byście żądali więcej. Ja zaś mogę zrobić z moimi pieniędzmi to, co uważam za słuszne.

Gdy Jezus skończył przypowieść, dostrzegł zaskoczone i zakłopotane twarze uczniów i dodał:

— Tak ostatni będą pierwszymi, a pierwsi ostatnimi.

Każdy robotnik zatrudniony w winnicy otrzymał zapłatę za cały dzień pracy, bez względu na porę, o której ją rozpoczął. Podobnie jest z nami. Bez względu na to, w którym momencie naszego życia i z jakimi grzechami przychodzimy do Jezusa, On zawsze nam przebaczy. Każdemu z nas chce ofiarować ten sam dar przebaczenia i życia wiecznego w Jego Królestwie. Bóg traktuje wszystkich nas jednakowo.

Celnik Zacheusz

(Łk 19,1-10)

W mieście Jerycho żył pewien bardzo bogaty człowiek imieniem Zacheusz. Był zwierzchnikiem celników i pobierał od ludzi wielkie kwoty pieniędzy dla siebie i dla Rzymian. W tym okresie Jerozolima i cały Izrael znajdowały się pod władzą Rzymian. W kraju stacjonowały wojska rzymskie, a urzędnicy pilnowali, by od ludności pobierano podatki. Jednym z takich urzędników-celników był Zacheusz. Z racji jego zawodu Żydzi bardzo go nie lubili, nazywając go oszustem, chciwcem i zdrajcą.

Wędrując do Jerozolimy, Jezus przechodził przez Jerycho. Tłumy cisnęły się zewsząd, bo wszyscy chcieli Go zobaczyć i powitać. Wśród ciekawskich był i Zacheusz. Jednak z powodu niskiego wzrostu nic nie widział. Po krótkim namyśle postanowił więc wdrapać się na drzewo.

Podciągnął się na najniższą gałąź, a z niej na wyższą. Nie przejmował się tym, że ludzie mogą wyśmiewać się z niego, widząc jak siedzi na drzewie. Słyszał tyle opowieści o Jezusie i o tym, że jest On przyjacielem celników... Po prostu bardzo chciał Go zobaczyć, bez względu na wszystko!

Nagle zgromadzeni ludzie zaczęli wykrzykiwać pozdrowienia i Zacheusz dostrzegł mężczyznę idącego zatłoczoną ulicą. „Czy to On? Więc to jest Jezus z Nazaretu!", myślał podekscytowany.

Zacheusz wykrzykiwał razem z resztą tłumu, lecz nagle umilkł. Jezus podszedł do jego drzewa! Zatrzymał się, spojrzał na niego i przez chwilę patrzył mu w oczy. — Zacheuszu, zejdź prędko, albowiem dziś chcę się zatrzymać w twoim domu — rzekł niespodziewanie Jezus.

Poborca podatków o mało nie spadł z gałęzi, tak był zaskoczony i uradowany. Uśmiechnął się i pomyślał: „Taki honor!" Zszedł natychmiast i poprowadził Jezusa do siebie.

Ludzie, których mijali po drodze, zrzędzili: — Popatrzcie na Jezusa. Znowu będzie przebywał z grzesznikami.

Przyjmując Jezusa, Zacheusz postanowił, że odtąd jego życie się zmieni. Powiedział Jezusowi: — Panie, oto połowę mego majątku oddaję ubogim. Jeśli w przeszłości kogoś oszukałem albo skrzywdziłem, zwrócę to poczwórnie. — Zacheusz pochylił głowę przed Jezusem. Wiedział, kim On jest i dla Niego był gotów się zmienić.

— Dziś ty i twoja rodzina dostępujecie zbawienia — odparł Jezus. — Po to właśnie przyszedłem na świat, żeby odnaleźć zagubionych i zbawić grzeszników.

Pomnażanie dóbr

(Łk 19,11-27)

Jezus opowiedział przypowieść o pewnym królu, który udawał się w daleką podróż. Przed wyjazdem przywołał dziesięciu swoich sług i każdemu z nich dał dużą ilość pieniędzy. Chciał, żeby podczas jego nieobecności zainwestowali je z zyskiem. Po dłuższym czasie król powrócił i poprosił wszystkich o relację z tego, jak wykorzystywali powierzony im majątek. Czy robili to mądrze?

Większość okazała się dobrymi zarządcami tego, co otrzymali i pomnożyli majątek. Jednak jeden sługa zachował się niemądrze. Schował pieniądze, nie starając się ich pomnożyć. Król bardzo się rozgniewał na niego, odebrał mu je i dał temu, który osiągnął największy zysk z powierzonej kwoty.

Jezus chciał, aby Jego uczniowie zrozumieli, że jest to przypowieść o nich samych. Ci, którzy chcą i starają się dowiedzieć więcej o Królestwie Bożym oraz poznać je lepiej, będą wynagrodzeni. Jednak ci, którzy odwracają się od tego, co mówi Jezus, zostaną pozbawieni łaski, którą daje im Bóg.

Czyn miłości

(Mt 26,6-13; Mk 14,3-9; J 12,1-8)

Jezus zmierzał do Jerozolimy po raz ostatni przed Swoją śmiercią. Wieczorem, przed wejściem do miasta, zatrzymał się u przyjaciół: Łazarza, Marii i Marty.

Gdy Marta podawała posiłek, wydarzyło się coś dziwnego. Maria, która bardzo kochała Jezusa, wylała Mu na głowę flakonik bardzo kosztownego nardowego olejku. Potem namaściła nim Jego nogi i otarła swoimi włosami.

Maria wiedziała, że Jezus już niedługo umrze. W ten sposób pokazywała wszystkim, że uznaje Go za swojego Króla.

Dom napełnił się miłym zapachem. Goście milczeli, lecz niektórym nie podobało się to, co zrobiła Maria. Pomyśleli, że to marnotrawstwo, że mogła drogo sprzedać olejek, a pieniądze rozdać biednym.

Jezus, znając ich myśli, powiedział: — Nie miejcie jej tego za złe. Uczyniła to z miłości do Mnie. Biedni zawsze będą pośród was i kiedy tylko chcecie, możecie im pomagać. Ale Ja nie zawsze będę z wami. O tym, co zrobiła dziś Maria — dodał — będą odtąd wszędzie opowiadać. Ludzie będą pamiętać, że już wcześniej namaściła Moje ciało na pogrzeb.

Wjazd do Jerozolimy

(Mt 21,1-7; Mk 11,1-7; J 12,12-16)

Świt zaczynał rozjaśniać niebo, gdy Jezus oznajmił uczniom: — Dzisiaj wejdziemy do Jerozolimy.

Kiedy zbliżali się do bram miejskich, wokół Jezusa zaczął się zbierać coraz większy tłum. Setki, tysiące ludzi wyszły z miasta, aby Go przywitać. Wiwatowali i krzyczeli, nazywając Go Synem Dawida. To było powitanie godne Króla!

Na wschód od Jerozolimy znajduje się zadrzewione wzgórze zwane Górą Oliwną. Gdy dotarli tam, Jezus wysłał dwóch uczniów, by przyprowadzili Mu osiołka. Na nim wjechał do Jerozolimy.

Ludzie zrywali gałązki palmowe i machali nimi na powitanie. Kładli też swoje płaszcze na drodze. Uważali Jezusa za króla, który może ich uwolnić spod panowania Rzymian.

Jezus jednak nie był takim królem. Wjeżdżał do stolicy na zwykłym osiołku, a nie na wspaniałym rumaku, ponieważ chciał powiedzieć ludziom, że Jego celem jest pokój. On jest Królem dosiadającym łagodnego zwierzęcia. W Jego królestwie znajdują się ludzie obarczeni troskami świata — ci, którzy zdecydowali się przyjść do Niego i prosić Go o pomoc.

Jerozolimo! Jerozolimo!

(Mt 21,8-11; Mk 11,8-11; Łk 19,36-44; J 12,17-19)

Kiedy Jezus wkraczał do Jerozolimy, wydawało się, że całe miasto woła: „Hosanna Synowi Dawida!", „Błogosławiony Ten, który przychodzi w imię Pańskie!". Inni krzyczeli: „To jest prorok, Jezus z Nazaretu w Galilei".

Tymczasem faryzeusze wcale nie byli zadowoleni. Mówili jeden do drugiego: — Patrzcie, wszyscy idą za Nim. — Niektórzy z nich, oburzeni, że lud nazywa Jezusa Królem, krzyczeli do Niego, żeby im tego zabronił.

On zaś odwrócił się do faryzeuszy i rzekł: — Jeśli ci umilkną, kamienie wołać będą. Nie możecie ich powstrzymać!

Potem Jezus popatrzył na Jerozolimę i łzy popłynęły Mu po twarzy. Płakał nad tym miastem — miastem króla Dawida, miastem Bożym. — Och, gdybyś uwierzyło w to, co widzisz dzisiaj. Ale pozostaniesz ślepe, a wrogowie twoi cię zniszczą!

Jezus wiedział, że ludzie, którzy wiwatują na Jego cześć, wkrótce Go zdradzą. Opłakiwał tragedię, którą sprowadzi na miasto ich zły wybór. Płakał z miłości do tych, którzy wkrótce mieli wydać Go na śmierć.

309

Wypędzenie przekupniów

(Mt 21,12; Mk 11,15; Łk 19,45)

W Jerozolimie Jezus znowu udał się do świątyni, domu Swego Ojca.

Kiedy wszedł do środka, rozgniewał się. Około dwa lata wcześniej wyrzucił stąd chciwych i wrzaskliwych przekupniów, teraz oni wszyscy znów tu byli.

Bankierzy wymieniali pieniądze, a handlarze zmuszali ludzi do płacenia wysokich cen za zwierzęta, które miały być składane w ofierze. Biedni stawali się jeszcze biedniejsi, ilekroć przychodzili do świątyni wielbić Boga. Świątynia bardziej przypominała targowisko niż miejsce modlitwy.

Widząc to, Jezus wykrzyknął:

— Tak być nie może! To przecież jest dom Mego Ojca. — Poprzewracał stoły bankierów i przepędził przekupniów. Monety rozsypały się po ziemi, uwolnione z klatek ptaki latały dookoła, a ludzie biegali i krzyczeli.

Uzdrowienia w świątyni

(Mt 21,13-16; Mk 11,17-18; Łk 19,46-48)

Jezus szedł po dziedzińcu, wołając:
— Bóg powiedział, że to miejsce ma być domem modlitwy, a wy czynicie z niego jaskinię zbójców.

Dziedziniec opustoszał — zostali tylko Jego uczniowie i kilku zakłopotanych przywódców religijnych. Potem powoli, stopniowo zaczęli wracać do świątyni niewidomi, kalecy i inni chorzy. Przyszli do Jezusa, by ich uzdrowił. A On wyciągał ręce, żeby przynieść im ulgę. Niewidomi odzyskiwali wzrok, kalecy odrzucali kule i laski, a złamani cierpieniem stawali się zdrowi.

Dzieci, które to widziały, zaczęły tańczyć wokół Jezusa. Trzymały się za ręce i śpiewały: — Hosanna Synowi Dawida! Niech będzie błogosławiony.

Z siedliska chciwców, świątynia stała się znów, tak jak powinna, miejscem radości i wysławiania Boga.

Tylko faryzeusze nie byli zadowoleni ze zmian, które zaszły. Drwili, pokazując palcami na dzieci: — Tak... słuchajcie tych głupich dzieciaków.

Jezus powiedział im: — Czy nigdy nie czytaliście w Piśmie, że niemowlęta i dzieci będą wysławiać Boga? — Wszyscy, którzy tego dnia słuchali Jezusa, zdumiewali się Jego mądrością.

311

Wdowi grosz

(Mk 12,41-44; Łk 21,1-4)

Jezus usiadł przy skarbonie świątynnej. Przychodzili tu ludzie i składali ofiary w podziękowaniu za dary, które otrzymali od Boga. Chcieli w ten sposób okazać Mu wdzięczność za to, co On im dawał. Jezus i dwaj uczniowie usiedli i przyglądali się ludziom wrzucającym do skarbony swoje ofiary. Bogaci na ogół dawali dużo pieniędzy i odchodzili bardzo z siebie zadowoleni — a przecież były to pieniądze, bez których spokojnie mogli się obejść.

W pewnej chwili Jezus i uczniowie zobaczyli, jak jakaś biedna kobieta, wdowa, składa swój dar. Nie miała prawie nic i wrzuciła do skarbony małe miedziane monety, nie mające wielkiej wartości.

Jednak Jezus właśnie na nią zwrócił uwagę. — Czy widzieliście? — zapytał uczniów. — Ta uboga wdowa wrzuciła więcej niż wszyscy pozostali. Wszyscy dawali bowiem ofiarę z tego, co im zbywało i co nie było im potrzebne. Ona wrzuciła wszystko, co jej pozostało.

Biedna kobieta ofiarowała swój dar z miłości. Ufała Bogu, że On przyjmie jej ofiarę i nadal będzie troszczył się o nią oraz jej pomagał, nawet wtedy, gdy już nic nie będzie miała. Takie zaufanie jest milsze Bogu niż wszystkie bogactwa świata.

Przypowieść o pannach

(Mt 25,1-13)

Bardzo ważne jest, żebyśmy byli gotowi, gdy nadejdzie koniec świata, a Chrystus powróci, by osądzić ludzi. Jezus chciał przekazać to swoim uczniom, opowiadając im przypowieść o dziesięciu pannach:

— Było kiedyś dziesięć panien, które miały wyjść na spotkanie pana młodego i wziąć udział w przyjęciu weselnym.

Pięć z nich było mądrych, a pięć nierozsądnych. Wszystkie czekały na pana młodego przy drodze do domu weselnego. Podczas jego przejazdu miały zapalić lampy, które ze sobą przyniosły.

Pięć dziewcząt wzięło ze sobą zapas oliwy do lamp, a pozostałe pięć tylko tyle, ile mieściło się w lampach. Wszystkie powinny pamiętać o dodatkowej oliwie, której mogłyby potrzebować, jednak nierozsądne o tym nie pomyślały.

Dziewczęta czekały przez cały wieczór, a pan młody nie przybywał. W końcu wszystkie ze zmęczenia usnęły. W pewnej chwili obudził je okrzyk, że nadjeżdża pan młody. Trzeba było szybko zapalić lampy!

Mądre panny zapaliły swoje lampy bez kłopotu, natomiast nierozsądnym skończyła się oliwa.

Prosiły inne dziewczęta o pożyczenie oliwy do lamp, jednak tamte odmówiły im z obawy, żeby i im samym nie zabrakło. Poradziły nierozsądnym pannom, aby poszły gdzieś kupić oliwę.

Nierozsądne dziewczęta pobiegły najszybciej, jak potrafiły. Pan młody przyjechał jednak właśnie wtedy, gdy ich nie było.

Mądre panny, gotowe na przybycie pana młodego, przywitały go i weszły na przyjęcie weselne. Drzwi zostały zamknięte. Kiedy więc nierozsądne wróciły z oliwą, okazało się, że się spóźniły.

Stukały do drzwi i prosiły, by pan młody im otworzył. On jednak odrzekł: — Nie znam was. Odejdźcie.

Jezus chciał, żeby ta przypowieść stała się przestrogą dla uczniów.

Nikt nie wie, kiedy nadejdzie koniec świata. Dlatego nie można pozwolić sobie na to, by myśleć: „Mam jeszcze czas, jutro się zmienię". Czasu nie można pożyczyć. Jeżeli zwlekamy z nawróceniem się do Boga, może się okazać, że jest na nie za późno. Właśnie teraz jest pora, żeby wybierać, czyli opowiedzieć się za lub przeciw Jezusowi. Nie czekajmy do jutra!

Zdrada Judasza

(Mt 26,1-5; 14-16; Mk 14,1-2; 10-11; Łk 22,1-6)

Były to już ostatnie dni przed aresztowaniem Jezusa. Większość czasu Jezus spędzał ze Swymi najbliższymi uczniami. Nauczał ich i starał się im pomóc zrozumieć to, co wkrótce nastąpi. Nadeszła pora, żeby spełniły się słowa proroków, zapowiadające zbliżające się wydarzenia.

Nie tylko Jezus czynił przygotowania do tego, co miało nastąpić. Arcykapłani i przywódcy religijni knuli spisek przeciw Niemu i zastanawiali się, jak Go pojmać. Chcieli to zrobić bez rozgłosu. Bali się ludzi, którzy tak niedawno wiwatowali na cześć Jezusa.

Ostrzegali się więc wzajemnie:

— Musimy uważać, żeby nie zrobić tego podczas święta Paschy. Wielu ludzi myśli, że On jest Mesjaszem, mogliby przysporzyć nam kłopotów, gdyby zobaczyli, iż jest aresztowany.

Pozostały jeszcze dwa dni do rozpoczęcia święta.

Kiedy przywódcy dyskutowali o tym, jak schwytać Jezusa, zjawił się Judasz, jeden z Apostołów i poprosił o chwilę rozmowy. Byli bardzo zaskoczeni:

— Przecież Judasz jest jednym z dwunastu najbliższych uczniów Jezusa! — dziwili się między sobą.

— W dodatku ma w swojej pieczy wszystkie ich pieniądze — dodał ktoś inny.

Kiedy poprosili Judasza do siebie, ten zapytał, jaką dadzą mu nagrodę za wydanie Jezusa w ich ręce.

Arcykapłani byli uradowani tą propozycją. Uśmiechali się do siebie porozumiewawczo i zacierali ręce. Obiecali Judaszowi trzydzieści srebrników — była to cena za zdradę Jezusa i wydanie Go w ręce wrogów.

Od tej chwili Judasz szukał okazji, żeby zastawić pułapkę na swojego Mistrza. Nie musiał długo czekać.

Przygotowanie Paschy

(Mt 26, 7-19; Mk 14,12-16; Łk 22,7-13)

Dwa dni po umowie między Judaszem i arcykapłanami rozpoczynały się obchody święta Paschy. Tysiące ludzi przybyło do Jerozolimy, aby właśnie tu, w świętym mieście, ją przeżywać.

W czwartek Jezus powiedział Piotrowi i Janowi, żeby przygotowali wszystko na wieczerzę paschalną. Kiedy zapytali, gdzie chce ją spożyć, odpowiedział: — Idźcie do miasta, a spotkacie człowieka niosącego dzban wody. Idźcie za nim i tam, gdzie wejdzie, powiedzcie gospodarzowi: „Nauczyciel pyta: gdzie jest dla Mnie izba, w której mógłbym spożyć Paschę z Moimi uczniami?"

Piotr i Jan uczynili tak, jak im Jezus polecił. Gdy znaleźli właściciela domu, ten skinął głową. Wydawało się, że wiedział, iż Jezus zatrzyma się u niego. Wspólnie upewnili się, czy wystarczy żywności na posiłek.

Mężczyzna pokazał uczniom obszerną salę na piętrze, a w niej duży, niski stół. Jezus wraz z uczniami mogli więc świętować bezpiecznie w swoim gronie. A miała to być wieczerza, która przeszła do historii.

Przełożeństwo służbą

(Łk 22,14; 24-30)

Tego wieczoru Jezus i Jego dwunastu Apostołów łamali chleb i pili wino paschalne. Wspominali, w jaki

sposób Bóg uratował ich naród w Egipcie, pokonując okrutnego faraona, który zmusił Izraelitów do niewolniczej pracy.

Jezus siedział w milczeniu przy końcu stołu. Kilku Apostołów rozmawiało, pochylając się do siebie. Nagle zaczęli kłócić się o to, który z nich jest najważniejszy: — To ja! Nie, właśnie, że ja! — spierali się.

Wtedy przemówił Jezus: — Królowie i władcy walczą o władzę. Lecz wy macie postępować inaczej.

Wśród was ten będzie większy, kto będzie bardziej służył innym.

Któż jest ważniejszy? Ten, kto siedzi za stołem, czy ten, kto służy? Otóż Ja jestem pośród was Tym, który służy. Podobnie wy powinniście postępować wobec siebie. Wytrwaliście przy Mnie, zatem kiedy wszystko się skończy, pójdziecie za Mną do Królestwa Mego Ojca. Zasiądziecie na tronach i będziecie sądzić dwanaście pokoleń Izraela.

Miłość i pokora Jezusa

(J 13,1-9)

Jezus spojrzał na Swych dwunastu najbliższych przyjaciół. To oni mieli poprowadzić Jego dzieło po tym, gdy wróci do Nieba. Miłował ich. Ukochał ich od początku aż do końca.

Jezus wiedział, że Ojciec pozostawił Mu wybór. Tak jak każdy człowiek, również Syn Człowieczy mógł wybrać: postąpić zgodnie z Bożym planem dla Jego życia, czy też odwrócić się i pójść własną drogą. Jezus wyszedł od Boga i chciał do Niego powrócić, by być zawsze u Jego boku. Popatrzył jeszcze raz na Apostołów i wstał.

Uczniowie przestali rozmawiać, patrzyli, jak ich Pan nalewa wodę do misy.

Podniósł na nich oczy i powiedział: — Moi przyjaciele, nikt nie obmył wam stóp. — Podchodził więc do każdego z nich i klękał. Zsuwał im sandały z nóg i mył stopy. Wycierał je prześcieradłem, którym był przewiązany w pasie.

Jezus, Nauczyciel i Przywódca, robił to, czego można było oczekiwać jedynie od niewolnika! Własnymi rękami obmywał piach i kurz ze stóp każdego z uczniów!

Piotr nie mógł tego dłużej wytrzymać. — Panie! — wykrzyknął. — Co robisz? Ty chcesz mi umyć nogi? Przecież to zajęcie nie dla Ciebie!

— Teraz nie rozumiesz tego, co czynię, ale później to pojmiesz — odparł Jezus.

Piotr bronił się. Nie mógł znieść widoku Jezusa, ich Króla, zachowującego się jak sługa.

— Piotrze, jeśli cię nie obmyję, nie będziesz miał udziału ze Mną.

Na te słowa Piotr zgodził się:

— Więc nie tylko nogi, ale i ręce, i głowę, Panie. Wciąż jeszcze Piotr nie w pełni rozumiał znaczenie tego, co uczynił jego Mistrz.

Pan i Nauczyciel

(J 13,12-18)

Po umyciu nóg ostatniemu z uczniów, Jezus z powrotem założył szatę i usiadł. Wtedy wyjaśnił, dlaczego postąpił tak, jakby był ich niewolnikiem.

— Czy rozumiecie, co uczyniłem? Wy Mnie nazywacie Nauczycielem i Panem, i dobrze mówicie, bo Nim jestem. Jeżeli więc Ja, Pan i Nauczyciel, umyłem wam nogi, to i wy powinniście sobie nawzajem nogi umywać.

Apostołowie dopiero co kłócili się, kto z nich jest najważniejszy, a teraz Pan mówił: — Dałem wam przykład, jak postępować. To jest droga do prawdziwej wielkości.

Dodał jeszcze: — Każdy, kto wierzy Moim słowom, wierzy nie tylko Mnie, ale i Ojcu Mojemu, który Mnie posłał.

Każdy, kto naśladuje Jezusa, wykonuje to, czego chce Bóg.

Jezus wiedział, że Jego Apostołowie będą potrzebować każdej możliwej pomocy, by przetrwać trudny czas, który był przed nimi. W ciągu kilku nadchodzących dni będzie im łatwiej, jeżeli nauczą się służyć sobie nawzajem i myśleć o drugich. Przez to otrzymają błogosławieństwo Pana.

Ostatnia Wieczerza

(Mt 26,20-29; Mk 14,17-25; Łk 22,14-23; J 13,18-27)

Podczas Ostatniej Wieczerzy Jezus powiedział do Apostołów: — Jeden z was Mnie zdradzi!

Uczniowie spoglądali na siebie, nie wiedząc, co myśleć. Kto mógłby wydać Nauczyciela?

Jezus dodał: — To ten, dla którego umaczam kawałek chleba i podam mu. — Podał kęs Judaszowi. — Co chcesz czynić, czyń prędzej!

Nikt nie zrozumiał, co Jezus miał na myśli. Sądzili, że Judasz ma dokupić żywność. Judasz jednak wiedział, dokąd zmierza. Wyszedł z domu, by wydać Jezusa Jego wrogom.

Wieczerza trwała nadal. Jezus wziął chleb i połamał go na kawałki. Złożył Bogu dziękczynienie i rozdając chleb uczniom, rzekł: — Bierzcie i jedzcie, to jest Ciało Moje.

Później Jezus wziął kielich z winem i podniósł go, ponownie wysławiając Boga i dziękując Mu. Powiedział: — Pijcie z niego wszyscy, bo to jest moja Krew Przymierza, która za wielu będzie wylana na odpuszczenie grzechów. Odtąd nie będę już pił z owocu winnego krzewu aż do owego dnia, kiedy pić go będę z wami nowy, w królestwie Ojca Mojego.

Na zakończenie powiedział: — Czyńcie to na Moją pamiątkę.

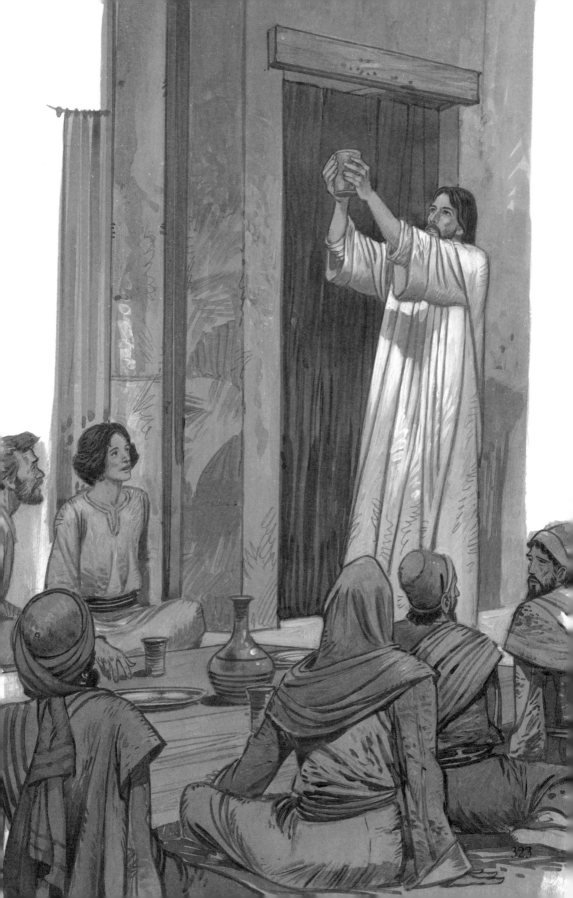

Zanim kogut zapieje

(Mt 26,30; Mk 14,26-31; Łk 22; 31-34)

Ostatnia Wieczerza była ostatnim posiłkiem Jezusa przed ukrzyżowaniem. Jej powtarzanie stało się dla Jego uczniów szczególnym sposobem pamiętania o Nim.

Wkrótce skończyli posiłek. Jezus i Apostołowie wstali i śpiewali bardzo piękny psalm, pieśń wielbiącą Boga. Nadszedł czas opuszczenia domu i Jezus skierował się w stronę Góry Oliwnej. Znajdowało się tam ciche miejsce pośród starych drzew — miejsce dobre do rozmyślania, modlitwy i oczekiwania.

Wraz z Apostołami Jezus wspinał się na wzgórze do ogrodu zwanego Getsemani. Idąc powiedział: — Tej nocy wszyscy się rozproszycie i zwątpicie we Mnie. Pamiętajcie jednak, cokolwiek by się stało, że spotkamy się w Galilei.

Piotr żachnął się: — Panie, ja nigdy Cię nie opuszczę! Choćby wszyscy zwątpili w Ciebie, ja nie zwątpię!

— Piotrze — odparł Jezus — jeszcze tej nocy, zanim kogut zapieje, ty trzy razy się Mnie wyprzesz.

Piotr jednak wciąż zapewniał, że choćby miał umrzeć, nie wyprze się Jezusa, ani Go nie opuści.

Podobnie przyrzekali pozostali.

Droga, Prawda i Życie

(J 14,1-6)

Uczniowie czuli się bardzo zaniepokojeni. Szli za Jezusem i próbowali zrozumieć sens tego, co im powiedział.

— Przez cały wieczór mówił o zdradzie i śmierci. Co to wszystko może znaczyć?

— Czy widzieliście, jak był przejęty podczas posiłku? Czy naprawdę myślicie, że wkrótce umrze?

— Nie sądzę — ktoś odpowiedział. — Dlaczego? Spójrzcie, jak wszędzie jest cicho i spokojnie. Wszyscy przebywają w domach.

— A jeżeli On rzeczywiście odejdzie? Co my wtedy zrobimy?

Jezus wiedział, że byli zmieszani i bali się. Dlatego rzekł: — Przestańcie się tak zamartwiać. Zaufajcie Mi! Wracam przecież do Mojego Ojca, a tam, w Niebie, jest mieszkań wiele. Idę właśnie przygotować je dla was. A gdy odejdę i przygotuję wam miejsce, przyjdę powtórnie i zabiorę was do Siebie, abyście i wy byli tam, gdzie Ja jestem. Wtedy będziemy zawsze razem, w domu Ojca.

— Ależ Panie — dopytywał się Tomasz — nie wiemy dokąd idziesz. Jak się tam dostaniemy?

— Ja jestem Drogą i Prawdą, i Życiem — odparł Jezus. — Nikt nie przychodzi do Ojca inaczej, jak tylko przeze Mnie. Tylko Ja jestem drogą do Boga.

Jezus nie tylko wskazuje nam drogę do Boga — to On sam jest tą drogą!

W ogrodzie Getsemani

(Mt 26,36-46; Mk 14,32-42; Łk 22,39-46; J 17,1-18,1)

Jezus udał się do ogrodu Getsemani i zatrzymał się tam, by pomodlić się po raz ostatni ze swoimi uczniami.

— Ojcze — mówił — nadeszła Moja godzina. To Ty dałeś Mi tych ludzi, którzy słuchali Mnie i uwierzyli, że Ty Mnie posłałeś. Proszę, zachowaj ich, gdy odejdę ze świata. Dopóki byłem z nimi, strzegłem ich w Twoim imieniu, a teraz idę do Ciebie, aby Moją radość mieli w sobie w całej pełni.

Świat będzie ich nienawidził, ale Ty ich miłujesz i Ja również. Spraw, by trwali w jedności, podobnie jak My jesteśmy jedno. Bądź z nimi, kiedy rozejdą się po świecie, tak jak byłeś przy Mnie. Niech miłość, którą Mnie obdarzyłeś, żyje w nich.

Jezus prosił Ojca, żeby ochraniał Jego uczniów po wszystkie czasy. W ten sposób modlił się również za nas — za ciebie i za mnie, oraz za ludzi do nas podobnych.

Po wejściu do ogrodu, Jezus razem z Piotrem, Jakubem i Janem oddalili się od innych Apostołów. Jezus przeżywał niepokój i trwogę. Poprosił ich: — Smutna jest dusza Moja aż do śmierci. Zostańcie tu i czuwajcie ze Mną! Chciał porozmawiać ze Swoim Ojcem. Ze słowami: „Módlcie się" odszedł, by się modlić.

Upadł na kolana niedaleko od uczniów i prosił: — Ojcze mój, jeśli to możliwe, niech Mnie ominie ten kielich! Czy nie ma innej drogi, czy muszę przez to przejść? — Jezus wiedział, że Bóg nie zmuszał Go do niczego. To On wybrał posłuszeństwo. W ten sposób Bóg dokonał cudu zbawienia — każdemu człowiekowi żyjącemu w dowolnym czasie daje szansę porzucenia grzechów i życia w świętości.

Jezus spojrzał w górę i rzekł: — Ojcze, niech się stanie wola Twoja! Chcę wykonać to, czego Ty chcesz.

Wtedy przyszedł do Niego Anioł z Nieba i dodawał Mu siły. A Jezus wciąż modlił się... Po twarzy spływał Mu krwawy pot, jakby krople krwi — każda znaczyła wilgotny ślad, padając na ziemię.

Wreszcie Jezus wstał i wrócił do uczniów. A oni posnęli! — Piotrze, śpisz? — zasmucił się. — Nawet jednej godziny nie mogliście czuwać ze Mną? Czuwajcie i módlcie się, abyście nie ulegli pokusie.

Tak było jeszcze dwa razy. Jezus odchodził, żeby wylać troski Swego serca przed Ojcem, a oni po prostu zasypiali. Był to czas Jego samotności. Gdy wrócił do nich po raz trzeci, powiedział: — Śpicie jeszcze i odpoczywacie? Oto nadeszła godzina, w której Syn Człowieczy będzie wydany w ręce grzeszników. Wstańcie, chodźmy! Oto zbliża się Mój zdrajca.

Zdradziecki pocałunek

(Mt 26,47-50; Mk 14,43-46; Łk 22,47-48; J 18,2-9)

Gdy Jezus skończył mówić do uczniów, z drugiego końca ogrodu rozległy się głosy. Uczniowie zobaczyli zbliżające się do nich światła. Nagle ogarnął ich strach.

Piotr spostrzegł przywódców religijnych i ich sługi, niosących kije i miecze. — To Jego wrogowie — szepnął do Jana, a potem syknął: — Patrz!

Stał tam Judasz! Wtedy Piotr zrozumiał, dlaczego Jezus mówił o zdradzie.

Judasz powiedział do strażników: — Schwytajcie człowieka, którego pocałuję. To On. — Potem podszedł do Jezusa i całując Go w policzek, rzekł: — Nauczycielu!

— Judaszu, dlaczego wydajesz Syna Człowieczego? — spytał Jezus. Judasz nie mógł spojrzeć Jezusowi w oczy. Obejmował Tego, który do niedawna był dla niego wszystkim: Nauczycielem, Przyjacielem, Bogiem, a teraz on Go zdradzał. Judasz odwrócił się i odszedł bez słowa.

Natychmiast słudzy arcykapłanów schwytali Jezusa. On wcale się nie bronił. — Ja jestem tym, którego szukacie — rzekł. — Jeżeli więc Mnie szukacie, pozwólcie tym odejść. — Mówił to, mając na myśli Apostołów.

Jezus został sam w tę najczarniejszą ze wszystkich ciemnych nocy.

Zapalczywość Piotra

(Mt 26,51-56; Mk 14,47-50; Łk 22,49-53; J 18,10-12)

Piotr nie mógł uwierzyć, że Jezus został aresztowany. Ruszył w kierunku przybyłych, wymachując mieczem i krzycząc, żeby zostawili Nauczyciela w spokoju.

Uderzył mieczem najbliżej stojącego sługę arcykapłana i odciął mu ucho.

Jezus jednak powstrzymał go: — Schowaj miecz, Piotrze! Ci, którzy krzywdzą innych, wyrządzają krzywdę sobie samym. — Potem uleczył słudze ucho.

Raz jeszcze zwrócił się do Piotra: — Gdybym chciał stawić opór, poprosiłbym Ojca Mego, a posłałby Mi zastępy anielskie, żeby Mnie broniły. Jednak Ja chcę pełnić wolę Ojca Mojego. Gdybyś walczył przeciw tym ludziom, nie mogłyby się spełnić słowa Pisma, a Ja nie wykonałbym Swojej misji, dla której przyszedłem na świat.

Powiedział też do swoich wrogów: — Wyszliście z mieczami i kijami jak na zbójcę, żeby Mnie pojmać. Codziennie przecież przebywałem w świątyni i nauczałem, a nie pochwyciliście Mnie.

Straże pojmały Jezusa. Piotr i pozostali Apostołowie uciekli i ukryli się ze strachu, że oni również mogą być aresztowani.

Uwięzienie Jezusa

(Mt 26,57; Mk 14,53; Łk 22,54; J 18,13-14)

Kiedy uczniowie uciekli, Jezus został sam ze swoimi wrogami. Minęło kilka chwil, zanim strażnicy zdali sobie sprawę, że Jezus nie zamierza się bronić. Potem zaczęli Go popychać, a On potykał się, gdy wyprowadzano Go z ogrodu.

Straże przyprowadziły Jezusa do domu arcykapłana, gdzie czekali Jego wrogowie. Judaszowi zapłacono niezwłocznie za zdradę. Jezusa postawiono przed sądem, domagając się Jego śmierci.

Zaparcie się Piotra

(Mt 26,58-75; Mk 14,54-72; Łk 22,54-62; J 18,15-27)

Piotr szedł z tyłu, za tłumem, który towarzyszył · pojmanemu Jezusowi. Widząc, że zabrano Mistrza do domu arcykapłana, czekał na dziedzińcu pełnym żołnierzy. Jacyś mężczyźni rozpalili ognisko, żeby się ogrzać.

Gdy Piotr usiadł przy ognisku, podeszła służąca: — Jesteś jednym z przyjaciół tego więźnia — krzyknęła zaskoczona.

Piotr miał nadzieję, że nikt tego nie usłyszał. Zaprzeczył głośno: — Nie! Nie wiem, o czym mówisz.

Wyszedł przez bramę, lecz tam zobaczyła go inna dziewczyna i zawołała: — Ten był z Jezusem Nazarejczykiem.

— Nie! Na pewno pomyliłaś mnie z kimś innym. Nawet nie znam tego Człowieka! — przekonywał Piotr.

Nieco później podeszła do Piotra grupka mężczyzn. Jeden z nich był znajomym tego, któremu Piotr odciął ucho. — Jesteś jednym z Jego uczniów, widziałem cię z Nim!

— Tak — dodał inny. — Na pewno jest z Galilei, nawet jego akcent o tym świadczy.

Serce Piotra biło coraz mocniej i szybciej. Przysięgał i głośno wołał: — Nie znam tego Człowieka! Dajcie mi spokój!

Zaledwie wypowiedział te słowa, usłyszał pianie koguta. Jezus odwrócił się i z daleka spojrzał na Piotra, który natychmiast przypomniał sobie to, co Jezus powiedział. Piotr gorzko zapłakał, bardzo żałując tego, czego się dopuścił.

Jezus przed Piłatem

(Mt 26,59-27,14; Mk 14,55-15,5; Łk 22,63-23,5; J 18,19-38)

Sądzący Jezusa przywódcy religijni starali się za wszelką cenę dowieść, że Jezus złamał Prawo. Wynajęli nawet fałszywych świadków, by przeciw Niemu zeznawali.

Wreszcie najwyższy kapłan zapytał: — W imię Boga żywego, powiedz, czy Ty jesteś Mesjasz, Syn Boży?

Jezus odpowiedział: — Tak, Ja Nim jestem. Pewnego dnia zobaczycie Mnie siedzącego na tronie obok Mego Ojca.

— Mówi, że jest Bogiem! — słuchacze zawrzeli oburzeniem. — To bluźnierstwo! — krzyczeli.

— Musi umrzeć! — Bili Jezusa i pluli Mu w twarz. Razem z żołnierzami okładali Go pięściami i wyśmiewali.

Kiedy nadszedł poranek, zaprowadzili Go do namiestnika rzymskiego, Poncjusza Piłata.

Piłat zapytał, o co Go oskarżają, a oni skłamali. Powiedzieli, że podburza Żydów przeciwko Rzymianom, nazywając siebie królem.

Piłat zwrócił się do Jezusa: — Czy Ty jesteś królem żydowskim?

Jezus odrzekł: — Jestem Nim. Ale królestwo Moje nie jest z tego świata. Gdyby było, Moi słudzy walczyliby za Mnie. Tak, jestem Królem i urodziłem się po to, by przynieść światu prawdę. Każdy, kto kocha prawdę, jest moim uczniem.

Te słowa Jezusa zastanowiły Piłata: — Czy nie słyszysz, ile złego mówią o Tobie? — Jezus jednak już nic więcej nie powiedział. Piłat był zaskoczony i rzekł do arcykapłanów: — Nie widzę żadnego powodu, by Go skazać na śmierć. Nic złego nie uczynił.

Przywódcy religijni wciąż jednak nalegali: — Odkąd zaczął nauczać w Galilei, stale przysparza nam kłopotów.

Jezus przed Herodem

(Łk 23,6-12)

Dowiedziawszy się, że Jezus pochodzi z Galilei, Piłat odetchnął: — W takim razie powinien Go sądzić Herod, a nie ja. To jego rejon.

Piłat nie chciał brać na siebie odpowiedzialności. Patrząc, jak straże zabierają Jezusa do Heroda, myślał: „Przecież on nic złego nie uczynił".

Herod przebywał właśnie w Jerozolimie, bo i on przybył na obchody święta Paschy. Bardzo się ucieszył, widząc Jezusa. Od dawna chciał spotkać tego niezwykłego Nauczyciela, o którym tyle mówiono. „A może dokona jakiegoś cudu?", zastanawiał się.

Zadawał Jezusowi mnóstwo pytań, ale On cały czas milczał. Herod poczuł się zawiedziony. Religijni przywódcy, którzy wciąż przysłuchiwali się przesłuchaniu, nie przestawali znieważać Jezusa i krzyczeć na Niego.

— To niebezpieczny przestępca!

— Sam siebie nazwał Mesjaszem!

— Zasłużył na śmierć!

Heroda zaczynało już nużyć milczenie Jezusa. Przyłączył się więc ze swoimi żołnierzami do przywódców i wspólnie drwili z Niego. Ubrali Go w długi płaszcz, szydząc, że dopiero teraz wygląda jak król.

— Odeślijcie Go z powrotem do Piłata — zarządził Herod. — Nie będę więcej marnował czasu. Zabierzcie Go stąd!

I tak Jezus powrócił przed Piłata. A co dziwniejsze, Piłat i Herod, którzy dotychczas byli wrogami walczącymi między sobą o władzę, od tego dnia stali się przyjaciółmi.

337

Kogo mam wam uwolnić?

(Mt 27,15-18; Mk 15,6-11; Łk 23,13-17; J 18,39)

Piłat wcale się nie ucieszył, widząc straże prowadzące Jezusa z powrotem. Oznaczało to, że właśnie on będzie musiał podjąć decyzję co do więźnia.

Wiedział, że Jezus nie uczynił nic złego, lecz przywódcy religijni byli zazdrośni o Jego popularność wśród ludu. Piłat zastanawiał się, jak Go uwolnić. Wreszcie wpadł na pomysł, jak uratować Jezusa. To mogło się udać...

Z okazji święta Paschy namiestnik uwalniał zazwyczaj jednego więźnia — tego, którego wybrał lud. Piłat miał nadzieję, że lud wybierze Jezusa.

Drugim więźniem, który mógł zostać uwolniony, był Barabasz — zabójca. Gdy tłum się zebrał, Piłat zapytał: — Kogo mam wam uwolnić: Barabasza czy Jezusa?

Wyrok śmierci

(Mt 27,19-26; Mk 15,12-15; Łk 23,18-25; J 18,40)

Kiedy Piłat oczekiwał na odpowiedź ludu, żona przesłała mu wiadomość. Prosiła: „Uważaj! Nie pozwól im zabić Jezusa. Miałam tej nocy wstrząsający sen o Nim i dotąd nie mogę się z niego otrząsnąć."

Religijni przywódcy porozstawiali wśród tłumu swoich ludzi, którzy namawiali wszystkich, by żądali uwolnienia Barabasza, a skazania na śmierć Jezusa.

Piłat kazał obu mężczyznom stanąć przed ludem. Zapytał raz jeszcze: — Którego więc z nich mam uwolnić?

— Barabasza! — odkrzyknęli.

— Co zatem mam zrobić z Jezusem? — zapytał zaskoczony Piłat.

— Ukrzyżuj Go! — zawył tłum.

— Dlaczego? Co złego zrobił?

Ale oni krzyczeli coraz głośniej:

— Ukrzyżuj Go! Na krzyż z Nim!

Trzykrotnie próbował Piłat bronić Jezusa. Tłumaczył: — Nie ma powodu, żeby Go zabijać. Ukarzę Go chłostą, a potem puszczę wolno.

Tłum jednak wołał jeszcze głośniej: — Ukrzyżuj Go! — Wyglądało na to, że szykują się zamieszki! Piłat

poprosił wtedy o misę z wodą. Obmył ręce tak, aby wszyscy to widzieli i powiedział: — Nie chcę mieć z tym nic wspólnego. Nie jestem winny krwi tego Człowieka. To wy ponosicie za nią odpowiedzialność.

Zgromadzony tłum zgodził się na to: — Krew Jego na nas i na dzieci nasze — biorąc tym samym odpowiedzialność za śmierć Jezusa na siebie.

Piłat uwolnił więc Barabasza, Jezusa zaś kazał ubiczować i wydał na ukrzyżowanie.

339

Wyszydzenie Jezusa

(Mt 27,27-31; Mk 15,16-20; J 19,1-16)

Kiedy tłum zażądał śmierci Jezusa, Piłat kazał wyprowadzić Go na dziedziniec.

Żołnierze tłoczyli się wokół Jezusa, popychali Go i szturchali. Zerwali z Niego ubranie i założyli na ramiona płaszcz w kolorze królewskim — purpurowym. Chcieli sobie zakpić z Jezusa.

— Spójrzcie na Niego! Teraz dopiero wygląda jak król! — szydzili.

— Przecież król powinien nosić koronę!

Upletli więc koronę z ostrych cierni i włożyli Mu na głowę. Do prawej ręki włożyli trzcinę, a potem, wyśmiewając się, klękali przed Nim. Udawali, że oddają pokłon królowi.

— Niech żyje król żydowski! — drwili. Pluli na Niego, a później zabrali Mu trzcinę i bili Go nią po głowie! Jezus przez cały czas nie opierał się i nie bronił. Cierpliwie znosił szyderstwa i bicie.

Następnie żołnierze zaprowadzili Jezusa z powrotem do Piłata, który raz jeszcze próbował odwieść zebranych od skazania Go. Tamci jednak znowu zaczęli wołać: — Ukrzyżuj Go! Ukrzyżuj Go!

— Jak mogę Go ukrzyżować, jeśli nie zawinił?!

— Mówi, że jest Synem Boga — odparli — a za to, zgodnie z prawem żydowskim, należy się kara śmierci!

Piłat wrócił do pałacu. — Kim Ty naprawdę jesteś? — zapytał Jezusa. On jednak nic nie odpowiedział, Piłat pytał dalej: — Czy nie wiesz, że mam władzę, by Cię uwolnić lub skazać?

Wtedy Jezus odpowiedział: — Nie masz żadnej władzy nade Mną, która by nie pochodziła od Boga.

Piłat podjął jeszcze jedną próbę uwolnienia Jezusa. Ale żądania ludu ją zniweczyły.

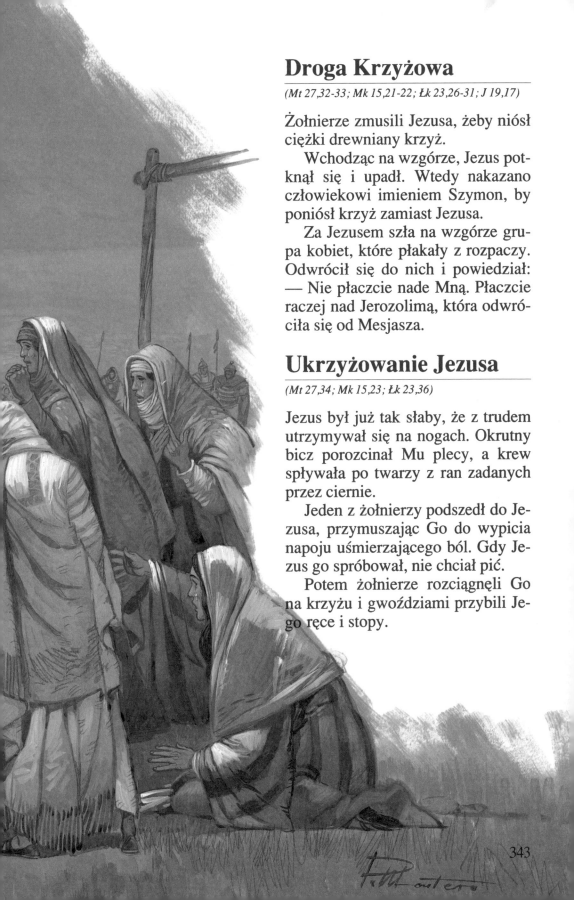

Droga Krzyżowa

(Mt 27,32-33; Mk 15,21-22; Łk 23,26-31; J 19,17)

Żołnierze zmusili Jezusa, żeby niósł ciężki drewniany krzyż.

Wchodząc na wzgórze, Jezus potknął się i upadł. Wtedy nakazano człowiekowi imieniem Szymon, by poniósł krzyż zamiast Jezusa.

Za Jezusem szła na wzgórze grupa kobiet, które płakały z rozpaczy. Odwrócił się do nich i powiedział: — Nie płaczcie nade Mną. Płaczcie raczej nad Jerozolimą, która odwróciła się od Mesjasza.

Ukrzyżowanie Jezusa

(Mt 27,34; Mk 15,23; Łk 23,36)

Jezus był już tak słaby, że z trudem utrzymywał się na nogach. Okrutny bicz porozcinał Mu plecy, a krew spływała po twarzy z ran zadanych przez ciernie.

Jeden z żołnierzy podszedł do Jezusa, przymuszając Go do wypicia napoju uśmierzającego ból. Gdy Jezus go spróbował, nie chciał pić.

Potem żołnierze rozciągnęli Go na krzyżu i gwoździami przybili Jego ręce i stopy.

343

Testament z krzyża

(Mt 27,35-43; Mk 15,24-32; Łk 23,34-38; J 19,18-27)

Jezus został przybity do krzyża. Nad Jego głową przymocowano napis: „Jezus Nazarejczyk, Król Żydowski". Wyśmiewano Go i kpiono z Niego. A gdy On cierpiał na krzyżu, żołnierze rzucali losy o to, kto dostanie Jego szatę.

Wielu szydziło z Jezusa, wołając:
— Jeśli jesteś Synem Bożym, zejdź z krzyża!

Ale nie wszyscy zachowywali się w ten sposób. Pod krzyżem Jezusa stała Jego matka, siostra Jego matki, Maria i Maria Magdalena. Widząc swoją zapłakaną matkę i stojącego

obok niej Jana, Jezus odezwał się do niej: — Matko, oto syn twój.

Następnie zwrócił się do Jana: — Oto matka twoja. — Od tego dnia Jan zaopiekował się Marią, matką Jezusa, biorąc ją do swego domu.

Aż do ostatniej chwili Jezus myślał i troszczył się o tych, którzy Go miłowali.

345

Śmierć Jezusa

(Mt 27,44-50; Mk 15,33-37; Łk 23,39-46; J 19,28-30)

Obok krzyża Jezusa były jeszcze dwa inne krzyże, do których przybito dwóch przestępców. Jeden z nich drwił z Jezusa: — Ratuj siebie i nas! Podobno jesteś Mesjaszem?!

Drugi skarcił go: — Powinieneś bać się Boga. Przecież ten Człowiek nie uczynił nic złego. — Po chwili zwrócił się do Jezusa: — Jezu! Pamiętaj o mnie, kiedy znajdziesz się w Twoim Królestwie!

Jezus odrzekł mu: — Dobrze. Obiecuję ci, że dziś jeszcze będziesz ze Mną w raju.

Wisząc trzy godziny na krzyżu, przytłoczony cierpieniem i ciężarem naszych grzechów, Jezus zawołał: — Boże Mój, Boże Mój, czemuś Mnie opuścił?

W ciągu tych długich godzin na krzyżu Jezus stał się Pośrednikiem między Bogiem a ludźmi. Cierpiał i umierał, abyśmy my, ludzie, mogli żyć wolni od grzechu.

Wtedy właśnie całą ziemię spowiły ciemności. Gęsty mrok pokrył miasto i okolice.

Ciemności ogarnęły także Jezusa, ponieważ umierając, wziął na Siebie wszystkie nasze grzechy.

Przez długi czas panowała zupełna cisza. Ogromny ciężar grzechów przygniatał Jezusa, który powoli, bardzo powoli konał. — Ojcze, w Twoje ręce powierzam ducha Mego — zawołał.

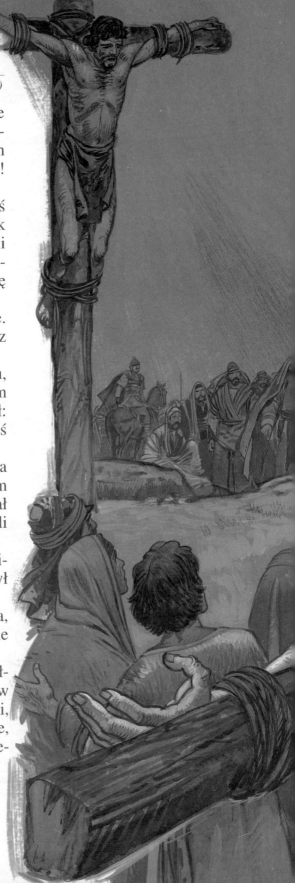

347

Na koniec Jezus wykrzyknął jeszcze donośnym głosem: — Wykonało się! — Zabrzmiało to jak okrzyk zwycięstwa. Jezus pochylił głowę i wydał ostatnie tchnienie. Umarł za nas.

Rozdarta zasłona
(Mt 27,51-54; Mk 15,38-39; Łk 23,45; 47-49)

W chwili, gdy Jezus skonał, zasłona w świątyni jerozolimskiej rozdarła się na pół. Oddzielała ona najświętszą część świątyni od świata. Było to miejsce najbliższe Boga, do którego mógł wejść jedynie najwyższy kapłan, i to tylko raz w roku.

Rozdarcie zasłony oznaczało coś naprawdę bardzo ważnego. Śmierć Jezusa sprawiła, że przez Niego ludzie otrzymali dostęp do Boga. Jezus umarł za wszystkich, otwierając dla każdego drogę do Boga. Zasłona przestała być potrzebna — dzięki Jezusowi każdy może zbliżyć się do Boga.

Jezus umarł. Ziemię pokrywał mrok, gdyż słońce zaćmiło swój blask. Nagle dało się słyszeć dudnienie i grzmoty. To ziemia drżała, a skały zaczęły pękać. Tego dnia, gdy umarł Jezus, działy się niezwykłe rzeczy. Nawet umarli powstawali z grobów.

Ludzie wołali: — Dlaczego jest tak ciemno? Ziemia się trzęsie!

— Może to koniec świata?! Zostaliśmy ukarani!

Wszyscy krzyczeli ze strachu, wielu ogarnęła panika.

Pogrzeb Jezusa

(Mt 27,54-60; Mk 15,39-46; Łk 23,49-54; J 19,38)

Rzymski dowódca i jego żołnierze nie mogli wprost uwierzyć własnym oczom! Śmierć Jezusa spowodowała niebywałe zjawiska. Żaden zwykły człowiek nie kończył życia w taki sposób. — Nie ma wątpliwości! — powiedział setnik — ten Człowiek był naprawdę Synem Bożym!

Po kilku godzinach cierpienia na krzyżu, Jezus skonał. Kobiety pomogły pewnemu bogatemu człowiekowi, Józefowi z Arymatei, zdjąć Jego ciało z krzyża. Za kilka godzin miał rozpocząć się szabat, a wtedy nikomu nie będzie wolno wykonywać żadnej pracy. Nie mogliby nawet pochować ciała.

Józef zdjął ciało Jezusa i owinął je w czyste płótno. Były z nim Maria Magdalena i druga Maria, oraz inne kobiety. Powoli zaniesiono ciało Jezusa do grobu, który wcześniej Józef nabył dla siebie. Teraz ten wykuty w skale grobowiec przeznaczono dla Jezusa.

351

Straż przy grobie

(Mt 27,61-66; Mk 15,47; Łk 23,55-56; J 19,39-42)

Józef złożył ciało Jezusa w grobie wykutym w skale. Wraz z innymi przyjaciółmi owinęli ciało w płótna, umieszczając wśród nich wonności i zioła. Kobiety chciały namaścić ciało specjalnymi maściami i olejkami, jednak czas upływał i nie zdążyły tego uczynić. Zachodziło słońce i grób musiał zostać zamknięty.Wszyscy płakali, a serca wypełniał im smutek. Ich Mistrz, Jezus, umarł.

Ciało Jezusa spoczęło w grobowcu, lecz arcykapłani i faryzeusze nadal nie doznawali spokoju. Poszli ponownie do Piłata, mówiąc mu: — Panie, Jezus powiedział, że ożyje po trzech dniach. Każ więc zapieczętować grób i postaw przy nim straże. Inaczej Jego uczniowie mogliby przyjść i wykraść ciało, a potem powiedzieć ludziom, że zmartwychwstał. To ostatnie kłamstwo byłoby gorsze od wszystkich poprzednich!

Piłat zgodził się, żeby dano im żołnierzy do pilnowania grobu.

Rzymskimi pieczęciami zabezpieczono ciężki głaz, którym zamknięto wejście do grobowca. Postawiono również wartę. Widząc to, arcykapłani i faryzeusze myśleli sobie: „Nie ma już sposobu, żeby ktokolwiek mógł wykraść ciało. Nikt nie będzie mógł powiedzieć, że powstał z martwych!" Jednak wkrótce spotkała ich ogromna niespodzianka.

Pusty grób

(Mt 28,1-8; Mk 16,1-8; Łk 24,1-10; J 20,1)

Był wczesny ranek po szabacie. Kiedy kobiety wyruszyły w kierunku grobu, wciąż jeszcze było ciemno. Czekały na tę chwilę, ponieważ dopiero teraz mogły wrócić do grobu Jezusa i namaścić Jego ciało.

Któraś z kobiet zapytała Marię Magdalenę: — W jaki sposób odsuniemy ogromny kamień zamykający wejście do grobu? Jak się dostaniemy do środka?

— Nie wiem — westchnęła Maria. — Coś wymyślimy, musimy.

Kiedy wschodziło słońce, kobiety dotarły do skraju ogrodu. Trzymały w rękach naczynia z pachnącymi olejkami i drogocennymi maściami. Słońce wysunęło się już ponad horyzont, gdy zbliżyły się do grobowca.

Nagle ziemia zadrżała. Żołnierze Piłata, którzy sprawowali straż przy grobie, upadli na ziemię.

Z nieba zstąpił Anioł Pański, odsunął ogromny kamień zasłaniający

wejście do grobu i usiadł na nim. Anioł był pełen blasku, a jego szaty bielały jak śnieg.

— Nie bójcie się — powiedział do przestraszonych kobiet. — Wiem, że szukacie Jezusa, ale nie ma Go tutaj. Powstał z martwych, dokładnie tak, jak powiedział. Po-dejdźcie tu i zobaczcie miejsce, gdzie leżało Jego ciało. — Anioł wy-ciągnął rękę, wskazując, by weszły do grobu.

Maria Magdalena z przejęciem chwyciła drugą kobietę za rękę i wy-szeptała: — Chodź, musimy tam wejść i zobaczyć.

Powoli weszły do wnętrza. — Och, nie! — wykrzyknęła Maria Magdalena. — Nie ma Go! Zabrali ciało Jezusa!

— Nikt Go nie zabrał. Jezus żyje! On zmartwychwstał! — powtórzył Anioł. — A teraz pospieszcie się i powiedzcie Jego uczniom, że spot-ka się z nimi w Galilei. Koniecznie przekażcie tę wiadomość Piotrowi.

Kobiety wybiegły z groty naj-szybciej, jak potrafiły. Nigdy jeszcze nie były w jednym momencie tak szczęśliwe i tak zmieszane.

Jezus żyje!

(Mk 16,9-11; Łk 24,12; J 20,3-18)

Maria Magdalena pobiegła do Piotra i pozostałych uczniów z niezwykłą wieścią. Piotr i Jan natychmiast udali się do grobu. Przekonali się, że jest pusty, tak jak mówiła.

Maria Magdalena obserwowała ich wchodzących do grobowca ze strachem malującym się na twarzach. Widziała po chwili, jak wychodzą — jednocześnie radośni i zmieszani.

Mężczyźni wrócili do domu, w którym przebywali, a ona pozostała przy grobie i płakała. Czy to, co powiedział Anioł było prawdą? Maria Magdalena niezupełnie rozumiała to, co się stało. Obawiała się, że może ktoś wykradł ciało Jezusa.

Jezus na pewno umarł. Jednak teraz Jego ciała nie było w grobie. Co to wszystko znaczy?

Płacząc i rozmyślając tak, Maria Magdalena pochyliła się i spojrzała do wnętrza grobu. Nagle, w miejscu, gdzie złożono ciało Jezusa, zobaczyła dwóch mężczyzn w białych lśniących szatach. Odezwali się do niej: — Niewiasto, czemu płaczesz? — Płaczę, bo zabrano mego Pana. Nie wiem, gdzie Go położono — odpowiedziała.

Wtedy odwróciła się i ujrzała Jezusa, stojącego za nią w ogrodzie. Nie rozpoznała Go, gdyż wyglądał inaczej. A On zapytał: — Niewiasto, dlaczego płaczesz? Kogo szukasz?

Maria Magdalena myślała, że to ogrodnik i rzekła: — Panie, jeśli ty Go przeniosłeś, powiedz mi, gdzie położyłeś ciało.

Wtedy Jezus odezwał się Swoim łagodnym, pełnym miłości, ale i siły głosem: — Mario! — Maria natychmiast rozpoznała głos Jezusa. Tylko On wypowiadał jej imię w taki sposób!

— Och, Nauczycielu! — zawołała, upadając Mu do stóp.

Jezus powiedział do niej: — Nie dotykaj Mnie jeszcze ani Mnie nie zatrzymuj. Idę bowiem do Ojca. Ty pójdź do moich braci i powiedz im ode Mnie: „Wstępuję do Ojca Mego i Ojca waszego oraz do Boga Mego i Boga waszego".

Maria pobiegła z powrotem do Apostołów. Wiadomość, którą dzieliła się z nimi, była jeszcze bardziej niezwykła niż poprzednia: — Widziałam Pana! — Śmiała się i płakała ze szczęścia, a potem powtórzyła im słowa Jezusa.

357

Jezus ukazuje się Apostołom

(Mk 16,14-16; Łk 24,36-48; J 20,19-21)

Wkrótce po tym wydarzeniu Jezus ukazał się Swoim uczniom. Pojawił się nagle w domu, w którym się schronili w obawie przed Jego wrogami.

— Pokój wam! — powiedział. Uczniowie zadrżeli. Pozamykali przecież wszystkie drzwi, żeby nikt nie mógł wejść! Czyżby Jezus był zjawą? On jednak chodził i mówił. Trzeba było uwierzyć słowom Marii Magdaleny. Zawiedli Pana, nie wierząc jej.

Jezus zapytał: — Dlaczego jesteście tacy przestraszeni? Czemu wątpicie? Spójrzcie na Moje ręce i nogi; dotknijcie Mnie, zobaczcie! Duch nie ma przecież ciała i kości, a Ja mam! — Jezus poprosił nawet o coś do jedzenia, by ich przekonać, że nie jest zjawą.

Wyjaśnił im, że wszystko dzieje się tak, jak dużo wcześniej było zapisane w Piśmie Świętym. Wydarzenia te przepowiadali Mojżesz, król Dawid i prorocy, a teraz to wszystko się wypełniło. Wyjaśniał im proroctwa o Swojej śmierci i zmartwychwstaniu, a na koniec dodał:

— Wy jesteście Moimi świadkami. Widzieliście wszystko na własne oczy, więc wam przekazuję największe posłannictwo. Idźcie na cały świat i głoście Ewangelię wszelkiemu stworzeniu!

Jezus opuścił ich, a oni zadziwieni, spoglądali po sobie. Wydawało im się to zbyt piękne, aby mogło być prawdziwe! A przecież to prawda. Jezus powstał z martwych! Był znowu z nimi!

359

Niewierny Tomasz

(J 20,24-29)

Kiedy Jezus ukazał się uczniom, nie było wśród nich Tomasza.

Gdy wrócił do domu, w którym się ukrywali, powiedzieli mu: — Widzieliśmy Pana! To prawda! On żyje!

Tomasz jednak wątpił: — Jeżeli na rękach Jego nie zobaczę śladu gwoździ i nie włożę palca mego w miejsce gwoździ, i nie włożę mojej ręki do Jego boku, nie uwierzę.

Po ośmiu dniach, gdy byli wszyscy razem, Jezus ponownie odwiedził uczniów. Znów wszedł przez zamknięte drzwi i powitał ich, jak poprzednio, słowami: — Pokój wam!

Następnie zwrócił się do Tomasza, zachęcając go, by dotknął Jego ran i przekonał się o Jego zmartwychwstaniu: — Przestań wątpić i uwierz!

Tomasz, zawstydzony swoim niedowiarstwem, spuścił głowę i wyznał: — Pan mój i Bóg mój!

Jezus odrzekł na to: — Uwierzyłeś, bo Mnie ujrzałeś! Będzie jednak wielu, którzy uwierzą, mimo że nie będą mogli Mnie zobaczyć. Oni są Mi szczególnie bliscy i dzięki wierze zaznają szczęścia.

Jezus miał na myśli ludzi takich, jak my — nie możemy Go zobaczyć, a jednak w Niego wierzymy. A może wątpimy, podobnie jak Tomasz?

Obfity połów

(J 21,1-14)

Innym razem Jezus ukazał się uczniom nad Jeziorem Tyberiadzkim. Wieczorem Piotr razem ze swymi przyjaciółmi wybrał się na połów.

Przez całą noc zarzucali sieci raz z jednej, raz z drugiej strony łodzi, ale wyciągali je puste. Widząc wschodzące słońce, mężczyźni postanowili wracać. Byli zmęczeni ciężką i bezowocną pracą.

Zbliżając się do brzegu, zobaczyli jakiegoś człowieka, który na nich czekał. — Czy złowiliście coś? — zapytał.

— Nie! — odkrzyknęli.

— Spróbujcie jeszcze raz! Zarzućcie sieć z prawej strony łodzi!

— Rybacy zrobili tak, jak powiedział Nieznajomy. Ze zdziwieniem zobaczyli, że sieć jest pełna ryb.

Jan raz jeszcze spojrzał w kierunku brzegu. Wyszeptał do Piotra: — To Pan! — Usłyszawszy to, Piotr

skoczył do wody i popłynął do brzegu, najszybciej jak potrafił. Pozostali uczniowie przybili łodzią, ciągnąc za sobą sieci. Kiedy zbliżyli się, zobaczyli, że Jezus rozpalił już ognisko — piekł dla nich rybę i chleb. Polecił, żeby przynieśli jeszcze świeżo złowione ryby.

Gdy wyciągnęli sieci na piasek, zdziwili się obfitością połowu. W sieci znajdowało się bowiem ponad sto wielkich ryb, a mimo to sznury się nie poprzerywały.

Wtedy Jezus zaprosił ich wszystkich, aby się posilili.

Czy ty Mnie miłujesz?

(J 21,15-19)

Po śniadaniu Jezus przywołał do Siebie Piotra i zapytał go: — Piotrze, czy miłujesz Mnie więcej niż pozostali?

— Tak, Panie, Ty wiesz, że Cię miłuję — odparł Piotr.

— Paś baranki Moje — rzekł Jezus.

Po chwili zadał mu po raz drugi to samo pytanie: — Piotrze, czy miłujesz Mnie?

A on znów odpowiedział: — Tak, Panie, Ty wiesz, że Cię miłuję.

— Paś owce Moje — powtórzył Jezus. Następnie po raz trzeci zapytał: — Czy miłujesz Mnie?

Piotr zasmucił się, że Jezus aż trzy razy zadał mu to samo pytanie. Wciąż pamiętał tę okropną noc, gdy Jezus został uwięziony. Wtedy trzykrotnie przysięgał, że nie zna Jezusa. Teraz wyszeptał: — Panie, Ty wszystko wiesz, Ty wiesz, że Cię miłuję.

— Paś owce Moje — polecił raz jeszcze Jezus. To właśnie Piotr otrzymał misję przewodzenia uczniom Jezusa. To on został zwierzchnikiem tych, którzy w Jezusa uwierzyli.

Wniebowstąpienie

(Mk 16,19-20; Łk 24,50-53; J 14,1-2; Dz 1,3-11)

Po zmartwychwstaniu Jezus kilkakrotnie ukazywał się Swoim uczniom. Czynił cuda i uczył ich wypełniać wszystko, o czym im wcześniej mówił. W czterdzieści dni po śmierci i zmartwychwstaniu, nadszedł czas, by Jezus opuścił ziemię i wrócił do Nieba. Wraz z uczniami wyszedł z Jerozolimy w kierunku Betanii, miasteczka, gdzie mieszkali Jego przyjaciele Łazarz, Marta i Maria. Zatrzymali się na wzgórzu. Jezus podniósł ręce i błogosławił uczniów. Kazał im wrócić do Jerozolimy i czekać tam na spełnienie się obietnicy Ojca.

Powiedział im: — Jan chrzcił was wodą, ale wkrótce zostaniecie ochrzczeni Duchem Świętym. Gdy Duch Święty zstąpi na was, otrzymacie Jego moc i będziecie Moimi świadkami aż po krańce ziemi.

Potem, ku zaskoczeniu wszystkich, Jezus uniósł się w górę i został wzięty do Nieba. Zdumieni uczniowie patrzyli na siebie. Widzieli wiele cudów, lecz ten był wyjątkowy! Jezus, ukrzyżowany i zmartwychwstały, wstąpił teraz do Nieba, by przebywać ze Swoim Ojcem.

Uczniowie wciąż jeszcze wpatrywali się w niebo, kiedy nagle stanęli wśród nich dwaj mężczyźni ubrani w białe szaty. Odezwali się: — Mężowie galilejscy, dlaczego wpatrujecie się w górę? Jezus odszedł do Nieba, lecz powróci w ten sam sposób, w jaki tam wstąpił.

Po tym zdarzeniu uczniowie, zgodnie z poleceniem Jezusa, wrócili do Jerozolimy. Pełni radości udali się do świątyni, by śpiewać i wysławiać Boga. Niektórzy rozmyślali o tym miejscu, dokąd udał się Jezus, o Niebie. Pamiętali, jak mówił, żeby się nie lękali i wierzyli w Niego. Przypominali też sobie, że u Ojca w Niebie jest mieszkań wiele, zaś Pan powrócił tam, by przygotować je tym, którzy Go miłują.

Zapowiedź Pocieszyciela

(J 15,26; 16,7; Dz 2,1)

Jezus obiecał uczniom, że ześle im Pocieszyciela: „Gdy jednak przyjdzie Pocieszyciel, którego Ja wam poślę od Ojca, Duch Prawdy, który od Ojca pochodzi, On będzie świadczył o Mnie". To właśnie dzięki Duchowi Świętemu uczniowie mieli rozumieć, jakie są Boże zamiary względem nich oraz jak mają Mu służyć.

Potem Jezus dodał: „Pożyteczne jest dla was Moje odejście. Bo jeżeli nie odejdę, Pocieszyciel nie przyjdzie do was. A Jeżeli odejdę, poślę Go do was."

Odejście, o którym mówił Jezus, oznaczało Jego powrót do Ojca, do Nieba. Kiedy to się stało, uczniowie oczekiwali Ducha Świętego, Pocieszyciela, zgodnie z daną im obietnicą.

Apostołowie bardzo się bali prześladowań. Wiedzieli, że wrogowie Jezusa mogą i im przysporzyć kłopotów. Skoro znaleźli sposób, by ukrzyżować Jezusa, mogli również wyrządzić krzywdę i Jego uczniom.

Czekali więc w ukryciu, modląc się i zastanawiając, co się wydarzy. Czego dokona obiecany Pocieszyciel? Kim On naprawdę jest?

Zesłanie Ducha Świętego

(Dz 2,1-13)

Dziesiątego dnia po Wniebowstąpieniu, gdy uczniowie modlili się, nagle

usłyszeli szum jakby potężnego wichru. Hałas ten nie pochodził jednak z zewnątrz, lecz z wnętrza domu! Wypełnił cały dom i nagle w powietrzu pojawiły się małe ogniki, zatrzymując się na każdym z nich. Tak zostali napełnieni obiecanym Duchem Świętym! Skończył się czas oczekiwania. Zrozumieli, że w ich sercach zamieszkał Boży Duch, wypełniając je mocą, radością i wiarą. Gdy otworzyli usta, zaczęli przemawiać w obcych językach, których nigdy się nie uczyli. To Duch Święty dał im ten niezwykły dar chwalenia Boga i opowiadania o Nim w nie znanych im językach.

W tym czasie przebywali w Jerozolimie ludzie z różnych krajów Azji, Afryki i Europy. Kiedy powstał ten szum, zbiegli się tłumnie i zobaczyli uczniów, którzy wyszli na zewnątrz. Zdumieli się, bo każdy słyszał, jak przemawiali w jego własnym języku!

— Co to ma znaczyć? — mówili jeden do drugiego. — Posłuchajcie, jak oni mówią! Wszyscy przecież pochodzą z Galilei, a każdy z nas słyszy te języki, którymi mówi się w odległych krajach, z jakich przybyliśmy.

Duch Święty usunął strach z serc uczniów Jezusa. Nie kryli się już stłoczeni w jednym domu, zbyt przerażeni, by otworzyć drzwi, ale wyszli na ulice miasta. Radowali się i opowiadali wszystkim napotkanym ludziom o swojej wierze w Jezusa.

Piotr uzdrawia chromego

(Dz 2,43; 3,1-10)

Z pomocą Ducha Świętego Apostołowie czynili cuda. Tysiące ludzi uwierzyło w Jezusa, a Kościół rozrastał się z dnia na dzień. Pewnego razu Piotr uzdrowił żebraka, który od urodzenia nigdy nie chodził. Piotr i Jan mijali go na schodach świątyni. Żebrak prosił o pieniądze, jednak otrzymał o wiele więcej.

— Nie mam pieniędzy — rzekł do niego Piotr. — Ale daję ci to, co mam. W imieniu Jezusa z Nazaretu mówię ci, chodź! — Piotr wziął go za prawą rękę i pomógł wstać. Żebrak czuł, jak jego nogi nabierają siły. Stanął i zrobił krok!

— Mogę chodzić! Mogę chodzić! — wykrzykiwał, wysławiając Boga. Skacząc, tańcząc i ciesząc się, wszedł za Piotrem i Janem do świątyni.

Uwięzienie Piotra i Jana

(Dz 3,11-4,22)

Ludzi znajdujących się w świątyni ogarnęło zdumienie. Wszyscy znali z widzenia kalekiego żebraka. Wokół Piotra i Jana zrobiło się spore zbiegowisko.

Piotr, widząc ich zachwyt i zdumienie, powiedział: — To Jezus uzdrowił tego człowieka, nie my. My działamy tylko w Jego imieniu. Wy zabiliście Jezusa, ale Bóg przywrócił Go do życia. To Jezus jest oczekiwanym Mesjaszem. Dzięki wierze w Niego ten człowiek został uzdrowiony.

Słowa te bardzo rozgniewały przywódców religijnych. Nie chcieli, by ktokolwiek znów mówił o Jezusie. Wezwali straże, żeby aresztować Piotra i Jana. Myśleli, że to powstrzyma ich od rozgłaszania wieści o zmartwychwstaniu Jezusa. Obaj Apostołowie spędzili noc w więzieniu.

Następnego dnia przywódcy religijni przywołali Piotra i Jana, pytając w jaki sposób uzdrowili żebraka. Napełniony Duchem Świętym, Piotr wyjaśnił, że stało się to dzięki mocy Jezusa.

Faryzeusze dziwili się: — Ci mężczyźni nigdy nie uczyli się w żadnej szkole. Są prostymi ludźmi z Galilei. Skąd umieją w ten sposób przemawiać?

Powiedzieli do nich: — Słuchajcie! Jeżeli przestaniecie rozpowiadać o Jezusie, uwolnimy was.

Piotr jednak odważnie odrzekł: — Jak myślicie? Co jest słuszne: czynić to, czego chce Bóg, czy też to, czego wy żądacie? Nie możemy nie mówić o tym, co widzieliśmy i słyszeliśmy. — Piotr i Jan nie bali się arcykapłanów. A ci nie mogli nic więcej zrobić, gdyż uzdrowiony przez Piotra człowiek stał między nimi, świadcząc o mocy Jezusa zmartwychwstałego. Puszczono więc Apostołów wolno.

Cudowne uwolnienie

(Dz 5,12-20)

Codziennie Apostołowie spotykali się na dziedzińcu przyświątynnym. Opowiadali tłumom o Jezusie, a wielu im uwierzyło i nawracało się. Inni bali się przywódców, więc nie zbliżali się za bardzo, ale mimo to słuchali.

Gniew przywódców religijnych wzrastał z każdym dniem, z każdą minutą. Na ich oczach rosła sława Jezusa. Myśleli, że już nigdy więcej o Nim nie usłyszą! Jednak teraz wierzyło w Niego więcej ludzi niż przedtem! Jak to jest możliwe?

W końcu kazali strażom wtrącić Apostołów do więzienia. W nocy Bóg wysłał Swego Anioła, żeby ich uwolnił. Otwierając drzwi więzienia, Anioł powiedział do uczniów: — Idźcie. Jesteście wolni. Wróćcie do świątyni i opowiadajcie ludziom o nowym życiu w Jezusie.

Przesłuchanie Apostołów

(Dz 5,21-42)

Apostołowie wrócili do świątyni, tak jak im polecił Anioł. Rano arcykapłani dowiedzieli się, że więźniowie zostali w cudowny sposób uwolnieni.

Ktoś im doniósł: — Ci mężczyźni, których szukacie, znów przemawiają do ludu w świątyni.

Dowódca straży sprowadził więc Apostołów z powrotem przed arcykapłanów, którzy ich przesłuchiwali.

— Przecież zabroniliśmy wam nauczać o Jezusie!

— Trzeba bardziej słuchać Boga niż ludzi — odpowiedział Piotr. — Jezus żyje! Przez Niego możecie od Boga uzyskać przebaczenie. Wiemy o tym, bo widzieliśmy, jak się to dokonało. A to właśnie wy przybiliście Jezusa do krzyża.

Niektórzy przywódcy religijni, gdy to usłyszeli, wpadli w taki gniew, że chcieli natychmiast Apostołów zabić. Pewien mądry faryzeusz powstrzymał ich jednak, mówiąc: — Powinniście się dobrze zastanowić, zanim to zrobicie. Uważam, że trzeba zwolnić tych ludzi. Jeżeli są oszustami, tłumy szybko przekonają się o tym i przestaną im wierzyć. Jeżeli jednak ta nauka pochodzi od Boga, będzie trwać, niezależnie od tego, co zrobicie. Jednak może się wtedy okazać, że walczycie przeciw samemu Bogu.

Usłuchali go i kazali tylko ubiczować Apostołów, a potem zwolnili ich, ponownie zabraniając nauczania w imię Jezusa. Apostołowie wrócili do domu, szczęśliwi, że okazali się być godnymi cierpienia dla Jezusa. Już następnego dnia podjęli na nowo głoszenie Dobrej Nowiny.

Męczeństwo Szczepana

(Dz 6,1-7,60)

Coraz więcej ludzi wierzyło w Jezusa, którego głosili Apostołowie. Wciąż nowe osoby podejmowały decyzję, że chcą Go naśladować i postawić na pierwszym miejscu w swoim życiu.

Wraz ze wzrostem liczby wierzących, zaczęły się jednak pojawiać różne bardzo praktyczne problemy, które należało rozwiązywać. Jednym z nich było zapewnienie wdowom opieki i utrzymania.

Starsi wybrali zatem siedmiu mężczyzn, którzy mieli się zajmować takimi sprawami. To pozwoliło Apostołom poświęcać więcej czasu na modlitwę i głoszenie Słowa Bożego. Wybrani mężczyźni byli pełni wiary i Ducha Świętego. Wśród nich był Szczepan, przez którego ręce Bóg dokonał wiele cudów.

Znaleźli się jednak ludzie, którzy nienawidzili Szczepana i wystąpili przeciwko niemu. Ponieważ nie mogli mu dorównać mądrością, gdyż przemawiał z natchnienia Du-

cha Świętego, podstawili więc fałszywych świadków, którzy zeznali, że Szczepan bluźnił Bogu. Wkrótce przekonali o tym wielu faryzeuszy i kapłanów, aż w końcu aresztowano Szczepana.

Postawiono go przed sądem. Nie wyglądał na zmartwionego, a jego twarz promieniała jakby anielskim blaskiem. Przywódcy religijni oskarżali Szczepana, nie dbając wcale o to, czy jest to prawda i czy rzeczywiście popełnił jakiś zły czyn. Sprowadzono fałszywych świadków, podobnie jak na proces Jezusa. Ci przekręcali słowa Szczepana, wypaczając ich sens.

Szczepan zaś, napełniony Duchem Świętym, wiedział, co i kiedy mówić. Odpowiadał z wielką mądrością na wszystkie zadawane mu pytania. Na koniec powiedział: — Wy nie chcecie słuchać Boga. Czyż wasi ojcowie nie prześladowali i nie zabijali proroków? A teraz wy! To wy zabiliście Mesjasza, który przyszedł was zbawić!

Słysząc to przywódcy religijni wpadli we wściekłość. Szczepan zaś spojrzał w niebo. — Widzę Niebo otwarte i Jezusa, stojącego po prawicy Boga.

Na te słowa wszyscy wpadli w szał. Zatkali sobie uszy i oburzeni rzucili się na Szczepana. Wywlekli go poza miasto i tam go kamienowali. Szczepan upadł na kolana i modlił się: — Panie Jezu, przyjmij ducha mego! Panie nie poczytaj im tego grzechu! — Po tych słowach Szczepan skonał. Był pierwszym uczniem Jezusa, który poniósł śmierć z powodu wiary w Niego.

Nawrócenie Szawła

(Dz 8,1-4; 9,1-8; 22,4-11; 26,9-18)

Kiedy Szczepan umierał, wśród tych, którzy go skazali, był człowiek imieniem Szaweł.

Śmierć Szczepana dała początek prześladowaniom uczniów Jezusa. Jednak lud Boży wykazywał wtedy ogromną odwagę. Wierzący woleli umrzeć, niż wyrzec się swojej wiary.

Wrogowie Jezusa mieli nadzieję, że wymordują wszystkich Jego uczniów. Stało się jednak coś przeciwnego: liczba wierzących rosła, w miarę jak się rozpraszali. Uciekając przed prześladowaniami, opowiadali w drodze spotkanym ludziom, że Jezus jest wart życia i... śmierci dla Niego.

Szaweł obmyślał różne sposoby wytępienia uczniów Jezusa. Nienawidził każdego, kto miał z Nim coś wspólnego. Jego nienawiść przyniosła wielu ludziom śmierć.

Szaweł udał się do arcykapłana z propozycją, że przeszuka cały kraj, a nawet tereny poza jego granicami, by znaleźć i ująć wszystkich wierzących w Jezusa. Chciał sprowadzić ich z powrotem do Jerozolimy i wytracić.

Szybko rozeszła się wieść, że Szaweł jest w drodze. Chrześcijanie modlili się za siebie nawzajem. Szukali ratunku u Boga, gdyż wiedzieli, że Szaweł w swej żądzy zabijania uczniów Jezusa jest okrutny i nienasycony.

Najpierw Szaweł skierował się do Damaszku. Wiózł ważne listy, które upoważniały go do aresztowania każdego wierzącego w Jezusa. Towarzyszyła mu uzbrojona straż. W czasie tej podróży wydarzyło się coś, czego nikt nie mógł się spodziewać! Nagle jasne, olśniewające światło spłynęło z nieba, oślepiając Szawła i rzucając go na ziemię!

Szaweł usłyszał głos mówiący do niego: — Szawle, Szawle, dlaczego Mnie prześladujesz?

— Kim jesteś, Panie? — zdołał zapytać.

— Ja jestem Jezus z Nazaretu. Ty prześladujesz Mnie i Moich uczniów. Czyniąc tak, Mnie prześladujesz i wtrącasz do więzienia. Wciąż na nowo Mnie zabijasz. Teraz wstań i wejdź do miasta, tam ci powiedzą, co masz czynić.

Mężczyźni, którzy byli z Szawłem, oniemieli ze zdumienia — słyszeli głos, jednak nikogo nie widzieli. Szaweł podniósł się z ziemi, aby wykonać to, co mu nakazał Pan. Gdy otworzył oczy, okazało się, że nic nie widzi — był niewidomy! Jego żołnierze odprowadzili go do Damaszku. Tam, w miejscu, które mu Jezus wskazał, Szaweł przebywał trzy dni nic nie widząc.

Widzenie Piotra

(Dz 10,1-16)

Dobra Nowina o Jezusie rozprzestrzeniała się. Wielu ludzi wolało jej nie słuchać, ale mnóstwo uwierzyło i ryzykowało swoim życiem. Przyszedł jednak czas, kiedy nie tylko Żydzi mieli usłyszeć Ewangelię.

Wiele razy w historii narodu żydowskiego Bóg przemawiał przez proroków. Mówił o tym, że Światło przyjdzie poprzez lud Izraela i zbawi świat. Również Jezus często przypominał, iż Jego nauka przeznaczona jest najpierw dla Żydów. Potem jednak będą mogli ją poznawać ludzie na całym świecie. Było to jedną z przyczyn, dla których przywódcy religijni tak bardzo nienawidzili Jezusa. Chcieli nadal pozostawać jedynym narodem wybranym przez Boga. Teraz nadszedł czas, kiedy wszystko miało się zmienić — Bóg ujawnił Swój zamiar poprzez dwóch ludzi o imionach Piotr i Korneliusz.

Korneliusz nie był Żydem. Był setnikiem rzymskim, czyli dowódcą oddziału stu rzymskich żołnierzy. On i cała jego rodzina wierzyli w jedynego Boga, służąc Mu najlepiej jak potrafili. Korneliusz był człowiekiem modlitwy i nie szczędził pieniędzy dla biednych. Mieszkał w Cezarei.

Pewnego popołudnia, kiedy się modlił, miał widzenie. Zobaczył Anioła, który zawołał go po imieniu. Gdy przestraszony wpatrywał się w posłańca, Anioł przemówił: — Modlitwy twoje i jałmużny stały się

ofiarą, która przypomniała ciebie Bogu. Wyślij swoich ludzi do Jafy, by znaleźli tam człowieka imieniem Piotr. Mieszka nad morzem w domu Szymona, garbarza.

Korneliusz wykonał to, co polecił mu Anioł i wysłał trzech ludzi.

Kiedy zbliżali się do Jafy, Piotr modlił się właśnie na dachu domu. Podczas modlitwy i on miał widzenie!

Zobaczył, jak otwiera się niebo i spływa stamtąd ogromne płótno. Gdy się obniżyło, ujrzał, że wypełnione jest przeróżnymi nieczystymi zwierzętami. Jakiś głos odezwał się do niego: — Zabijaj, Piotrze i jedz!

Piotr nie chciał jeść, gdyż Prawo Mojżeszowe zabraniało spożywania takich właśnie zwierząt.

Głos jednak trzykrotnie powtórzył: — Nie nazywaj nieczystym tego, co Bóg oczyścił.

Potem płótno ze zwierzętami uniosło się z powrotem do nieba.

377

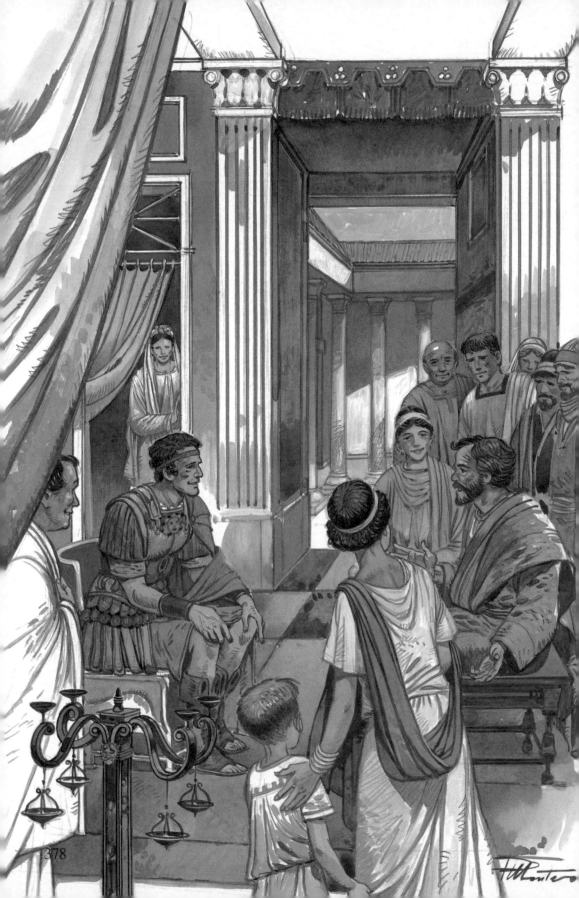

W domu Korneliusza

(Dz 10,17-48)

Piotr czuł się zmieszany, gdy widzenie się skończyło. Nie bardzo rozumiał, co znaczyło. Duch Święty polecił mu wtedy, by zszedł na dół, do ludzi, którzy go szukali: — Idź z nimi bez wahania, bo Ja ich posłałem.

Piotr zszedł i wysłuchał opowiadania trzech mężczyzn o tym, jak Anioł kazał Korneliuszowi posłać po Piotra. Następnego dnia wyruszyli do Jafy. Gdy Piotr dotarł do domu Korneliusza, ten upadł mu do nóg. Piotr podniósł go mówiąc: — Wstań, proszę. Ja też jestem człowiekiem!

Potem rozejrzał się po domu. Zebrała się cała rodzina i przyjaciele Korneliusza. Większość nie była Żydami. Piotr przemówił do nich: — Wiecie, że Prawo żydowskie zabrania mi odwiedzania was, cudzoziemców, i przebywania z wami. Bóg jednak pokazał mi, że miłuje każdego. Dlatego tu przybyłem. Po co chcieliście się ze mną spotkać?

— Bardzo się cieszę, że przyszedłeś do mego domu — odpowiedział Korneliusz. — Miałem widzenie, że powinienem posłać po ciebie. Bóg chce nam coś powiedzieć przez twoje usta. Czy przekazał ci jakąś wiadomość? Piotr skinął głową:

— Tak. Słuchajcie. Bóg traktuje wszystkich tak samo, nie czyniąc żadnych różnic. Jest Mu miły każdy, kto w Niego wierzy. Każdy będzie przez Niego przyjęty. Teraz jasno to rozumiem.

Nagle, gdy Piotr im to wyjaśniał, Duch Święty zstąpił na każdego, kto słuchał tych słów. Wszyscy zaczęli mówić obcymi językami i wysławiać Boga!

Wierzący pochodzenia żydowskiego, którzy przybyli z Piotrem, zdumieli się. Nigdy dotąd nie widzieli, by Duch Święty zstępował na nie-Żydów.

Dobra Nowina

(Dz 11,1-26)

Wieści szybko dotarły do pozostałych Apostołów. Nie-Żydzi, czyli poganie, przyjęli Słowo Boże! Niektórym z Apostołów to się nie podobało. Uważali, że Piotr złamał Prawo z powodu przebywania z poganami. Gdy tylko wrócił do Jerozolimy, oskarżali go:

— Złamałeś Prawo. Byłeś w domu pogan i nawet jadłeś z nimi!

Piotr wyjaśnił wtedy dokładnie, jak do tego doszło i co naprawdę się wydarzyło. Opowiedział o swoim widzeniu i o Aniele, który odwiedził Korneliusza. Usłyszawszy to, uczniowie przestali go krytykować i wielbili Boga. — To znaczy, że Bóg wszystkim, również poganom, daje szansę i łaskę zwrócenia się do Niego i rozpoczęcia nowego życia w Jezusie — mówili.

380

Uwolnienie z więzienia

(Dz 12,1-17)

Coraz więcej ludzi słuchało Dobrej Nowiny o Jezusie i nawracało się, mimo że stanie się chrześcijaninem oznaczało ogromne niebezpieczeństwo.

Wielu chrześcijan zostało zmuszonych do ucieczki, inni ukrywali się i spotykali potajemnie. Nie wszyscy jednak uciekli. Herodowi udało się pojmać Piotra. Wtrącił go do więzienia i kazał strzec czterem oddziałom żołnierzy. „Po święcie Paschy wytoczymy mu proces sądowy", planował Herod. Bóg jednak udaremnił jego zamiary.

Gdy Piotr przebywał w więzieniu, wiele osób modliło się za niego. On sam nie bał się śmierci. Ciągle pamiętał, jak Jezus powiedział mu: „Nie bój się". O tym właśnie rozmyślał tej nocy przed procesem. Był przykuty łańcuchami do dwóch żołnierzy, a przed drzwiami stali strażnicy.

Nagle Anioł Pana napełnił celę cudownym światłem. Potrząsnął ramieniem Piotra: — Wstawaj! Szybko! — Piotr wstał, a kajdany opadły z jego rąk i nóg! — Włóż sandały i płaszcz, a potem chodź za mną! — polecił Anioł.

Piotr wykonał to, co mu kazano. Nie wiedział, czy to wszystko dzieje się naprawdę — myślał, że wciąż jeszcze śni. Mijali kolejne straże, a gdy dotarli do bramy więzienia, ta otworzyła się sama! Piotr wyszedł na ulicę, a Anioł zniknął.

Apostoł udał się do domu, w którym chrześcijanie mieli się tej nocy spotkać. Gdy zapukał do drzwi, odpowiedziała służąca. Słysząc głos Piotra, z radości pobiegła powiedzieć o tym innym, ale zapomniała otworzyć mu drzwi!

Zebrani nie chcieli jej uwierzyć: — Piotr? Nie, to może jego Anioł.

A Piotr nadal pukał i pukał... W końcu otworzyli mu i zasypali gradem pytań. Piotr uciszył ich, a potem opowiedział, jak Pan uwolnił go z więzienia.

Podróże Pawła

(Dz 9,10-25; 14,1-22)

Szaweł był niewidomy, gdy przybył do Damaszku. Zanim opuścił miasto, mógł widzieć nie tylko oczami, ale i sercem. Stał się jednym z najbardziej gorliwych uczniów Jezusa i zmienił imię na Paweł.

Paweł podróżował od wioski do wioski, od miasta do miasta. Wszędzie opowiadał ludziom swoją historię: Był faryzeuszem, przywódcą religijnym, który chciał pozabijać wszystkich chrześcijan. Wtedy objawił mu się Bóg i przemienił go. Otrzymał przebaczenie i odtąd nie pragnął niczego bardziej niż mówić ludziom, jak Jezus może odmienić ich życie.

Czasem Paweł podróżował z przyjaciółmi. Jednym z nich był Barnaba, z którym nauczali tego wszystkiego, czego uczył Jezus.

Kiedyś spotkali człowieka, który od urodzenia miał bezwładne nogi. Słuchał on całym sercem słów Pawła, a kiedy ten powiedział: „Wstań", mężczyzna wstał i mógł chodzić. Z radości i szczęścia zaczął tańczyć i skakać!

Nieco później Żydzi z Antiochii zaczęli rozpowiadać ludziom, że Paweł jest zły i podburzali wszystkich przeciw niemu. W końcu pobili go i ukamienowali. Potem myśląc, że nie żyje, wywlekli poza miasto. Kiedy jednak zebrali się wokół niego uczniowie, on wstał i wrócił do miasta. Nauczał, tak jakby w ogóle nic się nie stało!

Paweł w Filippi

(Dz 16,16-34)

Przebywając w Filippi Paweł uzdrowił młodą niewolnicę, opętaną przez złego ducha. Duch ten przemawiał przez nią, przepowiadając przez wróżby ludziom przyszłość. Jej panowie wykorzystywali to, czerpiąc z tych przepowiedni wielkie pieniądze. Kiedy więc Paweł mocą Bożą wygnał z niej demona, właściciele niewolnicy wpadli w gniew, ponieważ utracili źródło zysków. Po-

chwycili Pawła i Sylasa, i zaciągnęli ich do rzymskich urzędników, oskarżając o sianie zamętu.

Podjudzony tłum żądał dla nich kary, więc wychłostano ich rózgami, a następnie wtrącono do więzienia. Znaleźli się w najgłębszym lochu. Nogi zakuto im w ciężkie drewniane dyby, a ręce w kajdany. Dodatkowo pilnowała ich specjalna straż.

Nie mogli się ruszyć, a plecy bolały ich od wymierzonych przez żołnierzy razów. Sytuacja wydawała się beznadziejna.

Paweł i Sylas nie poddawali się jednak utrapieniu i smutkowi. Nie skarżyli się na swych prześladowców, lecz w środku nocy śpiewali, modlili się i wychwalali Boga! Inni więźniowie przysłuchiwali się. Nagle zatrzęsła się ziemia. Drzwi celi wypadły, a wszystkie kajdany pospadały z ich rąk i nóg.

Strażnik obudził się i z przerażeniem spostrzegł, że drzwi są otwarte.

Wyjął miecz i chciał popełnić samobójstwo, myśląc, iż wszyscy więźniowie uciekli. Wiedział, jak straszna spotka go za to kara. Paweł jednak krzyknął do niego: — Nie wyrządzaj sobie krzywdy! Jesteśmy tu wszyscy!

Strażnik poprosił o światło. Przybiegł, trzęsąc się ze strachu i upadł przed Pawłem i Sylasem. Potem wyprowadził ich z więzienia. Prosił, żeby powiedzieli mu, jak można zostać zbawionym.

Paweł i Sylas odparli: — Uwierz w Pana Jezusa, a będziesz zbawiony.

Zaraz też strażnik zabrał ich do swojego domu i tam obmył im rany. Cała rodzina słuchała Pawła opowiadającego o Jezusie. Oni też chcieli zostać chrześcijanami. Jeszcze tej nocy strażnik wraz ze swoją rodziną zostali ochrzczeni. Potem wspólnie spożyli posiłek. Wszystkich przepełniała radość, bo teraz wiedzieli, co to znaczy wierzyć w Boga.

W drodze do Jerozolimy

(Dz 20,17-38)

Paweł postanowił powrócić do Jerozolimy. Starał się nauczać wszędzie, gdzie tylko było to możliwe. Od jego podróży do Damaszku, kiedy to spotkał Jezusa, upłynęło wiele lat. Teraz odwiedzał starych przyjaciół i zaprzyjaźniał się z nowymi ludźmi. Pisał wiele listów do tych, których nie mógł odwiedzić osobiście.

Chciał możliwie najszybciej dotrzeć do Jerozolimy, mimo że przyjaciele ostrzegali go, iż czeka go tam niebezpieczeństwo. Powiedział do nich: — Wiecie, że muszę udać się do Jerozolimy. Muszę dokończyć dzieła, które dał mi do wykonania Bóg. Uważajcie na siebie, gdy wyjadę i strzeżcie wszystkich wierzących. Nie pozwólcie zniszczyć naszej ciężkiej pracy. Chrońcie Kościół i prowadźcie dalej dzieło, które powierzył nam Bóg.

Przyjaciele Pawła próbowali ostrzegać go przed ludźmi, którzy chcieli go zabić. Jerozolima okazała się najbardziej niebezpiecznym miastem dla Jezusa i równie groźna miała się okazać dla Pawła. Paweł wiedział o tym, jednak musiał pójść tam, gdzie Bóg tego chciał.

Uwięzienie Pawła

(Dz 21,27-23,11)

Jerozolima rzeczywiście okazała się dla Pawła niebezpiecznym miejscem. Przywódcy religijni podburzyli lud, celowo wywołując zamieszki uliczne, w których usiłowali Pawła zabić. Żołnierze rzymscy przybyli w samą porę — aresztowali Pawła, ratując go przed rozszalałym tłumem.

Żołnierze nie wiedzieli, kim był Paweł i czy zrobił coś złego. Zgodzili się więc na jego prośbę, aby mógł przemówić do zgromadzonych ludzi.

Paweł wezwał tłum, aby się uciszył. Posłuchano go. Wtedy powiedział im, kim naprawdę jest. Opowiedział o tym, jak Jezus przemienił go z wroga chrześcijan w jednego z Apostołów. Mówił, jak spotkał Jezusa w drodze do Damaszku i jak Bóg posłał go, żeby głosił Dobrą Nowinę i Żydom, i poganom.

Gdy ludzie usłyszeli to, przestali słuchać, a zaczęli wykrzykiwać: — Precz z nim! Zabijcie tego człowieka! — Dowódca wyprowadził Pawła do twierdzy i zamierzał biciem wydobyć od niego zeznanie, co złego uczynił, że stał się powodem takiego zamieszania w mieście.

Paweł jednak ostrzegł go: — Czy wolno bić Rzymianina, i to bez sprawiedliwego sądu? — Gdyby żołnierze zranili obywatela rzymskiego bez poważnej przyczyny, mogliby przysporzyć sobie mnóstwo kłopo-tów. Dowódca porozmawiał więc z przywódcami religijnymi i ustalili następny dzień jako termin procesu sądowego Pawła.

Podczas tego procesu Paweł śmiało wytłumaczył wszystko przed starszyzną żydowską. Nikt jednak nie chciał go słuchać i powstało takie wzburzenie, że wojsko musiało ratować Pawła. Na noc został zamknięty z powrotem w więzieniu i wtedy ukazał mu się Pan: — Bądź dzielny, Pawle — pocieszał go. — Robisz to, co należy. Tak jak tu, w Jerozolimie, mówisz o Mnie, podobnie będziesz świadczył o Mnie także w Rzymie.

Paweł odwołuje się do Cezara

(Dz 25,1-26,32)

Jako obywatel rzymski, Paweł powinien stanąć przed sprawiedliwym sądem. Zamiast tego jednak spędził dwa lata w więzieniu, wciąż zeznając przed kimś innym.

Wreszcie kolejny proces odbył się w Cezarei, przed namiestnikiem rzymskim, Festusem. Wrogowie Pawła wciąż oskarżali go o różne przestępstwa, nie mogąc niczego udowodnić. Festus nie zdecydował się jednak uwolnić Pawła — nie chciał narażać się przywódcom religijnym.

Paweł rzekł wówczas do Festusa:
— Ty jesteś namiestnikiem. Skoro sam nie możesz mnie osądzić, nie wydawaj mnie w ręce moich wrogów, bo oni ciągle kłamią. Odwołuję się do samego Cezara.

Apostoł wykorzystywał w ten sposób swoje prawo, jako obywatela rzymskiego, do procesu przed samym cesarzem. Oznaczało to, że nie mógł być wydany przywódcom religijnym. Nie mógł jednak także zostać uwolniony, dopóki nie osądzi go Cezar.

Festus nie miał wyboru — musiał wysłać Pawła do Rzymu, do Cezara. Zanim go odesłał, zasięgnął jeszcze w tej sprawie rady króla Agryppy. Zwołano naradę.

Raz jeszcze Paweł opowiadał, co się wydarzyło. Teraz stał przed synem króla Heroda i innymi ważnymi osobistościami. Gdy skończył, król Agryppa powiedział: — Niewiele brakuje, a przekonałbyś mnie i uczynił ze mnie chrześcijanina. — Potem zwrócił się do Festusa: — Ten człowiek nie zrobił nic złego. Niedobrze,

że odwołał się do Cezara, bo można by go zwolnić. Teraz jednak musi pojechać do Rzymu.

Burza rozbija statek

(Dz 27,1-26)

Paweł znalazł się w drodze do Rzymu.

Jednym z żołnierzy pilnujących go był Juliusz. Odnosił się do niego życzliwie i kiedy wsiadali na pokład statku wyruszającego do Rzymu, pozwolił Łukaszowi i innym przyjaciołom Pawła towarzyszyć mu w podróży.

Zmieniali statki, płynąc od portu do portu. Przez cały czas była bardzo zła pogoda, aż w końcu sztormy uczyniły dalszą żeglugę prawie niemożliwą. Maleńki statek wiozący Pawła przybił do wybrzeża Krety. Paweł ostrzegał: — Jeśli nie zatrzymamy się tu na zimę, stracimy nie tylko ładunek, ale i własne życie. — Właściciel statku spieszył się jednak bardzo z dostarczeniem ładunku ziarna do Rzymu i nie chciał Pawła słuchać. Wyruszyli zatem dalej.

Wkrótce zaskoczył ich bardzo silny i porywisty wiatr. Załoga była bezsilna. Sztorm miotał statkiem przez ponad dobę, fale zalewały pokład. Marynarze musieli wyrzucić ładunek za burtę.

Przez wiele dni niebo pozostawało ciemne. Kapitan nie mógł dostrzec ani gwiazd, ani księżyca. Zgubili się na morzu! Cała załoga cierpiała na morską chorobę, nikt od dawna już nie mógł jeść. Paweł pocieszał ich: — Nie bójcie się, nikt z was nie zginie. Tej nocy Anioł Boży powiedział mi, że stanę przed Cezarem, więc nic się wam nie stanie. Dotrzemy do wyspy.

Schronienie na Malcie

(Dz 27,27-28,10)

Nagle dał się słyszeć straszliwy zgrzyt i trzask. Statek wpadł na skały i zaczął się przełamywać na pół!

Marynarze wyskakiwali, ratując się, jak kto mógł. Fale przelewały się wokół nich, wszyscy jednak szczęśliwie dotarli do brzegu. Okazało się, że wyspa nazywa się Malta. Ludzie, którzy zamieszkiwali wyspę, byli bardzo życzliwi. Pawłowi nic się nie stało i po przeczekaniu zimy mógł udać się do Rzymu.

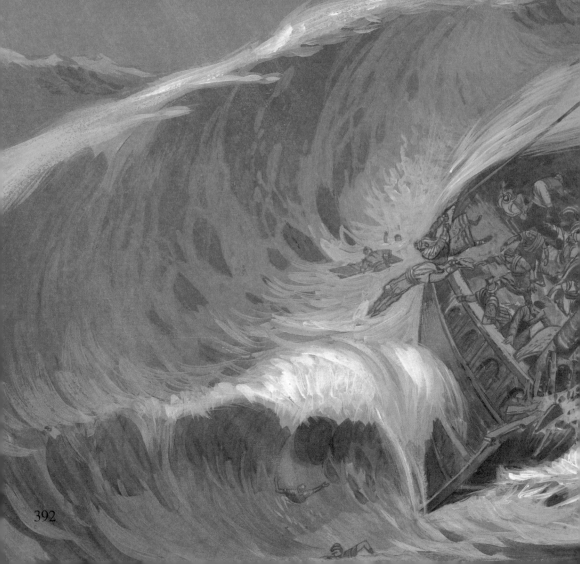

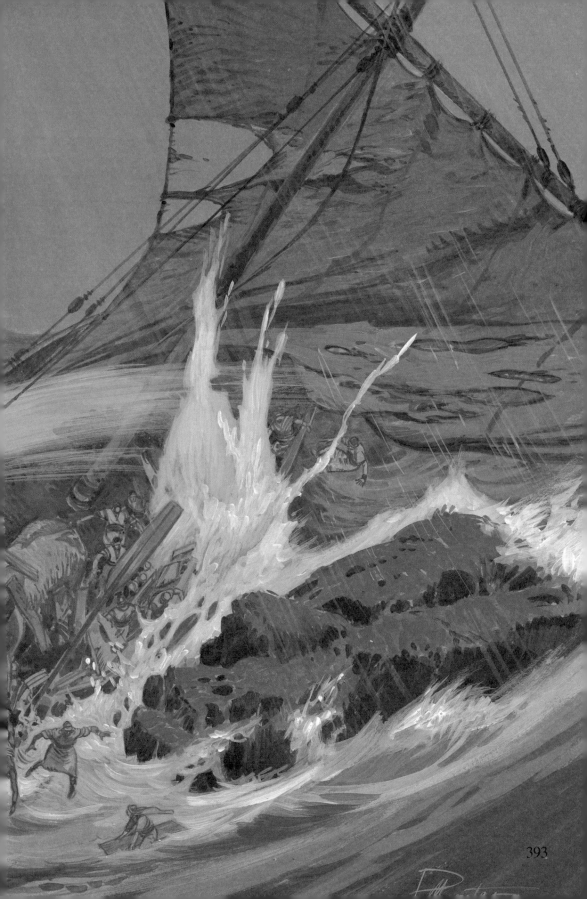

Nareszcie Rzym

(Dz 28,11-31)

W końcu Paweł dotarł do Rzymu.
Chrześcijanie z całej okolicy przybyli, żeby powitać jego, Łukasza
i innych. Paweł dziękował za nich
Bogu, zaś ich widok dodał mu odwagi.

Rzymianie nie wtrącili Pawła do
więzienia. Pozwolili mu mieszkać
tam, gdzie chciał, pod warunkiem,

że wszędzie będzie mu towarzyszył przydzielony strażnik. Paweł od razu skierował się do żydowskich przywódców religijnych w Rzymie. Opowiedział im wszystko, co się wydarzyło, ale oni nic o nim nie słyszeli. Prosili, żeby zdał im dokładną relację.

Po raz kolejny więc Paweł opowiadał o tym, jak Jezus przemówił do niego w drodze do Damaszku. Mówił o swoich podróżach i głoszeniu nauki Jezusa ludziom, których spotykał. Przekonywał, że Jezus może zmienić życie człowieka i świadczył o Bogu, który posłał swojego Syna do wszystkich ludzi — do Żydów, i do nie-Żydów. Skończył słowami: — Nie zrobiłem nic złego.

Żydzi nie wiedzieli, co myśleć. Jedni wierzyli Pawłowi, inni nie byli pewni. Przez następne dwa lata kłócili się między sobą o Pawła. On zaś czekał aż Cezar zechce go widzieć. Wykorzystywał czas na nauczanie i głoszenie Słowa Bożego. Przyjmował wszystkich i nikt mu tego nie utrudniał.

Te dwa lata okazały się ostatnią okazją, by Paweł mógł swobodnie i bez przeszkód głosić Dobrą Nowinę o Jezusie. Być może, że udał się nawet do Hiszpanii czy jeszcze raz do Grecji. Jednak po dwóch latach został znowu wtrącony do więzienia. Za panowania cesarza Nerona poniósł śmierć męczeńską w Rzymie.

Objawienie
Jana Apostoła

(Ap 1,1-3, 22)

Kiedy Apostoł Jan był już bardzo stary, miał widzenie podobne do snu. Jezus poprosił Jana, żeby je zapisał.

Jan ujrzał Jezusa stojącego przed siedmioma złotymi świecznikami. Oczy Jezusa wydawały się płonącym ogniem, a głos — dźwiękiem spadającej wody. Twarz Jego była jak słońce świecące pełnią blasku.

Jezus nakazał Janowi, żeby napomniał chrześcijan, ponieważ niektórzy zapomnieli o tym, co jest najważniejsze. Nie kochali Pana tak, jak na początku. Inni pozwalali, by grzech podstępnie wkradł się w ich serca.

Jezus powiedział Janowi, że chrześcijanom należy stale przypominać, iż powinni gorąco kochać Pana i bliźnich, ufać Bogu i zwracać się do Niego we wszystkich sprawach. Powinni być zawsze czujni, aby grzech albo błędna nauka nie znalazły wśród nich miejsca. W cierpieniu i prześladowaniach powinni pamiętać, że czeka ich nagroda. A jeżeli wytrwają do końca, będą jako zwycięzcy zasiadać z Jezusem na tronie w Niebie.

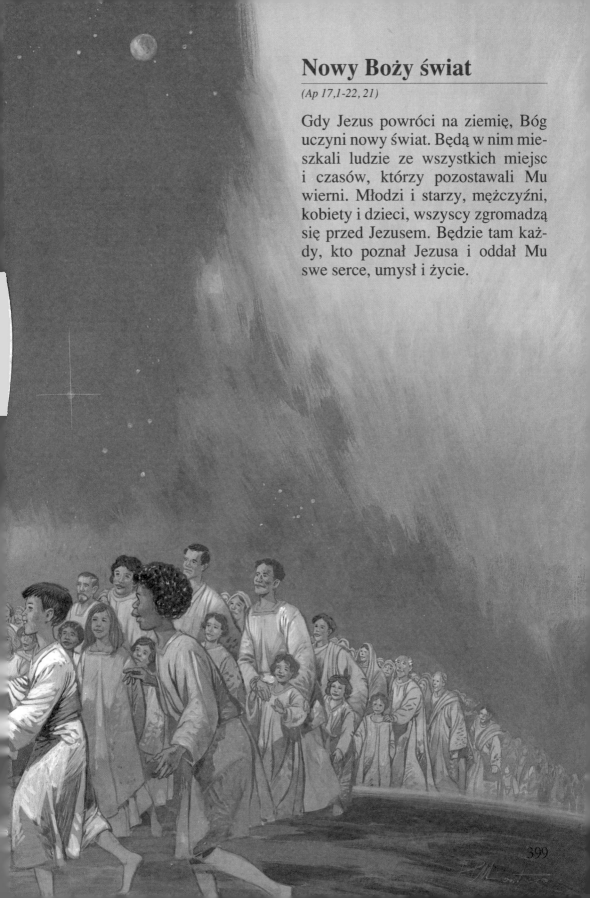

Nowy Boży świat

(Ap 17,1-22, 21)

Gdy Jezus powróci na ziemię, Bóg
uczyni nowy świat. Będą w nim mieszkali ludzie ze wszystkich miejsc
i czasów, którzy pozostawali Mu
wierni. Młodzi i starzy, mężczyźni,
kobiety i dzieci, wszyscy zgromadzą
się przed Jezusem. Będzie tam każdy, kto poznał Jezusa i oddał Mu
swe serce, umysł i życie.